CONTEMPORAINE
DE LA FRANCE.

CHAPITRE XVI.

CONQUÊTE DE LA LOMBARDIE. — SOLFERINO.

§ 1. ENTRÉE DE VICTOR-EMMANUEL ET DE NAPOLÉON III A MILAN; COMBAT DE MELEGNANO (8 JUIN).

C'est le dimanche 5 juin que la nouvelle de la victoire de Magenta arriva à Paris, sous la forme d'une dépêche télégraphique rapide et concise. Aussitôt affichée elle fut vite connue de la population. Les maisons se pavoisèrent et le soir s'illuminèrent; mais cette première fête eut peu d'éclat : la plupart des Parisiens étaient absents, se reposant sous les ombrages des environs. Aussi recommença-t-elle le lendemain : les détails, en se succédant, faisaient mieux comprendre l'importance de la bataille; on ne pouvait s'empêcher d'admirer ces prompts succès : en quelques jours le Piémont délivré, trois combats heureux, Montebello, Palestro, Turbigo; une grande victoire, Magenta. Le pays se laissait aller à cet orgueil guerrier qui lui est si naturel. Aussi ce fut encore une fête lorsque le 7 juin l'Impératrice se rendit à Notre-Dame pour le *Te Deum* : on la salua des plus sincères acclamations.

Le même jour les troupes françaises entraient à Milan, et là c'était bien autre chose encore. « Figurez-vous, a dit un témoin oculaire, figurez-vous quelque chose qui n'a de nom dans aucune langue, un délire pour lequel le dictionnaire français ne fournit point de mots. Multipliez l'ivresse par l'enthousiasme, ajoutez la frénésie à l'exaltation, et vous aurez à peu près une idée du spectacle que présentait Milan. Ce n'était plus une ville, c'était un volcan. Sous un soleil de feu, toutes les rues étaient pavoisées de drapeaux flottant à chaque fenêtre, à chaque balcon; partout des femmes, parées à ravir, battaient des mains, agitaient leurs mouchoirs, lançaient des fleurs, et, lorsqu'elles avaient les mains vides, jetaient des baisers sur le passage des généraux, des bataillons français et piémontais. La multitude ondulait comme une mer dans les rues. L'air était ébranlé par les vivat et les applaudissements. Le délire était en permanence[1]. »

Les divisions de Mac-Mahon, et c'était justice, reçurent les premières le déluge de fleurs amassées par les Milanais. L'empereur Napoléon avait d'abord annoncé qu'il entrerait dans la capitale de la Lombardie à la tête de ces divisions, mais le roi Victor-Emmanuel s'était lancé à la poursuite du général autrichien Urban, et l'Empereur résolut de l'attendre. Il ne voulait point paraître seul dans une ville qui, d'après le pacte de 1848, renouvelé d'une voix unanime, venait de se donner à son royal allié. Il n'était point fâché d'ailleurs d'arriver à Milan à l'improviste afin d'éviter une réception solennelle. Le triomphe ne lui faisait pas oublier ses devoirs de général : il songeait à poursuivre l'ennemi et à prévenir tout retour offensif de sa part. Apprenant que les Autrichiens semblaient s'arrêter sur la route de Lodi, il donne l'ordre au maréchal Baraguey d'Hilliers de diriger son corps d'armée sur la route de Melegnano et de faire partir ses divisions le 8 juin à quatre heures du matin. Ses soldats ne feront que traverser Milan. Le corps du maréchal Mac-Mahon est également enlevé presque aussitôt aux réjouissances de la victoire : il devra soutenir le maréchal Baraguey d'Hilliers.

Le 8 juin, à sept heures et demie du matin, alors que Milan est à peine réveillée, la garde impériale est rangée en bataille sur la place d'armes qui s'étend à l'entrée de la ville, et où s'élève un magnifique arc de triomphe, la *Porte du Simplon*. Le roi Victor-Emmanuel et l'empereur Napoléon III paraissent ensemble, accompagnés d'un nombreux et brillant état-major. Les autorités, averties à temps, purent recevoir les souverains, qui se hâtèrent de traverser la ville où le bruit de leur arrivée inattendue s'était déjà répandu, et où courait déjà un joyeux frémissement. L'Empereur ne voulut pas s'établir dans le palais ducal, mais à la villa Bonaparte, construite par Napoléon Iᵉʳ. Il avait eu, en route, un entretien avec le maréchal Baraguey d'Hilliers et lui avait donné l'ordre d'enlever le jour même le village de *Melegnano*, où les Autrichiens se retranchaient. Puis, sans prendre de repos, Napoléon III se dirigea presque seul et sans escorte vers le corps du maréchal Mac-Mahon. Il parcourut ainsi les rues de Milan, les remparts, sans qu'on se doutât de son passage ; mais à son retour il se vit reconnu et entouré d'une foule qui se dédommagea, par ses folles démonstrations, de son désappointement du matin. « Quel que soit le récit qu'on puisse faire (disait un des témoins de cette scène), il sera toujours au-dessous de la vérité. »

« Milan, raconte Paul de Molènes, avait l'aspect d'une ville où vient de s'accomplir une révolution, mais une révolution sans épouvante et sans larmes. On y sentait d'abord cette vie étrange, expansive, qui, à des heures brûlantes et rapides, inonde tout à coup de grandes cités. Les rues étaient encombrées de cette foule où se confondent tous les rangs, où tous les regards s'interrogent, où tous les cœurs se répondent, enfin où se montrent, enchanteurs et dangereux fantômes, ces visions que les peuples n'oublient plus quand elles leur sont apparues une fois.

mond Texier, *Chronique de la guerre d'Italie.*

« Le palais occupé par l'Empereur était rempli de costumes étranges. A côté de nos uniformes se montraient ces bizarres accoutrements, sous lesquels se produisent soudain, aux jours d'émotions publiques, nombre de citoyens souvent respectables et paisibles. Une sorte de garde nationale s'était formée immédiatement. Plusieurs notables milanais avaient modifié leur tenue habituelle par un baudrier passé sur une redingote bourgeoise, et par une coiffure militaire. Dieu me préserve du reste d'une pensée ironique en racontant ces détails, que je recueille uniquement pour faire revivre les scènes qui m'ont frappé ! Je trouve qu'il ne faut pas railler l'enthousiasme chez l'homme isolé, à plus forte raison chez les peuples. Un fait qui se retrace en ce moment même à ma mémoire donnera une idée de l'empressement que nous montraient à l'envi toutes les classes de la société dans la capitale de la Lombardie. Suivant une règle enseignée par l'expérience de la guerre pour éviter les pertes fâcheuses de temps, le maréchal Canrobert, dans tous les lieux où il bivaquait, faisait venir le soir à son quartier quelques guides chargés d'accompagner ses plantons. Le soir du 8 juin, comme à son ordinaire, il voulut prendre cette précaution. Dans une ville aussi grande que Milan, les plantons pouvaient s'égarer. On fait demander des guides à la municipalité ; au bout de quelques instants, ces guides arrivent. Le maréchal était à table ; souriant à une pensée soudaine, il envoie un officier savoir quels gens lui a expédiés le patriotisme milanais. Cet officier trouve dans le vestibule, où se tiennent les plantons, deux membres élégants et titrés de l'aristocratie lombarde. Je pourrais citer maints incidents de cette nature.

« Le même jour, vers cinq heures du soir, il venait de tomber une pluie d'orage, quand j'entendis un bruit que je pris d'abord pour celui de la foudre, mais que je reconnus bientôt pour le bruit du canon. A l'heure même où je jouissais de tous les charmes qu'une ville peut renfermer, le corps du maréchal Baraguey d'Hilliers, qui le matin avait traversé Milan au pas de course, était aux prises avec l'ennemi. Encore parés des fleurs qu'on leur avait jetées, nos soldats soutenaient dans le cimetière de Melegnano cette héroïque et sombre lutte qui ensanglantait la pierre des tombeaux. Ce canon lointain, dont les accents m'arrivaient avec les bouffées d'un vent humide, me causait une singulière impression. Ces lugubres accords, pour parvenir jusqu'à mes oreilles, traversaient tant de charmantes choses : une riante campagne, une ville ornée comme une salle de bal. Cette canonnade du reste fit tressaillir le cœur de Milan, et bien d'autres que moi, j'en suis sûr, en ont gardé le souvenir. Dieu fait des drames plus puissants que ceux de Sophocle et d'Eschyle, a dit je ne sais quel Père de l'Église ; il est certain que, lorsqu'elle dispose tout à coup la vie des peuples en scènes rapides, dominées par une seule action et concourant à un même but, la Providence semble se plaire à réunir tous les effets de l'art le plus ingénieusement émouvant. Le canon de Melegnano, jetant sa note voilée dans le concert des sons éclatants qui remplissait une ville ivre de joie, produisait ce qu'on nommerait une beauté merveilleuse dans une œuvre de génie humain. Le glas de ce bronze invisible, sonnant, à travers une fête, de triomphales funérailles, avait une solennité imprévue dont chacun se sentait pénétré. Je vois encore le recueillement et l'anxiété peints sur le visage de nos hôtes. Les vœux qui en ce moment sortaient si passionnés de tant d'âmes ne furent point trompés. Malgré ce qu'il avait de sinistre avec ses sourds roulements, le canon de Melegnano était digne du jour où il résonnait : il annonçait une victoire[1]. »

Allons où grondait le canon. Pour cela, il nous faut sortir de Milan par la Porta Romana, au sud-est. Une route large et belle s'offre à nous, bordée à droite et à gauche de deux canaux. Le long de la route s'étend un épais rideau d'arbres. De tous côtés, de hautes moissons ou des prairies coupées par des fossés, des haies, des taillis, des arbres touffus, des rizières inondées. C'est un terrain difficile pour la marche d'une armée. En suivant la route qui mène à Lodi, on arrive après quelques heures de marche à un village déjà bien célèbre dans notre histoire militaire, Melegnano (Marignan[2]). C'est dans ce village que les Autrichiens s'étaient retranchés pour couvrir la retraite sur Lodi et en même temps pour nous tenir en échec dans Milan. Le maréchal de Mac-Mahon devait tourner la position par la gauche et intercepter la retraite des Autrichiens : mais il avait à faire un chemin considérable dans des terrains coupés où les régiments ne pouvaient guère avancer. Sur presque tous les cours d'eau les ponts avaient été rompus par l'ennemi. Le corps du maréchal Baraguey d'Hilliers s'avançait directement sur Melegnano, une division sur la route, la division Bazaine ; une division sur sa gauche, celle du général Ladmirault ; enfin la division du général Forey, sur sa droite.

Les troupes marchèrent presque toute la journée du 8 juin. Ce ne fut que vers cinq heures du soir que la division Bazaine, grâce à la facilité de la route, approcha de Melegnano. Ce village est à 15 kilomètres de Milan, et on se rappelle que les troupes de Baraguey d'Hilliers venaient de bien plus loin que Milan. Vers six heures moins un quart les têtes de colonne de la division Bazaine paraissent en vue de l'ennemi, à 1500 mètres au plus de Melegnano. Elles s'arrêtent, et les tirailleurs engagent le feu afin d'apprécier quel degré de résistance nous allons rencontrer. Cette résistance devait être vive.

Le corps d'armée du général autrichien Benedeck avait laissé dans le village toute une brigade, la brigade Roden. Puis apprenant que le gros des forces alliées se trouvait à Milan, il avait envoyé, pour la soutenir, la brigade Boër. Lui-même était demeuré à Melegnano ; mais le 8 juin, vers trois heures, croyant que le combat ne serait point pour ce jour-là, il était retourné à Lodi.

« Le général Roden s'était fortement établi sur la rive droite d'un cours d'eau qui traverse le village, le *Lambro* : à 4 ou 500 mètres en avant de la ville, sur la route de Milan, il avait construit une barricade faite de troncs d'arbres et de forts abatis : à 200 mètres plus en arrière, il avait fait couper la route par un large fossé ; enfin, à l'entrée même de la ville, il avait fait élever un épaulement en terre, derrière lequel quatre pièces de gros calibre étaient en batterie. Les Autri-

chiens étaient postés dans les jardins qui bordent l'enceinte, et abrités derrière les haies, les murs et dans les maisons. Le cimetière et la ferme Majoca, qui flanquent la route de chaque côté aux approches de la ville, avaient été mis en état de défense, et fortement occupés.

« A l'intérieur, l'ennemi était établi aux angles des rues ; des bataillons, en réserve sur les places, se tenaient prêts à se porter au point le plus menacé. La plupart des maisons ayant vue sur les avenues principales étaient barricadées et garnies de défenseurs. Un bataillon occupait le vieux château et ses abords. Quant au pont du *Lambro*, ligne de retraite des Autrichiens sur Lodi, il devait être barricadé au moyen de tonneaux et de bois disposés à l'avance, aussitôt que les troupes en retraite l'auraient franchi. Enfin le reste des troupes formait réserve sur la rive gauche du Lambro[1]. »

Il était près de six heures lorsque le maréchal Baraguey d'Hilliers donna l'ordre au général Bazaine d'attaquer Melegnano. « Aussitôt une compagnie de zouaves, qui servait d'avant-garde, se déploie en tirailleurs des deux côtés de la route ; deux pièces, mises en batterie sur la route, ouvrent le feu. Quelques minutes après, l'ennemi répond énergiquement en démasquant ses pièces que couvrait un peloton d'infanterie. Trois fois, malgré le feu de l'artillerie ennemie, dont les boulets enfilent la route, nos deux pièces, auxquelles une troisième a été jointe, gagnent du terrain en avant, se remettent en position et tirent à chaque fois plusieurs salves. Mais la division se trouvant en colonne dans l'axe du tir de l'ennemi, on ne peut prolonger davantage ce combat d'artillerie ; et le feu des Autrichiens paraissant diminuer de vivacité, le général Bazaine prend rapidement ses dispositions pour exécuter l'ordre que lui donne le maréchal de brusquer l'attaque à la baïonnette.

« La 2ᵉ division (de Ladmirault), qui opérait à notre gauche, entend le canon de l'attaque du centre. Le général presse alors le mouvement de ses têtes de colonnes. Celles-ci arrivent à la ferme de la Rocca Brivia, l'enveloppent, y font des prisonniers et la dépassent. Bientôt elles rencontrent la Vettabia, affluent du Lambro, et la traversent résolûment, ayant de l'eau jusqu'à la ceinture. Enfin le 10ᵉ bataillon de chasseurs et le 15ᵉ de ligne commencent à donner la main aux zouaves de la 3ᵉ division. Cheminant hardiment de clôture en clôture, de jardin en jardin, ils poussent devant eux les détachements autrichiens.

« Sur notre droite, le général Forgeot, commandant l'artillerie du 1ᵉʳ corps, avait marché avec le général Forey, et, de concert avec ce dernier, il venait d'établir son artillerie divisionnaire en batterie, face à la ville, à 1200 mètres de distance environ. Plusieurs bataillons soutenaient l'artillerie. »

Ainsi protégés des deux côtés, les zouaves, entraînés par l'élan que leur imprime le général Bazaine, abordent l'entrée du village de Melegnano. « L'ennemi a précipitamment retiré ses pièces après une dernière décharge à mitraille. Le cimetière et une ferme, d'où partait un feu violent, ont été attaqués et enlevés à la baïonnette. Pendant que les tirailleurs forcent l'enceinte des jardins et refoulent sur la ville

---

1. Paul de Molènes, *Commentaires d'un soldat.*
2. Voir le récit de la bataille gagnée par François Iᵉʳ à Marignan : *Histoire populaire de la France*, t. II, p. 143 et suiv.

1. *Campagne de Napoléon en Italie*, rédigée au Dépôt de la guerre.

Entrée de Napoléon III et de Victor-Emmanuel à Milan (8 juin 1859). (Page 2, col. 1.)

les tirailleurs ennemis, la colonne franchit l'épaulement de la batterrie autrichienne et s'avance dans la grande rue. Elle y est reçue par une fusillade des plus vives, dirigée sur elle par les défenseurs postés dans les maisons et par des pelotons occupant les rues. Sans répondre à ce feu meurtrier, les zouaves poursuivent leur course, chassant les Autrichiens devant eux. Ils occupent ainsi successivement les deux rues principales de la ville, et arrivent sur la place du château pêle-mêle avec les détachements désorganisés qu'ils poursuivent.

Le vieux château, propriété de la famille de Médicis, était la clef de la position. Les Autrichiens, retranchés sur la place du château, comme dans une véritable citadelle, envoyaient une grêle de balles sur le 1er zouaves. Ils étaient tellement confiants en eux-mêmes et dans l'avantage de leur position, qu'ils ne craignaient pas de s'exposer contre nos zouaves à une lutte corps à corps en avant de la porte. Cette lutte fut terrible. Les zouaves entrés par un pont que l'ennemi n'avait pu rompre à temps, firent des prodiges de valeur ; les abords du pont étaient obstrués de cadavres, mais le château fut conquis. En même temps nos soldats s'élançaient à travers les balles ennemies sur la place. C'est à l'angle de cette place, près de l'église, que le brave colonel Paulze-d'Ivoy, colonel du 1er zouaves, fut tué au moment où, blessé déjà, il s'écriait : « Ne tirez plus, mes enfants ! A la baïonnette ! » Un moment après, les Autrichiens, culbutés, jetaient leurs sacs et s'enfuyaient.

« A la suite des zouaves, le 33e s'était répandu dans les rues de la ville. Il avait occupé d'abord la grande rue, qui mène en droite ligne au *Lambro*, se reliant par les rues transversales, avec les zouaves d'un côté et avec les troupes du général de Ladmirault de l'autre. Ces dernières, lancées à la poursuite des détachements autrichiens, étaient rapidement arrivées vers le cours d'eau qui traverse la ville. Elles voulaient le franchir afin de tourner complètement Melegnano et d'aller intercepter la retraite de l'ennemi. La profondeur de l'eau, l'escarpement des berges opposèrent des obstacles tels, que, malgré des tentatives réitérées, il fut impossible de les franchir. Le général de Ladmirault se vit dans la nécessité de rejeter ses bataillons vers le village même et les dirigea sur le pont, par lequel on voyait défiler les Autrichiens en désordre. C'est dans ce brusque mouvement de retour à droite que le général de Ladmirault refoula sur la division Bazaine les détachements ennemis qu'il poussait devant lui. Ceux-ci, pressés entre les deux colonnes, sont obligés de s'ouvrir un passage au travers du 33e pour regagner le pont du *Lambro*. Une mêlée a lieu, mêlée imprévue, dans laquelle l'aigle du 33e, un instant compromise, mais vaillamment défendue, eut sa hampe brisée.

« Ainsi arrivent au pont du Lambro, confondus avec les Autrichiens, des zouaves, 2 bataillons du 33e, 2 du 15e et le 10e bataillon de chasseurs. Ces corps mêlés es uns avec les autres, prennent part aux mêmes attaques et rivalisent d'audace. On passe le pont en désordre et des nuées de tirailleurs suivent, dans leur mouvement de retraite, les bataillons de la brigade Roden. Le moment était critique pour cette brigade, lorsque, heureusement pour elle, parut la brigade Boër qui la recueillit et la protégea.

« Cependant, de l'autre côté du pont, le général de Ladmirault, ralliant quelques compagnies du 10e chasseurs et 2 bataillons du 15e de ligne, les porte sur la route de Mulazzano. Mais déjà l'ennemi l'occupe. Deux pièces d'artillerie y sont en batterie, protégées par l'infanterie. Dès que nos troupes se présentent, deux décharges à mitraille, reçues à petite distance, causent des pertes considérables et arrêtent momentanément la poursuite. Ce n'est qu'à l'arrivée de nouveaux renforts que le général de Ladmirault, reprenant sa marche en avant, parvient jusqu'à l'embranchement des routes de Mulazzano et de Lodi ; en même temps les troupes du général Bazaine marchent contre la brigade Boër en longeant la rive gauche du *Lambro* [1]. »

A ce moment le ciel s'obscurcissait : des nuages s'amoncelaient menaçants, et bientôt un violent orage éclatait ; une pluie torrentielle tombait et mettait fin à la lutte. Cette circonstance permit aux Autrichiens d'évacuer leurs blessés et de se replier sur Lodi sans être inquiétés. Cet orage arrêtait en outre la marche du général Forey qui continuait son mouvement tournant, entravé par des difficultés inouïes : il arrêtait aussi la marche du 2e corps (Mac-Mahon) qui n'avait pu arriver non plus à temps pour couper la route de Lodi, à cause des nombreux obstacles qu'il avait eu à franchir. Il ne lui fut permis que d'envoyer, malgré la nuit et malgré l'orage, quelques boulets sur les Autrichiens en retraite.

« L'énergie et la rapidité de l'attaque avaient été telles, que la ville était conquise alors qu'un grand nombre de maisons se trouvaient encore pleines de défenseurs. Beaucoup d'entre eux, ignorant l'issue du combat, essayent de prolonger une résistance désormais impossible. Ils dirigent sur nos bataillons déjà massés et l'arme au pied une fusillade inattendue, qui cause quelque émotion et quelque surprise. D'autre part, les défenseurs chassés du château, dont le nombre s'est accru de tous ceux qui, pressés par les zouaves, ont cherché un refuge de ce côté de la ville, se sont reformés à l'abri d'un rideau de haies, à 200 mètres en arrière du château, et se reportent résolùment en avant, autant sans doute pour prolonger la lutte dont ils ne connaissent pas le résultat décisif, que pour tenter de regagner le pont du *Lambro*, leur véritable ligne de retraite. Pour arrêter l'effort de ce retour offensif, le maréchal Baraguey d'Hilliers, qui a suivi sous une grêle de balles les progrès de l'attaque, prescrit au général Bazaine de faire occuper solidement le château et d'exécuter une charge sur la colonne autrichienne. Il fait en outre avancer une pièce pour soutenir ce mouvement. Après un premier feu, les troupes s'élancent à la baïonnette et poursuivent vivement l'ennemi qui se disperse dans la campagne »

Ce brillant succès nous avait pourtant coûté cher. Nos pertes s'élevèrent au chiffre de 951 hommes hors de combat (153 tués, 734 blessés, 64 disparus). Comme dans les engagements précédents, les officiers avaient été frappés dans une large proportion : 15 avaient été tués, 55 blessés. C'était la division Bazaine qui avait le plus souffert. Les pertes des Autrichiens s'élevaient, suivant leurs rapports, à près de 400 hommes tués ou

1. *Campagne de Napoléon III en Italie*, rédigée au Dépôt de la guerre.

Combat du Cimetière à Marignan. (8 juin 1859). (Page 2, col. 2.)

blessés, et nous leur avions fait un millier de prisonniers : ils avaient perdu le général Boër tué dans l'action. Ce combat devait avoir pour effet de précipiter
leur mouvement de retraite et de les déterminer à
abandonner les places fortes de la Lombardie.

§ 2. L'ARMÉE ALLIÉE A MILAN ; PROCLAMATION DE L'EMPEREUR
AUX ITALIENS.

Ce glorieux combat, qui éloignait encore l'armée
autrichienne et consolidait les résultats de la bataille
de Magenta, accrut, s'il était possible, l'enthousiasme

Le maréchal Baraguey d'Hilliers.

des Milanais. Le lendemain, les équipages de l'aristocratie lombarde se pressaient sur la route de Melegnano pour ramener nos malheureux blessés que
les plus riches familles se disputèrent l'honneur de
soigner. Nos soldats étaient vivement émus de ces
marques de reconnaissance qui leur faisaient oublier
leurs souffrances. Ils étaient fiers aussi de tant de
gloire recueillie en peu de jours et des éloges que
leur avait, dès son entrée à Milan, adressés l'Empereur dans un ordre du jour qui restera historique
comme ceux du premier Empire (8 juin 1859).

« Soldats, il y a un mois, confiant dans les efforts de

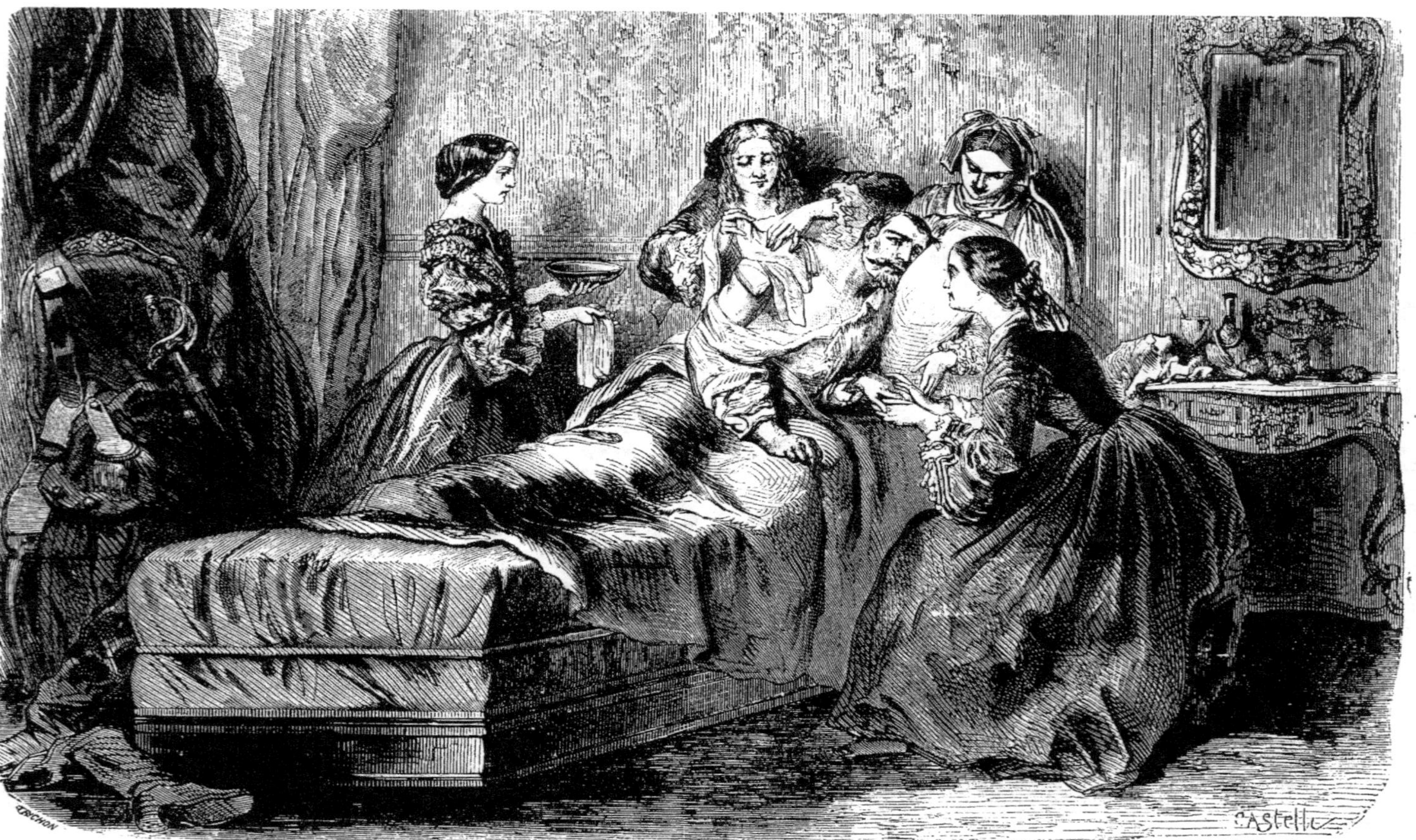

Les blessés français à Milan. (Page 8, col. 1.)

la diplomatie, j'espérais encore la paix, lorsque tout à coup l'invasion du Piémont par les troupes autrichiennes nous appela aux armes. Nous n'étions pas prêts. Les hommes, les chevaux, le matériel, les approvisionnements manquaient, et nous devions, pour secourir nos alliés, déboucher à la hâte, par petites fractions, au delà des Alpes, devant un ennemi redoutable et préparé de longue main.

« Le danger était grand; l'énergie de la nation et votre courage ont suppléé à tout. La France a retrouvé ses anciennes vertus, et, unie dans un même but comme en un seul sentiment, elle a montré la puissance de ses ressources et la force de son patriotisme. Voici dix jours que les opérations ont commencé, et déjà le territoire piémontais est débarrassé de ses envahisseurs.

« L'armée alliée a livré quatre combats heureux et remporté une victoire décisive, qui lui ont ouvert les portes de la capitale de la Lombardie. Vous avez mis hors de combat plus de 35 000 Autrichiens, pris 17 canons, 2 drapeaux, 8000 prisonniers; mais tout n'est pas terminé; nous aurons encore des luttes à soutenir, des obstacles à vaincre.

« Je compte sur vous. Courage donc, braves soldats de l'armée d'Italie! du haut du ciel, vos pères vous contemplent avec orgueil! »

Pendant que les scènes les plus touchantes se passaient sur la route de Melegnano, Milan tout entière se précipitait, le 9 juin, vers la cathédrale où devait se célébrer en grande pompe un *Te Deum* d'actions de grâces en présence des souverains alliés.

« On chercherait vainement, dit un publiciste distingué, M. Edmond Texier, une population plus démonstrative que la milanaise. Tous les groupes d'hommes formés de distance en distance sont curieux à examiner. Ce sont des gestes, des contractions du visage, des éclats de voix, une fougue, un entrain qui stupéfierait même des Marseillais. Je suis entré hier dans le grand café de la Scala, et tel était le *murmure des conversations particulières*, que je me demandais, à part moi, si les fameuses trompettes de Jéricho ont jamais fait le même vacarme.

« En ce moment on place sur tous les balcons du Corso des vases pleins de roses effeuillées, des couronnes et des bouquets. Ces odoriférantes munitions sont préparées pour accueillir l'Empereur et le roi qui vont se rendre au Dôme. Sur certains balcons, j'aperçois des caisses remplies de feuilles de roses et des piles de couronnes. Tout à coup, la division des voltigeurs de la garde, le maréchal Regnaud de Saint-Jean d'Angély en tête, entre dans le Corso, qu'elle traverse dans toute son étendue pour se former en haie sur le passage des deux souverains. Aussitôt les fleurs partent de toutes les fenêtres et tombent en feu croisé sur la tête des soldats; les feuilles de roses voltigent dans l'air, et les dalles de cette grande rue sont littéralement jonchées de couronnes.

« Chaque soldat porte un bouquet au bout de son fusil, et la plupart ont planté une rose au milieu du pompon de leurs shakos. Des femmes distribuent une fleur aux officiers, lesquels tiennent déjà deux ou trois bouquets de la main gauche. Quant aux drapeaux, ce sont des jardins. L'aigle d'or a disparu sous les nombreuses couronnes passées dans la hampe. Je ne veux pas parler des **vivat**, des cris, des trépignements, du

délire de la foule. La vue d'un drapeau plus déchiré que les autres par les balles autrichiennes excite surtout un enthousiasme indicible. Hommes et femmes, tout le monde se précipite vers ce drapeau pour le couronner, et l'officier qui le porte, pliant sous le poids des couronnes, a la plus grande peine à s'arracher à cette ovation improvisée.

« A onze heures, toutes les cloches de Milan se mettent en branle, les tambours battent aux champs sur toute la ligne, les clairons déchirent l'air de leurs notes perçantes, et l'Empereur et le roi, à cheval suivis d'un nombreux état-major, apparaissent à l'extrémité du Corso. Je m'étais figuré que toutes les fleurs et toutes les couronnes entassées sur les balcons et sur les fenêtres avaient été jetées aux voltigeurs et aux chasseurs à pied; mais Milan avait décidément dépouillé tous ses parterres, dévasté tous ses jardins en prévision de l'entrée triomphale des Piémontais et des Français. La pluie de roses a recommencé de plus belle; les couronnes voltigent et les bouquets se croisent; à un certain moment, le cheval de l'Empereur et le cheval du roi, devenus le point de mire de tous les projectiles, se cabrent sous leurs cavaliers.

« L'Empereur, qui monte un cheval anglais pur sang, fait signe aux dames de mettre plus de modération dans le lancement des bouquets, qui frappent et effrayent son cheval. Inutile recommandation. L'élan est donné, et parmi toutes ces belles Milanaises en robe blanche et aux cheveux noirs tordus comme des serpents, c'est à qui lancera les bouquets les plus gros et les fleurs les plus brillantes. Le cortège impérial et royal arrive cependant sans encombre sur la place de la cathédrale. L'évêque coadjuteur, Mgr Caccia, à la tête des chanoines coiffés de la mitre blanche, vient recevoir les deux souverains et la cérémonie commence.

« On avait eu le bon goût de ne point orner de draperies les murs de cette magnifique église, la plus vaste qui existe après Saint-Pierre de Rome. Cinq nefs se succèdent majestueusement, et leurs voûtes ogivales, décorées de festons de marbre, reposent sur des colonnes de marbre. Malgré leur masse gigantesque, ces énormes piliers paraissent minces, grâce à leurs harmonieuses subdivisions, chaque colonne semble composée d'une infinité de colonnettes. Je ne dis rien du beau pavé en mosaïque, des tableaux, des reliques, chefs-d'œuvre de la ciselure; des statues, du chœur, de la richesse des autels, et de la richesse encore plus considérable du trésor de cette église, lequel représente, m'a-t-on dit, la somme de 10 millions, non plus que de ses pinacles élancés, surmontés de statues si légères, qu'elles semblent danser sur la pointe d'une aiguille. L'extérieur du Dôme, bien plus extraordinaire encore, apparaît comme un de ces palais des contes de fées que chacun de nous a plus ou moins entrevus dans les rêves extravagants de la première jeunesse.

« Je ne sais quelle plume à la fois assez artiste et assez savante pourrait convenablement décrire ces pyramides gothiques de marbre blanc, s'élançant dans les airs et se détachant sur le bleu sombre du ciel italien; cette forêt de piliers de marbre et d'aiguilles de marbre travaillés avec toute la délicatesse du guillochage, et cette immense population de statues plus considérable que la population de certains de nos chefs-lieux. Je me demande s'il serait possible d'entasser une plus grande quantité de marbre sur une plus grande surface, mais quel architecte aujourd'hui formerait, de tant d'ornements réunis, une masse aussi majestueuse, aussi étonnante par la grandeur de l'ensemble que par l'exquise délicatesse des détails[1]. »

« Cette cathédrale, dit à son tour Paul de Molènes, m'a rappelé ces apparitions qui, suivant quelques livres mystiques, se montrent à la lumière du soleil, et qui même, je crois, portent un nom dans les sciences occultes et s'appellent les fantômes du midi. Le fait est qu'elle s'élevait dans un ciel ardent, blanche, transparente, aérienne ; avec sa population de figures sacrées, étagées les unes sur les autres ; c'était l'échelle du patriarche. Elle semblait ce qu'on lui demandait d'être en ce jour, où la prière d'une nation émue venait la trouver : une voie ouverte entre ce monde et le monde divin. Pour aller du palais qu'il habitait à cette sainte et glorieuse demeure, l'Empereur traversa entre la double haie de ses grenadiers des rues bordées de maisons frémissantes comme des arbres qu'agiterait le vent. C'est qu'en effet ces maisons étaient devenues des choses vivantes. Vêtues de la splendeur mouvante des navires qui célèbrent une fête sur l'onde, elles dardaient tant de regards de toutes leurs ouvertures, elles jetaient au ciel tant de cris, elles semblaient enfin soulevées par tant de passion, qu'elles renouvelaient le miracle des temps antiques : c'étaient des pierres animées et soumises aux enthousiasmes humains. Dans ces lieux où étaient déchaînées toutes les puissances expansives de l'Italie, il n'y avait d'immobiles que les soldats rangés sur le passage de l'Empereur ; coiffés de ce bonnet qui devant Sébastopol rappelait Smolensk et le Kremlin, les grenadiers se tenaient calmes, droits et fiers, cariatides habituées à supporter sans fléchir le poids des gigantesques édifices dont on les charge.

« Une soirée à la Scala marqua le dernier jour de mon passage à Milan. Nulle troupe d'acteurs n'était alors dans cette ville, qui voulait pourtant faire concourir à ces fêtes l'éclat de son magnifique théâtre. Il fut décidé que la salle de la Scala serait éclairée par une de ces illuminations dont l'Italie a le secret ; quant à la scène, elle serait occupée par des chœurs chantant des hymnes nationaux. Cette musique improvisée était un prétexte de réunion bien suffisant pour une solennité de cette nature. Il eût été inutile, en une pareille soirée, de faire appel au génie des grands maîtres et au talent des célèbres chanteurs. Le spectacle que cherchait le public, l'art ne pouvait point le lui donner. L'Empereur et le roi de Piémont, quand ils parurent dans la vaste loge décorée pour leur triomphe, rendirent la salle aussi bruyante qu'elle était lumineuse. Tout en laissant une partie de mon esprit s'épanouir au sein de ces clartés et de ces rumeurs, je songeais involontairement à toutes les régions obscures qui entouraient ce point rayonnant du temps et de l'espace, aux combats de la veille et aux combats du lendemain, à tel arbre en cet instant même incliné par le vent de la nuit sur le sol qui recouvrait la dépouille d'un compagnon. Ce sont les pensées de cette nature qui donnent une si âpre saveur aux rapides jouissances de la guerre, en rôdant autour des parties subitement éclairées de notre âme,

comme ces pâles et sinistres figures qui, dans les grandes cités, rôdent autour des maisons.

« Je pus me convaincre bientôt du reste que j'avais raison d'imiter l'homme destiné à se lever avant le jour, et ne livrant qu'une moitié de lui-même aux chaînes dorées du sommeil. On frappa soudain à la porte de la vaste loge, où j'aurais pu me croire perdu dans un coin élégant et charmant de la société milanaise. Un mouvement venait d'être décidé, et nous devions dans la nuit même faire nos préparatifs de départ. J'abandonnai un entretien commencé. Je rejetai au delà de l'incertain horizon des batailles les projets que je devais exécuter le lendemain, je dis adieu à des hôtes d'une heure que probablement je ne reverrais plus, et je me dirigeai dans la nuit vers le palais où, sans le savoir, j'avais passé ma dernière journée. Milan n'était pas encore éveillé quand je montai à cheval pour rentrer dans les sentiers habituels de ma vie. Je m'éloignai de cette ville endormie le cœur reconnaissant, mais sans chagrin[1]. »

L'Empereur, nous l'avons déjà vu, ne se laissait pas non plus absorber par les joies du triomphe. Il ne voulait pas que l'armée s'arrêtât et son regard s'étendait même au delà du champ de bataille. Il avait le 8 juin adressé aux Italiens une proclamation qui caractérisait sa politique, et qui eut dans la Péninsule comme dans toute l'Europe un immense retentissement.

« Italiens ! la fortune de la guerre nous conduisant aujourd'hui dans la capitale de la Lombardie, je viens vous dire pourquoi j'y suis.

« Lorsque l'Autriche attaqua injustement le Piémont, je résolus de soutenir mon allié le roi de Sardaigne ; l'honneur et les intérêts de la France m'en faisaient un devoir. Vos ennemis, qui sont les miens, ont tenté de diminuer la sympathie universelle qu'il y avait en Europe pour votre cause, en faisant croire que je ne faisais la guerre que par ambition personnelle, ou pour agrandir le territoire de la France.

« S'il y a des hommes qui ne comprennent pas leur époque, je ne suis pas du nombre. *Dans l'état éclairé de l'opinion publique, on est plus grand aujourd'hui par l'influence morale qu'on exerce que par des conquêtes stériles*, et cette influence morale je la recherche avec orgueil en contribuant à rendre libre une des plus belles parties de l'Europe. Votre accueil m'a déjà prouvé que vous m'avez compris.

« Je ne viens pas ici avec un système préconçu pour déposséder les souverains ni pour vous imposer ma volonté ; mon armée ne s'occupera que de deux choses : combattre vos ennemis et maintenir l'ordre intérieur ; elle ne mettra aucun obstacle à la libre manifestation de vos vœux légitimes.

« La Providence favorise quelquefois les peuples comme les individus, en leur donnant l'occasion de grandir tout à coup ; mais c'est à la condition qu'ils sachent en profiter. Profitez donc de la fortune qui s'offre à vous ! Votre désir d'indépendance, si longtemps exprimé, si souvent déçu, se réalisera si vous vous en montrez dignes.

« Unissez-vous donc dans un seul but : l'affranchissement de votre pays. Organisez-vous militairement. Volez sous les drapeaux du roi Victor-Emmanuel, qui

---

1. Edmond Texier, *Chronique de la guerre d'Italie.*

1. P. de Molènes, *Commentaires d'un soldat.*

Un conseil de guerre pendant la campagne d'Italie.

vous a déjà si noblement montré la voie de l'honneur. Souvenez-vous que sans discipline il n'y a pas d'armée, et, animés du feu sacré de la patrie, *ne soyez aujourd'hui que soldats; demain vous serez citoyens libres d'un grand pays.* »

Cette proclamation avait été surtout inspirée par les événements qui s'étaient accomplis ou se préparaient dans l'Italie centrale. Pendant que l'armée alliée traverse la Lombardie à la suite des Autrichiens, qui se replient de tous les côtés, nous pouvons voir quelles conséquences la guerre avait déjà produites dans les pays naguère soumis à l'influence autrichienne.

§ 3. CHUTE DES GOUVERNEMENTS DE FLORENCE, DE PARME ET DE MODÈNE; LE CORPS D'ARMÉE DU PRINCE NAPOLÉON EN TOSCANE; ÉVACUATION DES ROMAGNES PAR LES TROUPES AUTRICHIENNES; ROME ET NAPLES.

Dès avant la guerre, l'agitation avait gagné l'Italie centrale. L'antagonisme entre l'Autriche et le Piémont avait réveillé les espérances du parti national et les craintes des gouvernements. Arborant le drapeau italien, et se faisant le champion de l'Italie, le Piémont ne pouvait qu'exciter les sympathies de la Péninsule qui avait les yeux fixés sur lui. Les populations, dans la prévision d'une guerre imminente, demandaient à leurs gouvernements l'alliance avec le roi de Sardaigne; mais les gouvernements étaient liés à l'Autriche par des traités; si malgré eux, et en dépit de ces traités, ils suivaient les populations pour s'unir au Piémont, ils ne gouvernaient plus, ils obéissaient, ils abdiquaient pour ainsi dire; s'ils faisaient cause commune avec l'Autriche comme ils s'y étaient obligés, ils s'exposaient à une révolution. Et dans cette cruelle alternative la neutralité était aussi dangereuse que l'action, car le peuple ne voulait pas de la neutralité. Ces gouvernements, contraires à l'esprit national, ne pouvaient donc que tomber : leur chute était naturelle et ne surprit personne.

Vers la fin de 1858, le grand-duc de Toscane, Léopold II, avait déjà à lutter contre ses sujets, qui manifestaient leurs sympathies pour la politique du Piémont. Le parti libéral se groupait autour de M. Boncompagni, ministre de Sardaigne. Le grand duc sévit contre la presse, mais les événements qui se succédèrent en janvier 1859 rendirent tous ses efforts impuissants : aussi, pendant le mois de février, alla-t-il à Rome et à Naples pour s'entendre avec le pape Pie IX et le roi Ferdinand sur les redoutables éventualités de l'avenir. Son absence profita au parti libéral que les ministres ne savaient comment contenir. Les brochures se multipliaient; de tous côtés on criait : Viva Verdi! abréviation qui, d'un bout de l'Italie à l'autre, signifiat : *Vive Victor-Emmanuel, roi d'Italie.* A son retour, le grand-duc renouvela les mesures de rigueur; des procès, au lieu d'effrayer la bourgeoisie, la passionnèrent; des souscriptions s'engagèrent en faveur des volontaires qui allaient s'enrôler en Piémont. A Livourne, plus de deux mille personnes accompagnaient au port ces mêmes volontaires avec des acclamations enthousiastes (mois de mars). Les fils des plus illustres familles partaient pour le Piémont et l'armée toscane partageait les sentiments de la population.

Le 24 avril, M. Boncompagni, ministre de Sardaigne, communiqua au ministre des affaires étrangères une note par laquelle son gouvernement invitait celui de Toscane à s'allier à la France et au Piémont. Le grand-duc répondit qu'il ne sortirait point de sa neutralité, ajoutant qu'il faisait même un sacrifice, puisque ses traités l'obligeaient à s'allier avec l'Autriche. Le débarquement des troupes françaises à Gênes acheva d'exalter les imaginations; on arbora le drapeau tricolore. Le 27 avril, l'archiduc Charles, second fils du grand-duc, réunit les officiers pour concerter avec eux un plan de résistance. Les officiers déclarèrent que les soldats ne tireraient point sur le peuple. — Sommes-nous prisonniers? demanda l'archiduc effrayé. — Nullement; mais la volonté du pays est de faire alliance avec le Piémont. — Cette volonté, vingt mille voix l'exprimaient au même moment devant le palais Pitti. Le grand-duc céda et annonça qu'il allait former un nouveau ministère. Mais les nouveaux ministres qu'il appela connaissaient bien l'état des choses et lui déclarèrent que le salut de la dynastie était dans son abdication. L'avénement d'un jeune prince destiné à être vraiment un souverain constitutionnel et italien, aurait pu seul, en effet, assurer le maintien de l'autonomie de la Toscane. Le grand-duc, par esprit d'animosité, dit-on, contre son fils, refusa d'abdiquer. Il fit demander à M. Boncompagni, le véritable maître alors, s'il pouvait quitter Florence sans danger. On lui assura que la population demeurerait calme; celle-ci, en effet, assista silencieuse au départ du grand-duc qui se dirigea sur Vienne après avoir protesté contre les événements.

La municipalité de Florence nomma immédiatement un gouvernement provisoire et offrit la dictature de la Toscane à Victor-Emmanuel. Le roi de Sardaigne refusa la dictature, mais se déclara le protecteur de la Toscane pendant la guerre; et, sur le désir qui lui en fut exprimé, nomma le général Ulloa commandant de l'armée toscane (4 mai). M. Boncompagni prenait en mains l'administration du pays, qui restait entièrement indépendante de celle du Piémont.

Cette révolution pacifique ouvrait à nos opérations un vaste et riche pays. Deux envoyés toscans s'étaient rendus auprès de l'empereur Napoléon III, et lui avaient demandé un corps de troupes pour sauvegarder leur territoire contre l'envahissement des Autrichiens. L'Empereur décida que le corps de réserve, commandé par le prince Napoléon, serait dirigé sur la Toscane : il couvrirait ainsi la droite des armées alliées, menacerait la route de Modène et pourrait déborder les Autrichiens en débouchant au delà des Apennins. « En même temps, l'apparition à Florence d'un corps d'armée, dont on ignore le nombre, et qu'il faudra même grossir (écrit l'Empereur au prince Napoléon), produira un grand effet et forcera les Autrichiens à se diviser. »

Le prince Napoléon allait se trouver à la fois sur la route de Modène et de Bologne, mais il avait reçu l'ordre de ne rien faire contre Bologne ni contre les États pontificaux, tant que les Autrichiens n'auraient pas violé la neutralité. Le 23 mai, le prince débarquait à Livourne et, dans une proclamation, annonçait que sa mission était exclusivement militaire. Il n'avait pas à s'occuper et ne s'occuperait pas de l'organisation intérieure du pays. « Napoléon III, ajoutait-il, a déclaré qu'il n'avait qu'une seule ambition, celle de faire triompher la cause sacrée de l'affranchissement d'un peuple, et qu'il ne serait jamais influencé par des intérêts de famille. »

Il était à craindre que les Autrichiens ne fissent une pointe en Toscane avant que les troupes du prince Napoléon fussent arrivées. Les Autrichiens se trouvaient en effet près d'un défilé des Apennins, le défilé des Filigares, mais ils ne prirent aucune résolution hardie et laissèrent aux régiments du 5e corps d'armée français le temps de se masser sur les points les plus menacés. L'ennemi ne savait pas au juste nos intentions; il croyait que nous allions ou nous porter sur Bologne, couverte cependant par la neutralité pontificale, ou nous diriger sur le littoral de l'Adriatique, pour nous embarquer et attaquer Venise. Le cinquième corps d'armée n'était, dans la pensée de l'Empereur, qu'une aile éloignée de l'armée principale, destinée à se replier sur celle-ci pour la renforcer au moment de son entrée dans le quadrilatère.

La bataille de Magenta, en nous ouvrant Milan, produisit un effet immense en Toscane. De plus, elle permettait au prince Napoléon d'accentuer ses mouvements. L'armée autrichienne, refoulée au delà du Tessin et de l'Adda, inquiétée sur la rive droite du Pô par le cinquième corps, évacua toutes les places fortes de la Lombardie, abandonna même les duchés de Parme et de Modène et les légations. Le prince Napoléon reçut avec satisfaction l'ordre de rejoindre avec ses divisions l'armée principale et de marcher sur Plaisance. Le général Ulloa avait organisé avec une remarquable activité un corps toscan composé de dix-huit bataillons d'infanterie, de deux escadrons de cavalerie et de deux batteries d'artillerie. Les troupes toscanes et françaises s'ébranlèrent le 12 juin et marchèrent vers le Pô. Nous verrons plus tard comment elles rejoignirent l'armée d'opérations.

Le gouvernement du duc de Modène était déjà tombé, bien avant leur arrivée. Le duc François V avait essayé de maintenir son autorité par d'odieuses rigueurs, dès l'année 1858, et loin de chercher à suivre le mouvement italien, s'était efforcé de le combattre. Il avait exclu toutes les monnaies des États voisins et n'admettait plus que celles de l'Autriche; ses sujets, pour manifester leur aversion contre le gouvernement, s'étaient engagés à ne plus fumer; la conspiration des cigares fut punie par le bâton et la prison, sans jugement. Dans les premiers mois de 1858, le duc François fit un voyage à Vienne et reparut dans ses États avec le grade de lieutenant général autrichien. Il redoubla de sévérité tout en accordant à la hâte des réformes administratives. Mais les habitants du duché émigraient en Piémont, et chaque jour on voyait partir des volontaires. Le duc demanda à la Sardaigne, sans l'obtenir, leur extradition, et par un décret du 5 mars établit les peines les plus rigoureuses contre les émigrés qui rentreraient. La révolution toscane du 27 avril amena une révolution dans les provinces de Massa et de Carrare; les employés abandonnèrent leurs fonctions et la troupe se retira en bon ordre vers Modène, sans avoir tiré un seul coup de feu; on proclama Victor-Emmanuel roi dictateur. Le duc se retira dans sa forteresse de Brescello, dont il fit inonder les environs; en même temps il faisait occuper Modène et Reggio par les Autrichiens. Il avait emporté à Brescello et emporta plus tard en Vénétie 690 000 livres du trésor, l'or, l'argent, les pierreries de la couronne, les pierres et médailles des musées, les manuscrits précieux des bibliothèques. Il fit main basse sur les caisses

publiques à Modène et à Reggio, où il n'y avait pas moins de 800 000 fr. Il se fit même suivre des condamnés politiques, au nombre de quatre-vingts, qu'il enferma dans les cachots de Mantoue. A la nouvelle de la bataille de Magenta, il quitta sa forteresse en instituant une régence; le 12 et le 13 juin, les Autrichiens évacuaient Modène et Reggio; il suffit alors d'une démonstration pour renverser la régence et proclamer Victor-Emmanuel.

Le duché de Parme était gouverné, nous l'avons dit, par une princesse distinguée de la maison de Bourbon, veuve du dernier duc et sœur du comte de Chambord. La révolution ne fut nullement excitée dans ce duché par le mécontentement des sujets contre leur souveraine. Mais un État si petit que pour la conscription on y prenait seulement 300 hommes par an, devait naturellement être enveloppé dans le bouleversement qui s'opérait autour de lui. La duchesse ne prit point, en présence de l'agitation nationale, la même attitude que le duc de Modène. Elle laissa la presse discuter et ne compta, pour réprimer la conspiration des cigares, que sur le goût naturel des Parmesans pour le tabac. Invitée, en vertu des traités particuliers qui existaient entre Parme et l'Autriche, à donner 3000 hommes à son alliée, elle traîna en longueur. La duchesse aurait voulu prendre rang parmi les puissances vraiment italiennes, mais elle était enchaînée à l'alliance de l'Autriche; de plus, ces sujets comprenant que le fractionnement de l'Italie était la principale cause de sa faiblesse, demandaient la réunion du duché au Piémont. L'Autriche, appréciant la situation, n'hésita pas à agir d'autorité. Elle augmenta la garnison de Plaisance, et, non contente d'occuper la forteresse, droit que lui donnaient les traités, elle établit ses soldats dans la ville même. L'émigration des volontaires continua cependant avec autant d'ardeur que dans les autres parties de l'Italie centrale. La duchesse fermait les yeux, sachant bien qu'elle ne pouvait rien. Le 30 avril, quand on eut appris les événements de Florence, les officiers parmesans vinrent au nom de leurs soldats demander au gouvernement de faire cause commune avec le Piémont. La duchesse comprit qu'elle n'avait qu'à se retirer; elle nomma un conseil de régence, composé de ses ministres, chargé de gouverner en son nom et au nom de son fils le duc Robert, puis elle partit avec celui-ci pour Mantoue.

La régence ne put se maintenir. Les membres du comité national se constituèrent en junte provisoire de gouvernement au nom du roi Victor-Emmanuel. Les Autrichiens intervinrent, mirent Plaisance en état de siége et parurent vouloir occuper tout le duché. L'armée parmesane se divisa; une partie des officiers réclama le retour de la duchesse, les autres se retirèrent sur le territoire piémontais; la duchesse rentra à Parme (4 mai). Elle déclarait toujours vouloir maintenir la neutralité, neutralité impossible, car les Autrichiens tenaient Plaisance, place importante pour la défense du passage du Pô. Le ministre d'Autriche requit même la duchesse de faire préparer des logements pour les troupes qui auraient à traverser le duché et à pénétrer en Toscane. La guerre, en se développant, accrut les embarras de la situation. Le 2e mai, la duchesse envoyait à Turin demander protection contre ses propres soldats; elle avait perdu tout espoir même avant la bataille de Magenta. Le 8 juin, elle se vit forcée d'autoriser le conseil des anciens de la commune de Parme à s'adjoindre trente notables, à se faire présider par un *podesta* et à prendre le titre de municipalité. Avertie que les Autrichiens allaient évacuer Plaisance, elle délia ses troupes du serment de fidélité et annonça dans une proclamation que, mise dans la nécessité ou de prendre part à une guerre *dite* de nationalité, ou de violer des engagements pris avec l'Autriche, elle se retirait pour éviter l'alternative de contrarier les vœux de l'Italie ou de manquer à la loyauté. Elle se rendit en Suisse où ses enfants l'avaient précédée. Une députation de Parmesans fut envoyée au roi Victor-Emmanuel pour le prier de prendre le gouvernement. Le 10 juin, les Autrichiens évacuaient Plaisance, après avoir jeté dans le fleuve des bombes, des canons, des munitions. La ville imita aussitôt l'exemple de Parme.

Le 11 juin, les Autrichiens évacuaient également

Le général Ulloa.

Bologne. Rappeler des troupes qui pouvaient être nécessaires sur le théâtre de la guerre, susciter en outre aux alliés de graves embarras, en compliquant les questions à résoudre d'une révolution dans les États de l'Église, telles étaient les raisons évidentes de cet acte. En effet rien ne les forçait à se retirer, et les raisons stratégiques qu'ils donnaient ne valaient rien, puisque les troupes qui gardaient les légations étaient couvertes par la neutralité pontificale. Lorsque les Autrichiens se furent éloignés, Bologne voulut aussitôt prendre part aux hostilités. La municipalité alla trouver le cardinal-légat Milesi. Ce prélat, voyant que les écussons pontificaux étaient renversés, que la troupe paraissait disposée à faire cause commune avec le peuple, se retira vers Ferrare, où se trouvaient encore les Autrichiens. Bientôt Imola, Forli, Faënza, Ferrare, Ravenne suivirent l'exemple de Bologne, et les légations, qui toujours s'étaient montrées impatientes de la domination pontificale, furent libres sans que l'ordre eût été troublé. Le cardinal Antonelli, ministre secrétaire d'État de Pie IX, protesta dès le 15 juin contre cette révolution, et appela cette manifestation de la volonté populaire « une félonie qui fait horreur à tout le monde. »

La perte des Légations n'était sûrement pas faite pour réconcilier le gouvernement pontifical avec la

Frédéric-Guillaume IV, roi de Prusse.

guerre de l'indépendance qu'il observait avec un vif déplaisir. Les événements du nord de l'Italie avaient leur contre-coup à Rome : dans le mois d'avril on put remarquer une grande agitation parmi la population romaine : le gouvernement fit arrêter plusieurs personnes dont le général de Goyon eut beaucoup de peine à obtenir l'élargissement. Le peuple voulait continuellement faire des ovations au général et à notre ambassadeur, M. de Grammont. Par un avis affiché dans les rues de Rome, le général demanda expressément qu'on s'abstînt de toute démonstration bruyante, et qu'on lui rendît facile sa tâche qui était de faire régner l'ordre autour du Souverain-Pontife. La population romaine obéit. Aussi à chaque nouvelle de nos succès se contentait-elle de se porter en masse, mais silencieuse, sur le passage de M. de Goyon ou de M. de Grammont. C'était un rôle bien pénible pour nos soldats, d'abord de se trouver si près des champs de bataille et de rester l'arme au bras devant les palais de Rome, ensuite de contenir une population qui saluait avec bonheur nos victoires. Le pape s'inquiétait, on parlait autour de lui de l'emmener loin de sa capitale. Étrange protection que cette occupation de Rome par nos troupes : elle effrayait notre protégé, elle affligeait une population que nos succès réjouissaient ; elle semblait la contradiction de la guerre libératrice que nous faisions au nord de la Péninsule. Notre présence seule maintenait le gouvernement pontifical et nos victoires le compromettaient davantage. En refoulant l'Autriche nous lui ôtions l'appui qu'il aimait le mieux, nous le mettions en face du mouvement italien qu'il devait toujours s'obstiner à ne pas suivre. De ce jour la question romaine, jusque-là assoupie, allait se réveiller et nous causer de graves embarras.

A Naples, au moment où commençait la guerre d'Italie, s'était accompli un changement de règne. Les derniers actes du roi Ferdinand avaient été dignes de ceux de toute sa vie. Il avait persisté à demeurer en mauvaises relations avec les puissances de l'Europe ; il avait multiplié les rigueurs. En 1858, des centaines de personnes furent envoyées aux galères. Un jour, sur un soupçon, 1230 personnes furent arrêtées, mais bientôt élargies (sept. 1858). Ferdinand II s'entourait de précautions aussi peureuses que Louis XI à son château de Plessis-lès-Tours. Dans l'armée, les officiers exagérant les ordres du roi frappaient cruellement leurs soldats. Les paysans qui composaient les gardes urbaines étaient mis en possession des biens des condamnés politiques.

Le 27 décembre 1858, Ferdinand II avait commué la peine des travaux forcés en celle du bannissement pour les condamnés politiques qui peuplaient les bagnes. Un simple arrêté ministériel, contrairement à toute loi, en date du 6 janvier 1859, changea le bannissement en déportation. On devait conduire les déportés à New-York. Les condamnés protestèrent ; néanmoins 70 furent embarqués pour Cadix, où on espérait trouver un bâtiment qui les transporterait en Amérique. Les officiers restèrent longtemps sans trouver de navire : on demandait un prix trop élevé. Les condamnés, continuant de protester, écrivirent au gouverneur de Cadix qu'ils assigneraient devant les tribunaux américains tout capitaine qui les emmènerait malgré eux. Un capitaine américain accepta cependant les offres des officiers napolitains et prit les 70 condamnés à son bord. En pleine mer ceux-ci déclarèrent au capitaine leur intention de le poursuivre devant les autorités de New-York, et le sommèrent ou de quitter son commandement ou de les mener en Irlande. Le capitaine dut les mener en Irlande où une souscription leur facilita les moyens de retourner en Italie.

Au mois de janvier 1859, à l'époque où se préparait le mariage de son fils, le duc de Calabre, avec une princesse de Bavière, Marie-Sophie-Amélie, le roi Ferdinand II tomba malade. Le mariage n'en fut pas moins célébré le 3 février 1859, mais la santé de Ferdinand II allait toujours en déclinant. Les événements du nord de l'Italie lui donnèrent le coup de grâce : il mourut le 22 mai, chargé de la haine de ses sujets. Sa tyrannie était un lourd héritage pour son fils qui devait, comme il arrive toujours, expier des fautes dont il était innocent. Le nouveau roi François II ne changea d'abord rien au système de son père, si ce n'est qu'il l'appliqua avec plus de modération. Toutefois, les puissances européennes, afin d'affermir le nouveau roi, saisirent l'occasion de son avénement pour renouer les relations diplomatiques interrompues avec son père.

Ainsi, à Naples une royauté jeune et inexpérimentée sur laquelle pesait un lourd passé ; à Rome, un gouvernement protégé par les vainqueurs de l'Autriche, mais sympathisant davantage avec les vaincus, une population prête à se soulever, mais tenue en respect par des troupes qu'elle aurait voulu acclamer ; dans les Légations comme à Parme, et à Modène, la révolution triomphant sans effort, par la simple retraite des Autrichiens ; en Toscane, un gouvernement piémontais déjà établi et un corps d'armée français : telle était la situation de la Péninsule lorsque l'Empereur quittait Milan afin de poursuivre la conquête de la Lombardie. Voyons maintenant l'attitude de l'Europe.

§ 4. ATTITUDE DE L'EUROPE ; ANGLETERRE ; CHUTE DU MINISTÈRE TORY ; ALLEMAGNE ; MOBILISATION DE L'ARMÉE FÉDÉRALE ; RÔLE DE LA PRUSSE ; LA RUSSIE ; CIRCULAIRE DU PRINCE GORTSCHAKOFF.

La guerre de Crimée avait presque réuni l'Europe entière dans une même pensée : arrêter l'ambition de la Russie. La guerre d'Italie non-seulement divisa les puissances, mais encore divisa chaque État. Cela tenait à son caractère, bien différent de celui de la guerre d'Orient, car les mots magiques d'indépendance et de liberté, au nom desquelles elle s'engageait, ne pouvaient manquer de raviver partout l'éternelle querelle de la justice et de l'injustice, de la domination et du droit.

L'Angleterre, au commencement de 1859, était gouvernée par le cabinet *tory*, qui avait pris la place du cabinet *whig* en 1858, à la suite des difficultés diplomatiques amenées par l'attentat du 14 janvier. Représentant des idées de conservation, de la vieille politique, défiant envers la France, le parti tory n'avait pas vu sans déplaisir se poser la question italienne : une guerre libérale sur le continent l'effrayait et le cabinet avait tout fait pour l'empêcher. Cela ne veut pas dire qu'il eût pris le bon moyen : car il avait paru incliner vers l'Autriche, lui donnant ainsi une force sans laquelle cette puissance aurait peut-être agi avec plus de modération.

La guerre commençant en dépit des négociations des hommes d'État anglais, c'était déjà un échec pour le cabinet de lord Derby. La politique qu'il crut devoir adopter pendant la guerre fournit à ses adversaires l'occasion de se réunir et de le renverser. Lord Derby déclara son intention de se maintenir dans la neutralité, mais dans une neutralité armée. Lord John Russell et lord Palmerston, chefs du parti libéral, laissant de côté leur ancienne rivalité, se coalisèrent avec les chefs du parti radical. Ils attaquèrent vivement le ministère, dont on ne pouvait nier les tendances autrichiennes ; ils critiquèrent les armements. « A quoi, disait lord Russell, pourraient servir ces armées et ces flottes ? Non pas à la France, qui n'en a pas besoin ;

non pas contre l'Autriche, avec laquelle la Grande-Bretagne n'a pas de différend? Pourquoi donc s'arme l'Angleterre, si ce n'est pour maintenir en Italie le despotisme de l'Autriche? » Les armements prenaient en effet de grandes proportions, et dans les arsenaux de l'Angleterre régnait une fiévreuse activité : la presse ministérielle énumérait avec complaisance les canons, les bombes, les boulets qu'on envoyait à Malte, à Corfou, à Gibraltar, les vaisseaux qu'on construisait, les hommes qu'on recrutait. L'inventeur d'une espèce de canon qui a fait plus de bruit que de besogne, sir Armstrong, fut nommé chevalier. Une proclamation royale ordonna dans chaque comté la formation d'un corps de volontaires, artilleurs et fusiliers, pour servir de réserve à la milice. Le ministère donnait comme prétexte la crainte de la France dont l'esprit belliqueux, alors excité, pouvait demander une invasion en Angleterre, invasion qui, dans l'opinion des tories, était l'arrière-pensée de Napoléon III.

L'opposition libérale reprocha amèrement au cabinet les folles dépenses qui, pour des craintes chimériques, grevaient le budget. Elle plaidait la cause de l'Italie et applaudissait à la prochaine délivrance de cette contrée. Le lord-maire de Londres présida un grand meeting en faveur de la cause italienne (20 mai) et le parlement se réunit le 7 juin, au moment où le pays s'animait sous l'impression de la bataille de Magenta. Le cabinet était déjà condamné, la balance de l'opinion penchait du côté des vainqueurs. La proclamation de Milan, en rassurant l'Angleterre sur l'ambition impériale, acheva d'ébranler les tories. Ils succombèrent dans le parlement où le parti whig uni au parti radical posa une question de confiance. Les tories étaient encore puissants, car ils ne furent renversés que par 323 voix contre 310, tant est grand encore en Angleterre l'amour de la conservation et vive la défiance contre la France. Lord Palmerston eut bientôt formé avec lord Russell une nouvelle administration qui, à la neutralité favorable à l'Autriche, substitua la neutralité favorable à la France et à l'indépendance italienne. A l'intérieur il promettait des réformes en faveur des classes ouvrières.

En attendant, la crainte des tories était de voir le cabinet pencher trop de notre côté. Lord Derby ne cessait de montrer combien était dangereuse notre puissance militaire. Lord Lindhurst porta les choses au pire. Il avoua que les Anglais n'étaient point aimés sur le continent et que le fossé de la Manche ne le rassurait point contre les 600 000 hommes de l'empereur Napoléon. Il demandait des levées extraordinaires. Le cabinet Palmerston dut même faire leur part aux craintes du pays et continua, dans une mesure modérée toutefois, les armements commencés par le précédent cabinet. Palmerston et Russell comptaient d'ailleurs se servir de ces armements pour imposer leur médiation quand le moment serait venu. Ils devaient se donner une peine bien inutile.

En résumé, la guerre d'Italie avait en Angleterre donné au parti libéral la victoire sur le parti conservateur, et amené un changement de cabinet favorable à l'empereur Napoléon III. Mais en même temps elle avait réveillé les vieilles craintes, les vieilles jalousies qui se traduisaient par des armements exagérés et qui influençaient même le nouveau cabinet. Quoi qu'il en soit, au lieu de nous effrayer comme autrefois,

l'Angleterre nous redoutait. Comme les temps étaient changés!

L'Allemagne n'était guère plus rassurée que l'Angleterre, mais celle-ci gardait son calme, tandis que celle-là manifestait une irritation qu'on ne s'expliquait pas. L'Autriche excitait contre nous les passions allemandes et les États secondaires du Midi avaient répondu à son mot d'ordre. On représentait l'empereur Napoléon III comme prêt à se jeter sur l'Allemagne si on le laissait écraser l'Autriche. Les brochures agressives se multipliaient; les petits princes amis de la cour de Vienne partaient à grand bruit pour aller prendre des commandements dans l'armée autrichienne. On n'écrivait pas seulement, on chantait. Un de ces chants surtout fit fureur, parce que son auteur l'avait signé du nom du vieux poëte Arndt, soit qu'il portât lui-même ce nom, soit qu'il l'eût pris à dessein.

« L'orage de la guerre a retenti, les Français veulent l'avoir encore, notre Rhin. Allons, mon Allemagne, lève-toi comme un seul homme. De toutes les montagnes et de toutes les vallées, répands la crainte et la terreur, dons sanglants, et que ce cri retentisse partout : Au Rhin! Au Rhin! Que l'Allemagne tout entière déborde sur la France!

« Ils le veulent. Secoue-toi, patience allemande! Éveille-toi des rives du Belt à celles du Rhin. Nous avons à réclamer de vieilles dettes. Allons, Français, debout! Nous voulons, dans le jeu des épées et des lances, danser avec toi la danse sauvage et sanglante. Le cri retentit : Au Rhin! Au Rhin! Que l'Allemagne tout entière déborde sur la France!

« Ah! mon Allemagne, libre, unie, en avant! nous voulons leur chanter une petite chanson, et reprendre ce que leur maligne fraude nous a enlevé : Metz, Strasbourg et la Lorraine! Oui! vous rendrez gorge! commençons donc le combat, au dernier sang. Le cri retentit : Au Rhin! Au Rhin! Que l'Allemagne tout entière déborde sur la France!

« En avant, mon Allemagne, libre, unie, en avant! Ils veulent la guerre, ils l'auront. Allons, rassemble tes forces, lève-toi comme un seul homme. Le cri a retenti : Au Rhin! Au Rhin! Que l'Allemagne déborde sur la France! »

Un mouvement, analogue à celui de 1840, se produisait donc en Allemagne. Mais la Prusse, dès le commencement de l'année 1859, se tint sur la plus grande réserve; elle ne croyait point ses intérêts liés à ceux de l'Autriche, tant s'en fallait! Elle ne voyait dans les embarras de sa rivale qu'une occasion de faire triompher sa propre politique en Allemagne. Le parti unitaire ou parti de Gotha ne voyait même pas sans plaisir une guerre entreprise en Italie au nom du principe des nationalités.

La Prusse était alors gouvernée par le prince-régent Guillaume, exerçant le pouvoir au nom de son frère Frédéric-Guillaume IV, toujours malade[1]. Les bro-

1. Frédéric-Guillaume IV, né en 1795, était roi de Prusse depuis 1840. Il fit entrer en 1847 le pays dans la voie constitutionnelle, mais sans vouloir détruire la féodalité et lutter contre ses sujets en 1848 (voir le tome II, chap. IIt, page 59). Il resta vainqueur, mais s'il eut la sagesse de maintenir le régime constitutionnel, il l'altéra profondément en laissant l'influence au parti aristocratique qui l'enchaîna à sa politique rétrograde, à l'intérieur comme à l'extérieur. A la fin de 1857, une maladie le rendit incapable de garder le pouvoir, et il ne tarda pas à succomber en 1860.

chures publiées à Berlin n'accusaient pas beaucoup de sympathies pour la France, mais en montraient encore moins pour l'Autriche. Il faut, disait une de ces brochures, organe du parti unitaire, il faut que l'Autriche

Marche de l'armée alliée. — L'empereur, au milieu du bourg de Treviglio, donnant des ordres et dirigeant le mouvement des troupes (15 juin 1859). (Page 23, col. 1.)

tombe en Allemagne; tel doit être aujourd'hui comme toujours l'unique but de la politique prussienne. C'est le testament du grand Frédéric. Il faut rendre la Prusse plus allemande et l'Allemagne plus prussienne. La

Prusse alors aura accompli sa mission ; elle cessera d'être comme Prusse, mais elle sera devenue l'Allemagne. » La politique prussienne trouvait un appui dans les populations des États dont les gouvernements favorisaient le plus la politique autrichienne. En Bavière, en Wurtemberg, en Hanovre, les Chambres votèrent les crédits de guerre qu'on leur demandait, mais en demandant des libertés et en exprimant hau-

Marche de l'armée alliée. — Arrivée de Victor-Emmanuel à Brescia (17 juin 1859). (Page 23, col. 1.)

tement leur antipathie contre l'Autriche. En Allemagne comme en Angleterre, la guerre d'Italie rendait de la force au parti libéral.

Une note du *Moniteur* français du 11 avril déclara les craintes des patriotes allemands tout à fait chimériques et flatta habilement le parti unitaire. « La politique de la France, disait-elle, ne saurait avoir deux poids et deux mesures ; elle pèse avec la même équité les intérêts de tous les peuples ! Ce qu'elle veut faire respecter en Italie, elle saura le respecter elle-même en Allemagne. Ce n'est pas nous qui serions menacés d'une Allemagne nationale qui concilierait son organisation fédérative avec les tendances unitaires dont le principe a déjà été posé dans la grande union commerciale du Zollverein. Tout ce qui développe dans les pays voisins les relations créées par le commerce, par l'industrie, par le progrès, profite à la civilisation, et tout ce qui agrandit la civilisation élève la France. »

L'empereur François-Joseph envoya à Berlin l'archiduc Albert vers le milieu d'avril, pour déterminer le régent à faire cause commune avec l'Autriche. Le régent s'y refusa et promit seulement de mettre sur le pied de guerre trois corps d'armée et de proposer, avec l'Autriche, à la diète de Francfort de mobiliser également trois corps d'armée de la Confédération. C'était seulement passer de la stricte neutralité à la neutralité armée. L'Autriche en ressentit un vif dépit et essaya de peser sur la Prusse en entraînant les États secondaires de la Confédération et en obtenant la majorité dans la diète. La Prusse résista. Les Chambres demandèrent la neutralité et déclarèrent qu'une grande puissance comme la Prusse devait être libre de son action. Le Hanovre, poussé par l'Autriche, proposa à la diète la concentration d'une armée sur le Rhin (19 mai). Le ministre de Prusse protesta vivement contre cette proposition. « En présence, dit-il, de la position particulière où se trouve l'Autriche, la Prusse est en droit d'attendre que les confédérés allemands lui abandonnent l'initiative des mesures militaires qui deviendraient nécessaires. De cette manière seulement, on peut maintenir l'unité indispensable pour toute action salutaire. Quant à des propositions prématurées et dépassant les limites du droit fédéral, le gouvernement ne saurait les reconnaître comme légitimes ; et il se verra obligé, à son vif regret, de s'y opposer toujours avec fermeté. » Cette opposition souleva dans l'Allemagne méridionale une tempête contre la Prusse. Les journaux prussiens répondirent : « Quoi ! ces petits souverains et ces petits États veulent forcer la main à la Prusse. Mais le gouvernement de Hanovre n'a pas d'argent, celui de Bavière pas d'habits à donner à ses soldats ; Wurtemberg n'a que de vieux fusils, et Nassau n'a rien. » De gros mots, des menaces s'échangèrent. La querelle des fédéralistes et des unitaires se ravivait ; l'agitation antifrançaise devint antiprussienne ; les Allemands, qui parlaient quelques mois auparavant d'envahir la France, se querellaient et se chansonnaient entre eux.

C'est à ce moment que la Russie intervint et dessina nettement son attitude favorable à la France. Le 27 mai, le prince Gortschakoff, ministre des affaires étrangères de l'empereur Alexandre II, adressa aux ambassadeurs russes une circulaire qui mériterait d'être citée tout entière, mais qu'on jugera d'après les passages suivants :

Nous ne saurions dissimuler les regrets que nous éprouvons de l'agitation qui se manifeste dans quelques parties de l'Allemagne. Nous craignons qu'elle n'ait sa source dans un malentendu analogue à celui qui a fait méconnaître à Vienne l'idée du congrès proposé par la Russie. Mais les malentendus qui enveloppent les destinées des peuples prennent un caractère de gravité qui impose le devoir de chercher à les éclaircir. Notre auguste maître ne veut pas qu'il en existe sur les vues qui l'animent dans les conjonctures actuelles. Quelques États de la Confédération germanique semblent se préoccuper d'une crainte d'avenir. Pour éviter un danger que nous croyons sans fondement, ils s'exposent à en faire naître de très-réels, et cela non-seulement en ne résistant pas à des passions dont le développement pourrait mettre en péril la sécurité et la forme intérieure des gouvernements, mais encore en fournissant des griefs sérieux à un État voisin et puissant au moment même où ils en reçoivent des déclarations rassurantes.

« Le gouvernement français a solennellement proclamé qu'il n'a aucune intention hostile à l'égard de l'Allemagne. Cette déclaration, faite à la face de l'Europe, a été accueillie avec un assentiment empressé par la majorité des grandes puissances. Or, un pareil assentiment implique des obligations. C'est ainsi que nous avons compris la nôtre. Lorsqu'un concours malheureux de circonstances aboutit à une rupture hostile, le moyen d'accélérer le retour de la paix est de diminuer les maux de la guerre et de la renfermer sur le terrain où s'entre-choquent les intérêts qui l'ont fait naître.

« Notre désir, comme celui de la majorité des grandes puissances, est aujourd'hui de *localiser* la guerre, parce qu'elle a surgi de circonstances locales, et que c'est le meilleur moyen d'accélérer le retour de la paix. La marche que suivent quelques États de la Confédération germanique tend au contraire à *généraliser* la lutte en lui donnant un caractère et des proportions qui échappent à toute prévision humaine, et qui, dans tous les cas, accumuleraient des ruines et feraient verser des torrents de sang. Nous pouvons d'autant moins comprendre cette tendance que, indépendamment des garanties qu'offrent à l'Allemagne les déclarations positives du gouvernement français acceptées par les grandes puissances, et la force même des choses, les États allemands s'écarteraient par là de la base fondamentale qui les relie entre eux.

« La Confédération germanique est une combinaison purement et exclusivement défensive. C'est à ce titre qu'elle est entrée dans le droit public européen sur la base des traités auxquels la Russie a apposé sa signature. Or, aucun acte hostile n'a été commis par la France vis-à-vis de la Confédération, et aucun traité obligatoire n'existe pour celle-ci qui motiverait une attaque contre cette puissance. Si par conséquent la Confédération se portait à des actes hostiles envers la France sur les données conjecturales et contre lesquelles elle a obtenu plus d'une garantie, elle aurait faussé le but de son institution et méconnu l'esprit des traités qui ont consacré son existence.

« Nous conservons pleinement l'espoir que la sagesse des gouvernements écartera des déterminations qui tourneraient à leur propre préjudice et ne contribueraient pas à fortifier leur assiette intérieure. Si, ce qu'à Dieu ne plaise, il devait en être autrement, nous aurions en tout cas rempli un devoir de franche et sincère amitié. Quelle que soit l'issue des complications actuelles, l'Empereur, notre auguste maître, parfaitement libre dans son action, ne s'inspirera que des intérêts de son pays et de la dignité de sa couronne dans les déterminations que Sa Majesté sera appelée à prendre. »

La leçon était sévère et l'Allemagne comprit que si elle prenait fait et cause pour l'Autriche, la Russie pourrait bien prendre fait et cause pour la France. Peu de temps après survenait en Angleterre le changement ministériel dont nous avons parlé, et lord Palmerston engageait vivement l'Allemagne à garder une stricte neutralité. La diète revint à des sentiments plus modérés. On fit un compromis, on accepta l'initiative réclamée par la Prusse, initiative qui du reste ne devait pas détruire celle des autres royaumes

Toutefois la victoire des armes françaises à Magenta avait causé en Allemagne une vive agitation et diminué l'effet des remontrances du prince Gortschakoff. Les Allemands, effrayés de la rapidité de nos coups, s'imaginaient déjà les ressentir eux-mêmes. Avouons qu'ils les méritaient, et on serait tenté de se plaindre qu'on n'ait pas donné raison à leurs craintes, si la guerre ne devait pas être évitée le plus possible. Sur plusieurs points de l'Allemagne du midi, des camps se formaient, des réunions fréquentes avaient lieu entre les chefs des troupes de Wurtemberg, Bade, Hesse, Darmstadt. Le régent de Prusse, satisfait de l'ascendant qu'il acquérait, parut dès lors aussi disposé à la guerre que l'Allemagne. Il annonça, après la bataille de Magenta, la mobilisation de six corps d'armée sur neuf qui forment l'armée prussienne.

La Prusse et l'Allemagne voyaient donc d'un mauvais œil nos victoires en Italie et ne demandaient qu'à les arrêter. La Russie nous était favorable, car les préparatifs de l'Allemagne déterminèrent le tzar à concentrer cinquante mille hommes sur la frontière autrichienne, et la présence de cette armée russe ne laissa pas que d'inspirer des inquiétudes à Vienne. L'Angleterre, grâce au revirement qui s'était produit dans sa politique par le changement de ministère, applaudissait à la délivrance de l'Italie. Mais à Londres comme à Berlin il y avait de la jalousie, et le désir de se mêler tant soit peu à la question. Nous verrons ce qu'il en adviendra. En attendant nos soldats faisaient plus de besogne que les diplomates.

§ 5. MARCHE DE L'ARMÉE ALLIÉE EN LOMBARDIE; RETRAITE DES AUTRICHIENS.

La bataille de Magenta devait encore amener sur le théâtre de la guerre d'autres résultats que la prise de Milan. L'étendue de l'échec subi par les Autrichiens se révéla par la précipitation de leur retraite. Leurs corps d'armée, presque désorganisés, n'osèrent pas s'arrêter derrière la ligne de l'*Adda* : ils évacuèrent *Lodi*, *Crémone*, *Pavie*, *Plaisance*, places fortes qui pouvaient nous causer de sérieux retards. Le 11 juin, ils abandonnaient même la place considérable de Pizzighettone. Pour que le comte Gyulai se décidât à de pareils sacrifices, il fallait qu'il ne se sentît plus assez fort pour tenir tête à l'empereur Napoléon en pleine campagne dans la Lombardie, et, en voyant l'armée autrichienne s'éloigner ainsi de la forte base *Plaisance-Crémone*, on pouvait conjecturer qu'elle ne tiendrait

ni sur le *Serio*, ni sur l'*Oglio*, ni sur la *Mella*, qui sont des obstacles beaucoup moins sérieux et moins importants que l'Adda.

« L'Empereur, de son côté, avait à choisir entre les routes du nord et celles du sud; il se décida pour celles du nord. Le bas Adda avait beaucoup souffert du séjour prolongé de l'armée autrichienne, et cette contrée, sur laquelle, en se retirant, les Autrichiens avaient encore frappé d'énormes contributions, parut à l'Empereur dans de mauvaises conditions pour fournir la subsistance de ses troupes. Outre cette raison, tirée de considérations administratives, il y en avait une autre, plus spécialement militaire. C'était en manœuvrant sur sa gauche et en débordant la droite autrichienne qu'il avait réussi à surprendre le passage du Tessin, et qu'il avait forcé, à Magenta, le comte Gyulai à se replier dans la direction du sud; il était naturel d'employer encore la même méthode et de continuer l'effort en opérant par le nord. Cette manœuvre donnait aussi pour résultats la possibilité de surveiller les débouchés des Alpes, et de conserver à l'armée alliée une communication précieuse avec tous les grands centres du nord de la Lombardie, par la double voie de la route et du chemin de fer [1]. »

L'armée se mit en mouvement le 11 juin, après avoir pris quelques jours d'un repos indispensable, ce qui avait donné le temps de réunir tout le matériel nécessaire. Les différents corps s'échelonnèrent sur les routes poudreuses, à quelque distance les uns des autres. On sentait bien que cette retraite des Autrichiens, bien plus prolongée qu'elle n'aurait dû l'être, servait à un plan stratégique. Les généraux autrichiens abandonnant des places considérables et de magnifiques lignes de défense, se proposaient sans doute de choisir des champs de bataille plus favorables encore. En effet, le comte Gyulai, d'après un plan du général Schlick, songeait à organiser derrière la *Chiese*, rivière qui précédait le *Mincio*, une vigoureuse résistance. Derrière la Chiese se trouvait une ligne de hauteurs qui achèvent de former la ceinture de la rive droite du lac de Garde, puis s'infléchissent au sud-est et regagnent le Mincio en se perdant dans une vaste plaine où l'on pourrait déployer de grandes masses de cavalerie. La cavalerie autrichienne est renommée et le général Gyulai comptait beaucoup sur elle. Établi sur les hauteurs qu'on aurait soin de fortifier, agissant dans la plaine avec sa cavalerie, il se trouverait dans une excellente position pour attendre les alliés. Le comte Gyulai fit donc remonter ses corps d'armée vers le nord, et le 15 juin ceux-ci prenaient déjà position sur les hauteurs de la Chiese

Les alliés, instruits de ces préparatifs de l'ennemi, continuent leur mouvement en avant et se réjouissent dans la pensée d'atteindre bientôt leurs adversaires. L'armée piémontaise tient la gauche et se relie aux chasseurs des Alpes que Garibaldi lance toujours hardiment par les montagnes. Garibaldi était entré à *Bergame* le 8 juin et soulevait le pays autour de lui. Le 13, il entrait dans la grande ville de *Brescia* qui l'accueillait avec enthousiasme. *Brescia*, l'une des villes les plus impatientes du joug autrichien, avait opposé en 1849 une résistance héroïque au général Haynau, et les supplices qui avaient suivi sa défaite avaient

1. *Campagne de Napoléon III en Italie*, d'après le Dépôt de la guerre.

plus vivement encore enraciné dans le cœur de la noble cité la haine de l'étranger. A Brescia. le général
Garibaldi se trouvait assez près de l'armée autrichienne : plusieurs détachements des chasseurs des Alpes se

Marche de l'armée alliée. — Entrée des troupes alliées dans Bergame. (Page 23, col. 1.)

rencontrerent même avec la division de réserve du
général Urbain à *Tre-Ponti* et furent repoussés. Une
division de l'armée piémontaise envoyée pour les soutenir n'arriva pas à temps.

Décoration du drapeau du 2e zouaves par le maréchal Mac-Mahon. (19 juin 1859.) (Page 26, col. 1.)

v — 4

Les alliés n'avaient pas tardé à franchir l'Oglio et se rapprochaient tous les jours de l'ennemi. Malgré les difficultés occasionnées par le nombre de bagages nécessaires à une armée si nombreuse, les étapes se faisaient régulièrement : on partait de bonne heure pour éviter la chaleur qui devenait accablante. Un service télégraphique accompagnait et précédait même les troupes. Les inspecteurs du télégraphe arrivèrent plusieurs fois dans des villes encore occupées par les Autrichiens. « De Vercelli à Valeggio, du 31 mai au 6 juillet, jour de la signature de l'armistice, il a été, dit un document officiel[1], réparé ou construit plus de 400 kilomètres de lignes et ouvert 35 bureaux, qui ont toujours, sauf quelques courtes interruptions, assuré à l'Empereur et à son quartier général leurs communications avec la France, et souvent avec les maréchaux commandant les corps d'armée, et qui ont fait en même temps le service des dépêches du roi de Sardaigne et de son quartier général. »

Des ascensions aérostatiques servaient aussi à l'exploration du pays. Malheureusement le matériel de M. E. Godard était trop incomplet et on n'avait pas eu le temps de préparer ce qui eût été nécessaire pour suivre la marche d'une armée en mouvement, car l'impossibilité de se procurer du gaz hors des grandes villes rendait à peu près les aérostats à gaz impossibles. La construction d'un ballon à double enveloppe, susceptible de conserver son gaz pendant trois semaines et peut-être un mois, fut décidée, et le ballon commandé à Paris. En l'attendant on se servit des montgolfières, ballons en coton que l'on gonfle en raréfiant l'air au moyen de paille enflammée. Ces ballons acquièrent, par un certain degré de chaleur intérieure, une force ascensionnelle qui naturellement se trouve épuisée quelques instants après par le refroidissement. On avait aussi pensé à la photographie, pour compléter les renseignements que fourniraient les ascensions aérostatiques, et M. Nadar devait se rendre à l'armée d'Italie. Mais les essais que cet artiste fit avant son départ ne réussirent pas et on renonça à la photographie.

Le 18 juin, l'armée française franchit définitivement la Mella et atteignit la Chiese. En arrivant sur les bords de la rivière derrière laquelle le comte Gyulai avait massé ses troupes, l'Empereur jugea le moment venu de resserrer son ordre de marche afin de se tenir prêt à tout événement, et à partir du 18 l'armée s'avance dans l'ordre où elle doit combattre. Les corps sont disposés entre eux et les divisions sont formées de telle sorte que l'armée puisse, au premier signal, être rangée en bataille sans qu'il y ait besoin de manœuvrer pour changer l'ordre des divisions.

L'armée sarde tient la gauche, les maréchaux Baraguey d'Hilliers et Mac-Mahon le centre, le général Niel et le maréchal Canrobert la droite.

Le quartier impérial se trouvait à Brescia, où Napoléon III reçut un accueil aussi bruyant et aussi fleuri qu'à Milan. On donna deux jours de repos aux troupes et on en profita pour leur distribuer les récompenses méritées à la bataille de Magenta et au combat de Melegnano. L'Empereur, renouvelant un noble usage du premier Empire, avait décrété que si un régiment prenait un drapeau à l'ennemi, l'aigle de ce régiment se-

rait décoré de la Légion d'honneur. Le 19 juin, le maréchal de Mac-Mahon décora le drapeau du 2ᵉ zouaves, le premier qui eût mérité cette insigne distinction. Décorer le drapeau, c'était pour ainsi dire décorer le régiment, et il y avait là une légitime cause d'orgueil pour les soldats, un glorieux encouragement pour tous. Le même jour, l'armée était jointe par la belle division de la cavalerie de la garde qui arrivait de France, conduite par l'expérimenté général Morris. C'était un magnifique appoint pour tenir tête à la cavalerie autrichienne.

La bataille qu'on croyait si proche se déroba encore à nous. L'empereur d'Autriche avait changé ses plans et réorganisait ses armées. De nouvelles levées, des appels à la réserve[1], des enrôlements volontaires venaient de lui fournir un nombre d'hommes considérable. Les troupes autrichiennes en Italie furent divisées en deux armées dont l'empereur François-Joseph prit le commandement en personne. Il choisit pour chef d'état-major général le feld-zeug-mestre baron de Hess. La première armée reçut pour commandant le feld-zeug-mestre comte Wimpffen ; et la deuxième armée le comte Schlick qui remplaçait le comte Gyulai. Celui-ci s'était vu forcé par les circonstances de donner sa démission. Le plan pour l'exécution duquel il était entré en Piémont avait échoué, et l'initiative du nouveau plan de résistance qui s'organisait derrière la Chiese appartenait au comte Schlick[2].

Toutefois les plans du général Schlick furent subitement abandonnés, et l'armée autrichienne que nous allions atteindre s'évanouit. « L'empereur François-Joseph ne voulait plus risquer une bataille ayant le Mincio à dos, même avec la grande quantité de ponts que son armée avait à sa disposition. L'influence du feld-zeug-mestre baron de Hess semble encore une fois prendre complétement le dessus, et un nouveau plan dont on le suppose l'auteur est adopté. Les souvenirs de l'attitude passive du feld-maréchal Radetzki, en 1848, décident l'empereur d'Autriche à suivre son exemple, et l'ordre est donné de se replier derrière le Mincio pour attendre l'ennemi au centre du quadrilatère et y reprendre l'offensive comme l'avait fait l'illustre feld-maréchal. A peine cette décision est-elle prise, que les hauteurs de la Chiese sont évacuées, et que le soir même du 20 les corps autrichiens se retirent derrière le Mincio et prennent position de manière à disputer le passage de la rivière[3]. »

Le 21 juin, l'armée alliée a repris sa marche en avant et commence à franchir la Chiese. Le quartier impérial se transporte à *Castenedolo*, puis à *Montechiaro*. Dans cette ville, l'Empereur fit replacer une colonne érigée en mémoire des officiers français morts à Castiglione le 29 juin 1796, colonne que les Autrichiens avaient renversée en 1818, mais que la municipalité avait conservée. Le pays était ravagé et présentait les traces récentes du passage des Autrichiens. La plupart des

---

1. Note de l'inspecteur général C. Lair sur le service télégraphique de l'armée d'Italie.

1. Après les huit années de service réglementaire, le soldat autrichien est placé dans la réserve et peut être encore appelé au service pendant deux autres années.

2. Le général Gyulai ne crut pas devoir quitter le théâtre de la guerre. Il rejoignit un régiment dont il était propriétaire, et ce ne fut qu'après la campagne qu'il fut mis en disponibilité d'abord, et qu'il obtint ensuite définitivement sa retraite.

3. *Campagne de l'empereur Napoléon III en Italie*, d'après le Dépôt de la guerre.

habitants des campagnes avaient fui et ceux qui restaient mouraient de faim. Nos soldats, au lieu d'en recevoir des vivres, étaient obligés de partager avec eux leurs maigres ressources.

Le 23, l'armée alliée occupe une partie des positions dans lesquelles nous attendaient les Autrichiens quelques jours auparavant. L'armée sarde est toujours à gauche à Rivoltella, Desenzano, Lonato : elle s'appuie au lac de Garde. L'armée française se trouve à Ésenta et à Castiglione; le général Niel et le maréchal Canrobert sont à droite. Canrobert n'a pas encore franchi la Chiese. Les bagages sont réduits, les reconnaissances s'étendent au loin. C'est à ces prudentes précautions que nous dûmes de pouvoir engager avantageusement la journée de Solferino. Le 23 juin, des reconnaissances nombreuses sont envoyées en avant du front de l'armée dans l'intervalle qui sépare la Chiese du Mincio. D'Ésenta le maréchal Baraguey d'Hilliers fait explorer la route de *Solferino*, car c'est sur ce village situé sur le point culminant des hauteurs qu'il doit se porter le 24. Le maréchal de Mac-Mahon, qui, de *Castiglione* devait se porter le lendemain sur *Cavriana*, s'éclairait dans cette direction. Partout dans la plaine comme sur les hauteurs on avait rencontré des détachements ennemis. Les rapports établirent que *Solferino*, *Cavriana*, *Guiddizolo* et *Medole*, points sur lesquels on devait se diriger le lendemain, étaient occupés; qu'il y avait du canon à Guiddizzolo et que de grands mouvements de troupes s'apercevaient du côté du Mincio. Mais de ces rapports on ne pouvait guère conclure qu'une chose, c'est que l'ennemi, ayant intérêt à savoir sur quel point du Mincio nous allions tenter le passage, avait rapproché ses avant-postes pour mieux nous observer. « Telle fut l'explication qui dut se présenter à l'esprit, quand on voulut donner un sens aux résultats des reconnaissances du 23. En effet, les hauteurs de Lonato et de Castiglione, où les Autrichiens nous avaient attendus, avaient été évacuées par eux pour repasser le Mincio, et la logique ne permettait pas d'admettre qu'ils eussent laissé l'empereur Napoléon passer tranquillement la Chiese, s'emparer, sans coup férir, de la rive gauche de cette rivière et des magnifiques positions qui la dominent, pour venir ensuite lui livrer bataille, le Mincio à dos, dans un position beaucoup moins avantageuse que celle qu'ils avaient volontairement quittée auparavant[1]. » On se trompait en raisonnant logiquement, mais comme notre marche était réglée suivant tous les préceptes de l'art de la guerre, on ne risquait rien à se tromper. L'empereur Napoléon, après avoir reçu les rapports des commandants de corps d'armée, ordonna la marche du lendemain.

L'armée de Victor-Emmanuel doit se porter sur *Pozzolengo* en ne cessant pas de s'appuyer au lac de Garde. Le premier corps (Baraguey d'Hilliers) reçoit l'ordre de se rendre d'*Ésenta* à *Solferino;* le deuxième corps (Mac-Mahon), de *Castiglione* à *Cavriana*. Ces différents corps d'armée ont à s'avancer dans un pays montueux. Le général Niel et le maréchal Canrobert s'avancent plus au sud dans la plaine : Canrobert doit aller de Mezzane à *Medole*; Niel de Carpenedolo à *Guiddizolo*. La garde impériale, formant la réserve, doit camper à Castiglione. Il faut bien retenir cet

1. *Campagne de l'Empereur en Italie.*

ordre de marche, car c'est toute la bataille de Solferino. Chacun de ces corps rencontrera l'ennemi en chemin et engagera une bataille séparée, ce qui produira un choc immense sur une étendue de plus de cinq lieues.

L'Empereur prescrit à toutes les troupes de prendre leur repas de très-bonne heure, de manière à pouvoir se mettre en route de deux à trois heures du matin et éviter ainsi la grande chaleur du jour. En outre, prévoyant que la marche sera pénible et que les colonnes devront disputer le terrain pied à pied aux avant-gardes ennemies, il ordonne à tous les corps d'envoyer, le soir du même jour 23, à la pharmacie centrale à *Montechiaro*, prendre les médicaments nécessaires pour garnir les cantines réglementaires. Excellente précaution, car nous ne devions pas seulement avoir affaire à des avant-gardes; une initiative inattendue venait d'être décidée au quartier général des armées autrichiennes.

« L'empereur François-Joseph, modifiant encore une fois son plan d'opérations, venait de renoncer subitement à l'attitude défensive que le feld-zeug-mestre baron de Hess avait recommandée, et qui avait amené le 20 la retraite de l'armée autrichienne, des positions de la Chiese derrière le Mincio. Les traditions si vantées de 1848 avaient été laissées de côté, et le plan du comte Schlick audacieusement repris.

« Les motifs qui décidèrent l'empereur François-Joseph paraissent avoir été tirés, les uns de considérations militaires, les autres de considérations politiques. Au point de vue militaire, il faut compter en première ligne les puissants moyens d'attaque que l'empereur Napoléon accumulait autour de lui. Garibaldi et Cialdini, avec plus de 20 000 hommes, menaçaient de déboucher dans la vallée du haut Adige, et pouvaient, en révolutionnant le Tyrol, causer à l'empereur d'Autriche de sérieuses inquiétudes pour son flanc droit. La flottille de chaloupes canonnières françaises, destinée à concourir au siége de Peschiera, était en construction à Desenzano et pouvait être prochainement lancée sur le lac de Garde. Une nouvelle division française était annoncée; elle était même déjà en marche pour rallier l'armée. Le corps du prince Napoléon, renforcé d'une division de troupes toscanes, aux ordres du général Ulloa, s'avançait sur le flanc gauche des Autrichiens. Enfin la flotte française de l'Adriatique s'apprêtait à resserrer Venise et à débarquer un corps de troupes dans les lagunes. Le quadrilatère était fort, mais pouvait-il tenir devant une quadruple attaque dirigée contre lui : Cialdini et Garibaldi dans le nord, l'armée principale à l'ouest, le prince Napoléon au sud et la marine à l'est?

« Sentant ces vastes projets s'exécuter autour de lui, l'empereur François-Joseph résolut de prévenir leur réalisation en attaquant lui-même les alliés avant que l'armée principale ait pu recevoir les renforts sur lesquels elle comptait, et avant que les puissantes diversions des corps secondaires aient eu un commencement d'exécution. Du reste, en cas de revers sur la Chiese, n'était-il pas toujours temps de repasser le Mincio, et de se retrancher dans le camp de Vérone et derrière la forte barrière de l'Adige?

« A ces considérations militaires s'ajoutaient des motifs politiques. L'empereur d'Autriche venait de recevoir, à son quartier général de Vérone, une note

De nombreuses reconnaissances sont envoyées en avant de l'armée (23 juin 1859.) (Page 27, col. 1.)

Reconnaissance de cavalerie (23 juin 1859.) (Page 27, col. 1.)

prussienne qui le mécontenta gravement. Il devint dès lors évident pour lui que la Prusse ne prendrait part à la guerre que dans le cas où l'Autriche remporterait quelque grand succès militaire. Il se trouvait, par suite, dans la nécessité de vaincre pour sortir d'une position critique ; et ce fut alors qu'il se décida à livrer bataille, comptant qu'un succès lui amènerait la Prusse, et avec la Prusse toute l'Allemagne. L'offensive fut résolue.

« L'armée autrichienne allait quitter ce terrain si connu, ce carré de forteresses sillonné par deux voies ferrées, où il semblait qu'elle dût attendre de pied ferme l'attaque de l'ennemi ; elle allait repasser le Mincio et essayer d'occuper de nouveau la ligne de Lonato-Castiglione. Il s'agissait donc de reprendre purement et simplement les positions que le comte Gyulai avait choisies dès le 15 juin, positions que l'empereur François-Joseph avait cru devoir abandonner le 20, et que le 23 il se décidait à réoccuper. De pareilles hésitations et d'aussi fréquents changements dans le plan d'opérations étaient bien faits pour amener les plus fâcheuses conséquences, tant à cause de la fatigue que ces marches et contre-marches occasionnaient aux troupes, que par le peu de confiance dans le commandement supérieur qu'elles devaient inspirer aux chefs et aux soldats. L'état-major autrichien semble, dans cette circonstance, s'être laissé aller à l'impatience du triomphe, et au désir de marquer d'un coup d'éclat la reprise du mouvement offensif[1]. »

Les reconnaissances envoyées par l'empereur François-Joseph n'avaient pu le renseigner exactement sur la position des alliés. Des rapports qu'on lui fit, il conclut que « l'armée alliée s'était provisoirement bornée à occuper la ligne de la Chiese[2]. » Le 23, il donna l'ordre à ses deux armées, dont l'une devait marcher dans le pays montagneux et l'autre dans la plaine, de se mettre en mouvement. Les Autrichiens firent dans l'après-midi une courte étape. Le 24 juin était le jour désigné par l'empereur François-Joseph pour occuper les positions de Lonato et de Castiglione, où il pensait ne trouver que de faibles détachements français. L'avant-garde devait partir à huit heures du matin et les autres corps devaient quitter Pozzolengo, Solferino, Cavriana à neuf heures et demie[3].

« En résumé, les Autrichiens doivent quitter le 24 la ligne de *Pozzolengo-Solferino-Guiddizolo*, pour atteindre les positions de *Lonato, Castiglione, Carpenedolo*. Les corps français doivent de leur côté, le même jour, quitter la ligne de *Lonato-Castiglione-Carpenedolo* pour celle de *Pozzolengo Solferino-Guiddizolo*. De ces deux marches inverses le même jour et sur les mêmes lignes, résultera nécessairement un choc général, choc dans lequel se présenteront avec les meilleures conditions les troupes qui auront l'initiative. Or, les colonnes alliées ayant reçu l'ordre de partir à deux heures du matin, après avoir fait le café, et nos adversaires ne prenant un premier repas qu'à huit heures et demie pour partir à neuf heures, les Autrichiens qui voulaient nous surprendre, devaient être surpris par les alliés. Ce fut ce qui arriva.

1. *Campagne de Napoléon III en Italie.*
2. Bulletin autrichien de la bataille de Solferino.
3. *Ordre général pour la deuxième armée*, Volta, le 23 juin 859, à six heures du soir. (Papiers trouvés sur un officier autrichien, tué à Solferino.)

« Les deux armées autrichiennes réunies présentaient un effectif disponible de 198 035 hommes d'infanterie et de 19 289 chevaux, soit un ensemble de 217 324 combattants. Sur cette masse, 163 124 soldats prirent part à la bataille du 24 juin. Les armées française et sarde comptaient de leur côté 173 603 hommes d'infanterie et 14 353 chevaux disponibles, soit un ensemble de 187 956 combattants. Sur cette masse, 135 234 combattants prirent part à la bataille du 24 juin[1]. »

Ainsi dans cette journée mémorable, 135 000 hommes du côté des alliés, 163 000 du côté des Autrichiens, c'est-à-dire plus de 300 000 hommes, allaient s'entre-heurter. Au nombre des combattants on voit déjà que ce sera une des plus grandes luttes des temps modernes ; leur courage en fera une des plus acharnées et le dévouement de nos soldats une de nos plus radieuses victoires.

§ 6. BATAILLE DE SOLFERINO (24 JUIN 1859) ; PLAN DE LA BATAILLE.

Du sud du lac de Garde, entre Lonato et Desenzano, part, nous l'avons dit, une chaîne de hauteurs ou mamelons isolés, derniers contre-forts qui encadrent ce lac à l'ouest. Ces hauteurs à escarpements plus ou moins abrupts se prolongent au sud en tournant à l'est, sur une étendue de 20 à 22 kilomètres. A leur pied, ou plutôt sur leur pente occidentale et méridionale, se trouvent successivement, en venant du nord, *Castiglione, Solferino, San Cassiano, Cavriana* et *Volta*, ce dernier village situé le plus à l'est et au point où commence la plaine qui sépare la Chiese du Mincio.

La route de Brescia à Peschiera et le chemin de fer de Milan à Vérone passent au nord de ces hauteurs en longeant le lac de Garde. La route de Brescia à Mantoue rencontre le pied de ces mamelons à Castiglione, puis s'en écartant, traverse la plaine à 2 ou 3 kilomètres de Solferino, Cavriana et Volta, se dirigeant sur Goïto, où elle franchit le Mincio. Aucune grande communication ne traverse ce pâté montueux. L'armée alliée, en se dirigeant sur le Mincio, était donc obligée de suivre les deux routes de Peschiera et de Goïto, sauf à faire occuper par un corps détaché l'espace tourmenté de 18 à 20 kilomètres qui les sépare. Les Piémontais devaient suivre la route de Peschiera, près du lac de Garde, en détachant sur leur droite des troupes destinées à occuper Pozzolengo et à établir ainsi la communication entre leur corps principal et l'armée française. Celle-ci, partie au petit jour, avançait par la route de Monte-Chiaro à Goïto et les chemins parallèles.

Comme les Français, les Piémontais sont partis le 24 à trois heures du matin, échelonnant leurs divisions sur plusieurs chemins et poussant des reconnaissances dans la direction de *Pozzolengo*. De bonne heure ils rencontrent des avant-postes ennemis.

Le maréchal Baraguey d'Hilliers, commandant du 1er corps, avait été averti dès la veille au soir par des officiers envoyés pour explorer le pays, de la présence des Autrichiens au village de *Solferino*. Mais il ne savait à quelles forces il aurait affaire. Les divisions

1. *Campagne de l'Empereur en Italie*, rédigée au Dépôt de la guerre.

Ladmirault et Forey quittèrent les premières le bivac d'Ésenta, et, marchant vers le sud-est, suivirent la route accidentée qui mène à *Solferino*. Elles ne tardèrent pas à rencontrer également les avant-postes autrichiens, et un premier combat de tirailleurs s'engagea.

Le deuxième corps, commandé par le duc de Magenta, avait à gagner *Cavriana*, en suivant d'abord la route de Castiglione à Mantoue, puis en prenant le chemin qui monte à Cavriana en passant par Cassiano. Après s'être avancé de cinq kilomètres sur cette route, le général Gaudin de Villaines, qui éclaire la colonne avec les chasseurs, prévient, vers quatre heures, le maréchal commandant le 2ᵉ corps de la présence de l'ennemi, et bientôt ses tirailleurs engagent le feu avec les Autrichiens. Près de la ferme Casa-Morino où commençait l'action, se trouve un mamelon appelé Mont-Medolano. Le maréchal s'y porta pour reconnaître de cette éminence et apprécier les forces qui lui sont opposées : il voit les troupes de Baraguey d'Hilliers lutter à sa gauche, et entend la fusillade devenir de plus en plus vive de ce côté ; il aperçoit à droite d'épaisses colonnes autrichiennes s'avancer dans la plaine : il s'inquiète, car le 4ᵉ corps (général Niel) chargé d'opérer dans la plaine ne paraît point, et l'ennemi pourrait se jeter dans le vide qui est laissé pour couper notre ligne : Mac-Mahon s'étend le plus possible sur sa droite et s'apprête sur sa gauche à soutenir Baraguey d'Hilliers.

Cependant le 4ᵉ corps, parti de son campement à trois heures du matin, avait suivi avec ses trois divisions la route de *Carpenedolo* à *Medole* : vers la ferme de Resica, les escadrons d'avant-garde rencontrent quelques pelotons de cavalerie légère ennemie ; ils chargent avec impétuosité, les ramènent sur la ville, et sont bientôt arrêtés par l'infanterie autrichienne, qui l'occupe avec de l'artillerie. Le général Niel ordonne alors au général de Lusy d'attaquer *Medole* et de s'en emparer. Le 3ᵉ corps (maréchal Canrobert) était resté le dernier au delà de la Chiese : il franchit cette rivière le matin du 24 se dirigeant sur Medole : il heurta également les avant-postes ennemis à Castel-Goffredo.

Ainsi vers dix heures du matin, sur toute la ligne, nos colonnes en marche avaient rencontré les Autrichiens. La grande journée du 24 commençait aux premiers rayons d'un gai soleil d'été.

L'empereur Napoléon III était assez loin du champ de bataille, à *Montechiaro*. « La garde impériale, dont les divisions d'infanterie campaient à Montechiaro même, s'était mise en marche à cinq heures du matin pour précéder le grand quartier impérial au bivac de Castiglione. La division de cavalerie du général Morris, ainsi que l'artillerie, ne devait partir qu'à neuf heures du matin et marcher librement pour ménager ses chevaux et trouver la route entièrement débarrassée. L'Empereur devait partir à sept heures. Vers cinq heures et demie, on vit entrer bride abattue dans Montechiaro deux officiers d'état-major couverts de poussière. C'étaient les messagers des maréchaux Baraguey d'Hilliers et de Mac-Mahon ; ils venaient annoncer à l'Empereur que, de toutes parts, l'ennemi déployait de fortes colonnes sur les hauteurs de Solferino et de Cavriana, et que ses masses puissantes se présentaient sur une vaste étendue de terrain, de notre droite à notre gauche.

« Dans le même moment, toute la maison militaire de Sa Majesté, le major général de l'armée et son état-major se réunissaient dans la petite église de Montechiaro pour rendre les derniers devoirs au général de Cotte, aide de camp de l'Empereur, enlevé à l'armée dans la nuit du 22 au 23 par une mort subite : le général était de service auprès de l'Empereur ; vers minuit, il lisait des dépêches que l'on venait d'apporter, lorsqu'il s'affaissa tout à coup, laissant échapper les papiers qu'il tenait à la main : il était mort. »

« Les messagers des deux maréchaux furent introduits auprès de l'Empereur qui venait d'envoyer le capitaine de Kleinenberg rejoindre le maréchal Canrobert, pour lui remettre une lettre renfermant d'importants renseignements sur l'armée ennemie ; cette lettre était écrite par un des plus notables habitants d'Assola.

« Les cent-gardes ont pris les devants, et l'Empereur se jette dans sa calèche de poste, ayant avec lui le maréchal Vaillant, le général de Montebello, aide de camp de service, et le général Fleury, son premier écuyer. Toute la maison militaire et l'état-major de l'armée suivaient à cheval. Bientôt la route qui conduit de Montechiaro à Castiglione fut couverte d'un tourbillon de poussière. Voitures, chevaux et cavaliers étaient lancés à fond de train.

« Castiglione est bâtie sur une hauteur. L'Empereur descendit de voiture devant l'église même, et voulut, du sommet du clocher, jeter d'abord un premier coup d'œil sur l'étendue de terrain qu'occupait son armée et sur les positions que l'ennemi s'apprêtait à défendre[1]. » Voici quel était à ce moment le solennel tableau qui se déployait des hauteurs de Castiglione devant les yeux de l'Empereur.

En face de lui, semblable aux anneaux d'une immense chaîne, se déroule cette succession de collines dont nous avons parlé et qui forme un grand arc de cercle ; à droite, une vaste plaine couverte de mûriers, de maïs et de massifs épais, dans laquelle on voit déjà les blondes fumées du combat : de ce côté rien ne borne la vue ; on peut apercevoir Guiddizolo, Rebecco, Goïto et jusqu'à Mantoue, dont on distingue même les tours et les clochers. Des nuages de poussière sont soulevés par la cavalerie autrichienne dont les casques étincellent. Sur la gauche, du côté où se trouvent les Piémontais, l'œil suit les sinuosités du pâté montagneux qui nous sépare du Mincio, mais ces collines s'abaissent presque aussitôt vers le lac de Garde, dont on voit reluire les eaux bleues aux feux d'un soleil matinal, et bien au delà se dresse la silhouette majestueuse des Alpes. L'Empereur comprend que nous allons avoir à opérer par les montagnes et par la plaine : il apprécie les difficultés que nos troupes rencontreront dans ce massif montagneux qui ne présente pas de très-hautes collines, mais une série de mamelons et de contre-forts enchevêtrés les uns dans les autres comme les vagues d'une mer irritée. Dans la plaine l'action sera plus aisée, mais il y a le danger de se laisser tourner ou couper. Les officiers généraux qui accompagnent l'Empereur hésitent encore à croire que l'armée autrichienne ait repassé le Mincio : ce fait était si bien en dehors des prévisions et de la logique militaire qu'on pouvait bien en douter. Napo-

---

1. Bazancourt, *Expédition d'Italie.*

léon III n'en douta pas : en voyant cette ligne de fu- | mée, encore légère il est vrai, mais qui ondoie le long

Quartier impérial de Montebello (21 juin 1859). (Page 27, col. 1.)

des collines, qui se dessine dans la plaine sur une éten- | bataille générale, » dit-il. Et pour se rendre compte
due de cinq lieues, il juge bien la situation : « C'est une | d'une manière plus précise de l'état des choses, il

monte à cheval, et d'un galop rapide se rend auprès
du duc de Magenta[1].

Napoléon III n'a qu'une préoccupation : relier tous
ses corps d'armée. Il approuve les intelligentes dispositions qu'avait déjà prises le duc de Magenta ; il annonce que pour lui permettre de se relier au 4e corps
et pour combler le trop grand espace vide qui se trouve
de ce côté, il va lui envoyer la cavalerie de la garde.
Lorsque le 4e corps sera en ligne et l'union bien établie, lorsque d'autre part le 1er corps aura emporté
les positions de Solferino, Mac-Mahon, condamné jusque-là à un rôle passif, s'élancera sur les hauteurs de
Cavriana. Des instructions sont ensuite envoyées au
général Niel, au maréchal Canrobert, et l'Empereur,

Soldats de l'armée autrichienne.

après avoir ainsi arrêté son plan, pris ses mesures et
paré à toutes les éventualités, quitte le duc de Magenta
pour se porter auprès du maréchal Baraguey d'Hilliers, qui voyait grossir considérablement le chiffre
des ennemis qu'il avait à combattre.

Il faudrait, pour se rendre compte de cette grande
journée du 24 juin, être partout à la fois : il faudrait
assister en même temps aux quatre batailles qui, réunies, composaient la gigantesque bataille de Solferino :
lutte de Victor-Emmanuel à San Martino, lutte de
Baraguey d'Hilliers à Solferino, lutte de Mac-Mahon
à Cavriana, de Niel dans la plaine de Medole. L'Em-

1. *Campagne de l'empereur Napoléon III en Italie*, rédigée
au Dépôt de la guerre.

pereur lui-même ne put se rendre sur tous les points où nos soldats déployaient leur admirable bravoure. Il dut se résigner à concentrer son action et son influence sur une partie seulement de cet immense champ de bataille. Après s'être assuré que les lacunes qui séparent ses corps d'armée seront comblées, Napoléon III s'attacha principalement aux attaques du centre, confiant dans la valeur de l'armée sarde sur sa gauche, dans l'intrépidité du général Niel sur sa droite et sur la prudence du maréchal Canrobert, chargé, sur l'extrême droite, d'observer un corps ennemi dont on redoutait l'approche par la route de Mantoue. Le nœud de la bataille était évidemment le groupe des hauteurs de Solferino et de Cavriana, qu'on apercevait couronnées d'infanterie et d'une nombreuse artillerie. S'en emparer, c'était enfoncer le centre de l'armée ennemie et forcer ses ailes à se replier. Le plan était simple et heureux : l'exécution fut héroïque.

§ 7. ATTAQUE ET PRISE DES HAUTEURS DE SOLFERINO ET DE CAVRIANA.

Le maréchal Baraguey d'Hilliers s'efforçait de gagner Solferino : ses troupes avaient à opérer dans un terrain mouvementé : il fallait emporter, les uns après les autres, des mamelons qui précèdent la colline où se trouvait le village de Solferino. Ce village est bâti sur un escarpement rocailleux, au sommet duquel s'élevait une tour, dite l'*Espionne de l'Italie* (la *Spia d'Italia*), parce que de là on distingue visiblement, comme d'un point central, la plupart des villes de la haute Italie et le vaste échiquier du Lombard-Vénitien. L'ennemi était logé là, à couvert, et son artillerie défendait les divers points culminants aux alentours.

Gardant en réserve la division Bazaine, le maréchal Baraguey d'Hilliers a lancé les deux divisions Ladmirault et Forey, la première à gauche, la seconde à droite des hauteurs de Solferino. Le général Forey s'empare des hameaux Fontane et le Grole, puis du mamelon, appelé le mont Fenile, qu'il couronne aussitôt d'artillerie pour contre-battre les pièces ennemies. Le général de Ladmirault s'avançait parallèlement avec sa division disposée en trois colonnes.

L'occupation du mont Fenile assurée, le général Forey avait, sous la protection de son artillerie, lancé plus loin la brigade Dieu. Cette brigade, descendant les revers du mamelon, se porta dans la direction de Solferino, chassant de crête en crête les troupes ennemies, dont le nombre s'accroissait sans cesse. Devant ces forces supérieures cette brigade ne gagne du terrain qu'au prix des plus grands sacrifices ; le général Dieu lui-même est mortellement frappé. Sur la gauche, le général de Ladmirault avec son artillerie avait ébranlé les masses autrichiennes et facilité l'attaque de ses généraux de brigade Douay et Négrier. L'ennemi céda le terrain peu à peu, mais bientôt il démasqua de nouveaux bataillons, dont le feu était des plus meurtriers. Bientôt le général Ladmirault a l'épaule fracturée par une balle : il prend à peine le temps de se faire panser et revient se placer à pied près de ses troupes. Cependant la lutte devenait de plus en plus opiniâtre et il donnait l'ordre de lancer ses quatre bataillons de réserve, lorsqu'une seconde balle l'atteint à l'aine droite et va se loger dans la cuisse gauche. « Ce n'est rien, » dit-il en se relevant, et il veut rester ; mais la douleur l'oblige bientôt de remettre le commandement au général Négrier.

Le maréchal Baraguey d'Hilliers, voyant les forces considérables qui s'opposent aux progrès de nos troupes, se décide à engager la division Bazaine. » Il peut engager sa réserve, car l'Empereur a maintenant sous la main, entre le mont Fenile et le Grole, les deux divisions d'infanterie de la garde, qui viennent de se déployer derrière lui. Le général Bazaine porte vivement en avant ses premiers bataillons ; le 1er de zouaves, presque aussitôt suivi par le 34e, gravit résolûment les hauteurs et s'empare des crêtes ; mais, pour en assurer la possession contre les retours offensifs de l'ennemi, il faut encore appeler le 37e. Pendant ce temps, l'artillerie, hissée à grand'peine sur les sommets, couvre de feu la position des Autrichiens et les maisons de la gorge de Solferino. Déjà une brigade autrichienne a abandonné le champ de bataille, mais d'autres brigades occupent fortement la tour, la colline des Cyprès et le cimetière de Solferino. Toutes ces troupes occupent des positions formidables ; retranchées derrière des murs crénelés, elles nous opposent une résistance des plus énergiques. Pour en triompher, le maréchal Baraguey d'Hilliers ordonne d'abattre à coups de canon les murs qui leur servent d'abri ; malgré les difficultés du terrain, l'artillerie parvient à amener sur les hauteurs une batterie qui ouvre immédiatement son feu à 300 mètres de distance du cimetière. Sous un tir bien dirigé et très-nourri, les murs du cimetière, des maisons et du château ne tarderont pas à être suffisamment ouverts, tandis que, de son côté, l'artillerie du général Forey cherche à réduire au silence les pièces autrichiennes du mamelon des Cyprès.

« L'Empereur, arrivé sur les hauteurs que le 1er corps avait conquises, s'était porté près des batteries de la division Forey ; de là embrassant toute l'étendue du champ de bataille, il voit qu'à droite les 3e et 4e corps ne peuvent triompher des obstacles qui s'opposent à leur marche, et il apprend que sur la gauche une partie de l'armée piémontaise bat en retraite. Dans cette situation où rien ne se décide entre les deux armées, l'Empereur comprend qu'il faut nécessairement s'emparer des hauteurs sur lesquelles l'ennemi s'appuie, pour forcer les ailes à se replier. Il ordonne alors à la brigade d'Alton, qui n'avait pas encore été engagée, de se porter en avant, et la fait soutenir par quatre pièces de la réserve du 1er corps. Le général Forey se met lui-même à la tête de cette brigade, qui s'avance avec élan sur la droite de la tour ; mais l'ennemi, qui la découvre de toutes parts, dirige sur elle un feu de mitraille et de mousqueterie des plus violents. Prises à la fois de front et d'écharpe, ses têtes de colonnes font, en peu d'instants, des pertes très-sensibles qui ralentissent leur marche ; le général Forey, qui veut agir sur les derrières de Solferino, mais qui ne peut tenter cette manœuvre avec le peu de forces dont il dispose, envoie demander du renfort.

« L'Empereur avait déjà prescrit aux divisions d'infanterie de la garde de se placer à portée de soutenir l'attaque du maréchal Baraguey d'Hilliers ; il se décide alors à lancer une partie de sa réserve, et ordonne au maréchal Regnaud de Saint-Jean-d'Angély de faire appuyer le 1er corps par la division Camou. La brigade Picard est dirigée sur les hauteurs de gauche, et la brigade Manèque reçoit l'ordre d'appuyer la brigade d'Alton, et de se porter au-devant des colonnes autrichiennes qui descendaient de Casa del Monte. A l'instant, le général Manèque fait mettre sacs à terre à ses troupes, en raison de la difficulté du terrain dans lequel il va s'engager, se porte en avant et envoie deux bataillons de voltigeurs à la disposition du général Forey; puis se mettant à la tête des quatre bataillons qui lui restent, dépasse la brigade d'Alton et se jette sur l'ennemi qui garnit les hauteurs de Forco, Pellegrino et Fillin. Chaque bataillon formant une colonne séparée, aborde l'ennemi au pas de course, avec un élan irrésistible, et le force à se replier en arrière. Le bataillon des chasseurs de la garde, qui prend à cette lutte une part active, tourne le village de Solferino, dans les rues duquel s'engagent quelques compagnies, qui s'emparent d'un drapeau, de huit pièces de canon et de bon nombre de prisonniers.

« De son côté, le général Forey, à l'arrivée des deux bataillons du 2e de voltigeurs, qui sont venus l'appuyer sur sa gauche, a repris l'offensive avec vigueur, et bientôt, s'apercevant que l'ennemi cède le terrain devant lui, il prescrit à la 1re brigade de sa division de se reporter en avant et de couronner la hauteur des Cyprès. Au même moment arrivent au galop deux batteries d'artillerie de la garde, sous la direction du général le Bœuf; elles couvrent le village d'une grêle d'obus; leur feu, habilement dirigé, facilite l'attaque des deux brigades du général Forey, et la première ne tarde pas à repousser l'ennemi des crêtes qu'il occupe, tandis que la deuxième s'empare des collines de la tour, puis de la tour elle-même.

« Vers le même temps, sur la gauche, le général Bazaine jugeant que la brèche que son artillerie a pratiquée dans les murs du cimetière est suffisante, et que l'ennemi est ébranlé, voyant en outre les progrès du mouvement tournant exécuté par la 1re division et par les voltigeurs de la garde, ordonne au 78e, dont les trois bataillons se sont avancés jusqu'à l'extrémité de la gorge, de franchir les derniers sommets et d'enlever le cimetière d'assaut. Ils sont suivis de près par toutes les troupes de la division. Le régiment autrichien, prince Wasa, qui défend cette position, surpris par cette attaque soudaine, n'a que le temps de l'accueillir par une première décharge, et est immédiatement rejeté en dehors du cimetière. C'est au milieu de cet engagement qu'un sergent du 10e bataillon de chasseurs, apercevant le drapeau autrichien, autour duquel plusieurs défenseurs essayent de se grouper, se jette sur eux avec quelques chasseurs, et parvient, après une lutte des plus acharnées, à s'emparer de ce trophée. Dès lors *Solferino* était à nous; les troupes ennemies qui occupent ce village et son château, à la vue de la prise du cimetière, cessent leur résistance et se replient en toute hâte, abandonnant entre nos mains 14 pièces de canon et environ 1500 prisonniers[1]. »

Lorsque les voltigeurs de la garde avaient paru au pied de la tour, un immense applaudissement les avait remerciés de leur dévouement et récompensés de leur valeur. Mais nos soldats ne s'étaient pas arrêtés en si

beau chemin. Ils poursuivaient l'ennemi dans toutes les directions. « Le lieutenant Monéglia s'engageait avec une portion des chasseurs de la garde, au pied du mamelon de la Tour, dans un chemin étroit qui contournait le village par sa gauche et tombait tout à coup sur les premières maisons. Deux pièces d'artillerie ennemie défendent le chemin, les chasseurs se précipitent sur les canons et s'en emparent; mais pressés par les Autrichiens qui sont revenus en force, il s'embusquent dans les clôtures et dans les maisons de Solferino, en attendant du renfort. Bientôt, en effet, le lieutenant Puech arrive avec des voltigeurs du 2e de la garde; ce brave officier joint ses efforts à ceux du lieutenant Monéglia; tous deux entraînent vigoureusement leurs hommes et s'emparent de nouveau des canons autrichiens. Alors le lieutenant Monéglia, laissant ce premier trophée aux mains du lieutenant Puech, qui est venu lui porter un si hardi et vigoureux secours, pousse résolûment en avant et se porte dans une position dominante le long d'un chemin creux. A peine y est-il arrivé qu'un bruit retentissant de chevaux et de caissons se fait tout à coup entendre dans la direction de la Tour. Ce sont cinq voitures d'artillerie ennemie, quatre canons et un caisson, qui descendent à fond de train des hauteurs de Solferino. Le lieutenant Monéglia rallie aussitôt autour de lui tout son monde et s'apprête à barrer intrépidement le passage. Un capitaine d'artillerie qui précède la colonne vient tomber expirant sur les baïonnettes des chasseurs, et la tête du convoi, entraînée dans sa course rapide, est reçue par une décharge à bout portant, qui abat les hommes et les chevaux de la première pièce, et jette un affreux désordre dans le reste des attelages. La résistance est devenue impossible, et le colonel qui dirigeait ces pièces rend son épée au lieutenant Monéglia. Il est facile de comprendre la joie des braves soldats qui venaient d'accomplir ce brillant fait d'armes; ils remettent en ordre les attelages désorganisés, et, sautant sur les chevaux, le fusil en bandoulière, ils ramènent triomphalement leur glorieuse prise. L'Empereur avait contourné le mont des Cyprès et suivait le mouvement en avant du 1er corps lorsqu'il rencontra sur sa route ce singulier cortège. A sa vue, les chasseurs s'arrêtent et, présentant avec orgueil ce beau trophée, teint encore du sang de l'ennemi, ils saluent l'Empereur d'acclamations enthousiastes[1]. »

Il était une heure et demie lorsque Solferino fut enlevé. L'Empereur, sans perdre de temps, ordonne de marcher contre *Cavriana*, où se trouve le quartier impérial autrichien, et dont la prise achèvera de rompre le centre de la ligne ennemie. Le maréchal de Mac-Mahon, dont tous les efforts ont dû se borner, depuis le matin, à maintenir sa position, va prendre une part décisive à l'action. Son corps d'armée, par un rapide mouvement de conversion, quitte la plaine et se dirige vers les hauteurs. Les divisions de cavalerie de Partouneaux et Desvaux qu'il avait employées pour se relier au 4e corps s'étendent davantage, parce que le nouveau mouvement du 2e corps vient d'augmenter l'espace vide. Seules elles ne pourraient même combler cette trouée par laquelle les Autrichiens cherchaient toujours à passer, afin de couper en deux notre

---

1. *Campagne de l'empereur Napoléon III en Italie*, rédigée au Dépôt de la guerre.

1. Bazancourt.

Bataille de Solferino (24 juin 1859). (Page 34, col. 1.)

armée. Mais à ce moment arrive la cavalerie de la garde, qui vient de faire quatre lieues à travers un terrain mouvementé, et qui range ses brillants escadrons pour continuer la ligne. Le maréchal Mac-Mahon peut sans crainte opérer sa jonction avec la garde impériale et le 1er corps.

La brigade de voltigeurs du général Manèque s'était de *Solferino*, portée le long des crêtes dans la direction de *Cavriana*, pendant que les troupes du général Forey avec le maréchal Baraguey d'Hilliers se mettaient en marche pour appuyer la garde impériale, et pendant que le maréchal Mac-Mahon attaquait le village *San Cassiano*. Le général Manèque rencontre l'ennemi massé en grand nombre sur les hauteurs de Casal del Monte d'où part un feu terrible. Les forces des Autrichiens sont trop considérables pour qu'on espère les déloger avec quelques bataillons. La lutte se prolonge : les munitions s'épuisent. L'Empereur ordonne alors au général Mellinet de courir sur ce point avec ses grenadiers. Le général de division Mellinet s'élance avec ses régiments ; mais en arrivant près de son compagnon d'armes il trouva « son attitude si admirable, qu'il se fit un devoir de lui laisser le commandement[1], mettant à sa disposition toutes les troupes qu'il avait avec lui. » Le général Manèque ne voulut que des munitions : les grenadiers donnèrent leurs cartouches aux voltigeurs et se tinrent à quelque distance, prêts à les soutenir. Alors, avec le secours de l'artillerie à cheval de la garde, sous les ordres du général de Sévelinges, qui fit mettre les pièces en batterie à droite et à gauche de la route de Solferino à Cavriana, le général Manèque réussit à repousser définitivement les Autrichiens des hauteurs de Casa del Monte. En même temps le maréchal de Mac-Mahon, après avoir foudroyé de son artillerie le village de San Cassiano, le fait enlever par les tirailleurs algériens. Les tirailleurs traversent rapidement *San Cassiano* et se jettent avec le plus grand entrain sur les pentes abruptes du mont Fontana, dernier contre-fort qui sépare Cavriana de San Cassiano. Ce contre-fort est un grand mouvement de terrain formé d'une succession de mamelons. L'ennemi a réuni sur ce point important des forces considérables, et s'apprête à le défendre énergiquement, car une fois ces hauteurs en notre pouvoir, il lui deviendra impossible de se maintenir à Cavriana. L'empereur François-Joseph est dans ce dernier village autour duquel il a groupé ses réserves. Sa présence anime ses troupes comme la présence de Napoléon III anime nos soldats.

Les tirailleurs algériens se sont précipités avec leur furie ordinaire sur une redoute qui couvrait un des pitons du mont Fontana. Ils l'emportent d'assaut, mais écrasés par des forces supérieures, ils abandonnent la position : on vient à leur secours, la redoute est encore reprise, mais aussi bientôt perdue. Le prince de Hess est là dirigeant les Autrichiens et payant de sa personne avec une rare bravoure. Mais voici la garde avec son artillerie : le général de Sévelinges ordonne de hisser les pièces sur la croupe du mont Fontana[2].

Les grenadiers s'attellent aux canons et les batteries sont placées. Un feu violent est dirigé contre les redoutables positions de l'ennemi. La supériorité de notre artillerie nouvelle fut alors bien démontrée, car le feld-maréchal Hess disait plus tard au général Fleury à Vérone : « Vos canons rayés décimaient nos réserves. » L'assaut du mont Fontana est repris par toute la 1re division du 2e corps, couverte à droite par la 2e division, protégée à gauche par le feu des batteries de la garde et soutenue en arrière par la brigade de grenadiers du général Niel. Sous la pression de cette formidable attaque, les Autrichiens, après avoir opposé une résistance désespérée, cèdent le terrain et se retirent en arrière de Cavriana, que le feu de l'artillerie de la garde rendait déjà inhabitable.

« Ces sanglants combats furent les derniers efforts du centre de l'armée autrichienne ; des deux côtés les pertes étaient considérables. Les colonels Laure, des tirailleurs indigènes, et Douay, du 70e, y avaient trouvé une mort glorieuse.

« Vers le même moment, le 10e de hussards (régiment du roi de Prusse) avait cherché à repousser un escadron des chasseurs de la garde, qui formait une ligne de tirailleurs devant la division du général Morris. Chargé vigoureusement par le général Cassaignoles, ce régiment dut se replier et prit sans s'en douter, sa direction sur le 11e bataillon de chasseurs qui, couché dans les blés et formé tout à coup et l'accueillit à bout portant par le feu de deux de ses faces. Ces décharges portèrent dans les rangs des cavaliers autrichiens un grand désordre que vinrent encore augmenter les feux des deux batteries qui les prirent en flanc[1]. »

Il était quatre heures lorsque nos soldats restèrent maîtres du mont Fontana et s'emparèrent du village de *Cavriana*, d'où s'enfuyait, plein d'amertume, le jeune empereur d'Autriche à travers ses troupes débandées. Le centre de l'ennemi était enfoncé. Ses ailes, qui depuis le matin luttaient énergiquement

---

1. Rapport du général Mellinet.
2. A la suite de la bataille de Solferino, le général Sévelinges écrivait au maréchal Regnaud de Saint-Jean-d'Angély :

« Monsieur le Maréchal,

« Je suis heureux d'avoir à vous signaler l'aide fraternelle que le 1er régiment des grenadiers a prêtée à l'artillerie de la garde dans la journée du 24 juin. L'artillerie à cheval avait plusieurs pièces en batterie sur la crête du mont Fontana devant Cavriana; plus bas se trouvait un plateau bien situé où il était désirable de placer d'autres pièces pour appuyer le feu des précédentes, mais dont l'accès était impossible aux chevaux à cause de l'extrême roideur des pentes. Les grenadiers, à la voix de leurs officiers, s'attelèrent en grand nombre à quatre canons rayés et les hissèrent de la plaine au plateau, avec une vigueur et un entrain admirables. Pendant que ces quatre pièces faisaient feu, ils approvisionnaient de munitions en faisant la chaîne depuis les caissons, restés dans la plaine, jusqu'à la batterie. Ce feu a contribué puissamment à l'expulsion de l'ennemi des positions de Cavriana.

« Tous les corps de l'armée se doivent appui mutuel par les armes : mais ici les grenadiers du 1er régiment ont fait plus qu'on ne leur pouvait demander, et je leur adresse, au nom de l'artillerie de la garde, des remerciments que j'ai l'honneur de vous prier de vouloir bien transmettre à M. le général Mellinet.

« *Le général commandant l'artillerie de la garde*

« A. DE SÉVELINGES. »

1. *Campagne de l'empereur Napoléon III en Italie*, rédigée au Dépôt de la guerre.

contre les Piémontais à notre gauche, à droite contre le général Niel, allaient être forcées de rétrograder. La bataille était gagnée[1].

§ 8. LUTTE DU QUATRIÈME CORPS (GÉNÉRAL NIEL) DANS LA PLAINE DE MEDOLE. — LE TROISIÈME CORPS (MARÉCHAL CANROBERT).

Pendant que ces glorieux combats se livraient au centre, l'aile droite de l'armée soutenait, dans la plaine de *Medole*, une lutte inégale et meurtrière. Nous avons dit que le 4e corps, commandé par le général Niel, était parti de son campement à trois heures du matin et s'était dirigé sur le village de Medole, qu'il trouva occupé par l'ennemi. Le général Niel donne l'ordre au général de Lusy de Pélissac d'enlever ce village. Trois colonnes sont formées : deux doivent tourner la position, une l'aborder de front. Les batteries divisionnaires tiraient si juste qu'aux premiers coups dirigés sur le clocher, une cloche brisée tomba avec un tel fracas, qu'elle jeta un grand désordre parmi les hommes entassés dans le clocher, qui peu d'instants après fut abandonné. Dès que les mouvements de flanc sont suffisamment prononcés, le général de Lusy fait sonner la charge sur toute la ligne, et lui-même s'élance sur la ville par la route avec le reste de sa division. La résistance est des plus vives sur tous les points : nos troupes s'avancent sous un feu violent ; mais, attaqué partout à la baïonnette, l'ennemi est bientôt forcé à la retraite. et laisse entre nos mains neuf cents prisonniers environ et deux pièces de canon. Le corps d'armée autrichien campé autour de *Guiddizzolo* se met alors en marche pour soutenir son avant-garde et s'apprête à disputer vivement au corps du général Niel l'entrée de la plaine de Medole. Celui-ci est très-préoccupé de la nécessité de se relier à gauche avec le corps du maréchal de Mac-Mahon et à droite avec celui du maréchal Canrobert.

Les divisions de Canrobert avaient passé la Chiese de grand matin et, en se dirigeant sur *Medole*, avaient aussi rencontré l'ennemi. Arrivé vers sept heures en vue de *Castel-Goffredo* avec son avant-garde, le maréchal Canrobert, prévenu que cette ville, entourée d'une vieille muraille, est occupée par quelques troupes de cavalerie, prescrit au général Regnault de s'en emparer. Celui-ci s'élance avec quelques bataillons, fait abattre la porte à coups de hache par les sapeurs du génie, et bientôt ses colonnes, exécutant leur mouvement concentrique. opèrent leur jonction dans l'intérieur de la ville. L'ennemi s'était hâté de l'évacuer, abandonnant quelques prisonniers. Le maréchal Canrobert, entendant depuis quelques instants le canon dans la direction de *Medole*, ordonne au général Regnault de quitter *Castel-Goffredo*, et, pressant la marche de son corps d'armée, il le dirige immédiatement par des chemins de traverse sur *Medole*, où il entra quelque temps après les troupes du général de Lusy.

Lorsqu'il avait eu chassé l'ennemi, le général de Lusy s'était hâté d'organiser la défense du village, en prévision d'un retour offensif, puis il avait lancé sa division à la poursuite des Autrichiens. Il atteignit *Rebecco*, où il se heurta contre deux brigades du corps d'armée qui s'avançait pour nous barrer le passage. Ce village devint le théâtre d'une lutte acharnée ; les maisons en furent plusieurs fois prises et reprises ; mais la supériorité numérique dont les Autrichiens disposent sur ce point force le général de Lusy à demander du renfort au général Niel. Celui-ci, qui avait déjà détaché un régiment de la division Vinoy, prend encore un régiment dans cette division, et l'envoie appuyer la division Lusy qui, à la faveur de ce secours, reprend l'offensive.

Le général Vinoy venait d'arriver ; mais privé de sa première brigade, il est forcé d'attendre sa seconde. Pendant ce temps, l'ennemi amenait un grand nombre de pièces qui couvraient de leurs projectiles le terrain sur lequel devait opérer le général Vinoy. Celui-ci pressa alors la marche de son artillerie divisionnaire qui, au fur et à mesure de son arrivée dans la plaine, se forma en batterie, et répondit au feu de l'ennemi. Elle fut bientôt rejointe par quelques pièces de la réserve du 4e corps, qui, sous la direction du général Soleille, vinrent se déployer à sa gauche. De nouvelles pièces de la réserve étant venues augmenter la puissance de l'artillerie du général Soleille, la supériorité de son feu ne tarda pas à se manifester, et les Autrichiens se virent contraints de se replier. Profitant de ce mouvement de retraite, le général Vinoy continue à s'avancer, et, prenant une seconde ligne de bataille parallèle à la première, il se rapproche de l'ennemi qui s'est arrêté, se couvrant des abris que lui offrent la ferme de *Casa-Nuova* et les terrains boisés qui l'avoisinent. La 3e division (général de Failly) arriva à son tour sur le champ de bataille, et le général Niel établit sa première brigade de manière à combler l'intervalle qui se prononçait de plus en plus entre les bataillons de Lusy et Vinoy, par suite de la divergence des routes de *San Cassiano* et de *Rebecco*, sur lesquelles ils venaient d'exécuter leur mouvement en avant. Les deux divisions de cavalerie Partounaux et Desvaux paraissent et se déploient pour relier entre eux le 2e et le 4e corps. Leurs batteries ouvrent immédiatement le feu. En se portant en avant, le général Desvaux aperçut sur sa droite un parti isolé d'infanterie autrichienne. Un escadron du 5e hussards aussitôt lancé l'aborde avec vigueur, et la force à se replier dans des terrains boisés, après lui avoir fait environ 150 prisonniers. Peu de temps après, le 2e escadron du 3e de chasseurs d'Afrique, laissé à la garde des bagages, reçoit l'ordre de rallier la division, et se trouve tout à coup en présence d'un escadron de hussards hongrois ; il les charge aussitôt et les poursuit à outrance, après les avoir rompus ; mais d'autres cavaliers autrichiens sont signalés. Abandonnant la poursuite des hussards, l'escadron de chasseurs se rallie aussitôt et fond sur ses nouveaux ennemis, les disperse à leur tour et ramène quelques prisonniers.

La cavalerie couvrait le corps du général Niel sur sa gauche et le reliait aux troupes de Mac-Mahon ; une puissante artillerie secondait sa marche en avant. Ce n'était par trop, car l'ennemi avait à nous opposer des forces considérables. Le maréchal Canrobert veut pré-

---

1. Le colonel Langlois, après plusieurs années de travail sur le champ de bataille même, a reproduit dans un magnifique panorama (aux Champs-Élysées) la grande journée du 24 juin. Son immense toile met l'action sous les yeux et fait très-bien comprendre la direction de la bataille en même temps qu'elle rend d'une manière frappante le pittoresque aspect de ces combats furieux, livrés sur des mamelons dénudés et au milieu d'une plaine verdoyante qu'inonde d'une chaude lumière un soleil d'Italie.

ter son appui au général Niel, mais il n'a encore que peu de troupes : il donne néanmoins l'ordre à la brigade Jeannin, de la division Regnault, d'aller soutenir le 4ᵉ corps. Il est neuf heures un quart. Le maréchal présidait au départ de ses troupes, lorsque arrivent auprès de lui en même temps deux officiers d'ordonnance de l'Empereur, les capitaines d'état-major Klein de Kleinenberg et de Clermont-Tonnerre. Celui-ci apportait l'ordre d'appuyer le 4ᵉ corps, l'autre une lettre qui annonçait la venue d'une armée partie de Mantoue. « Un voiturier, disait cette lettre, sorti aujourd'hui de Mantoue, rapporte qu'un corps autri-

Le maréchal Canrobert

chien que l'on juge être fort de 20 à 30 000 hommes, infanterie, cavalerie, artillerie, est sorti de la place de Mantoue par la porte Pradella, et s'est avancé sur la route postale de Marcaria; ses avant-postes sont tout près de nous, au village d'Acqua-Negra. »

Le maréchal Canrobert répondit au premier ordre qu'il avait prévenu les intentions de l'Empereur : la division Regnault allait se joindre au 4ᵉ corps. Quant à l'avis qui lui était donné de l'apparition de l'ennemi sur sa droite, il allait en tenir grand compte. Ce malheureux avis devait paralyser presque toute la journée l'action du 3ᵉ corps qui, en prenant part à la lutte, aurait jeté, de bonne heure, un poids décisif dans la balance. Les officiers d'ordonnance de l'Empereur, pa-

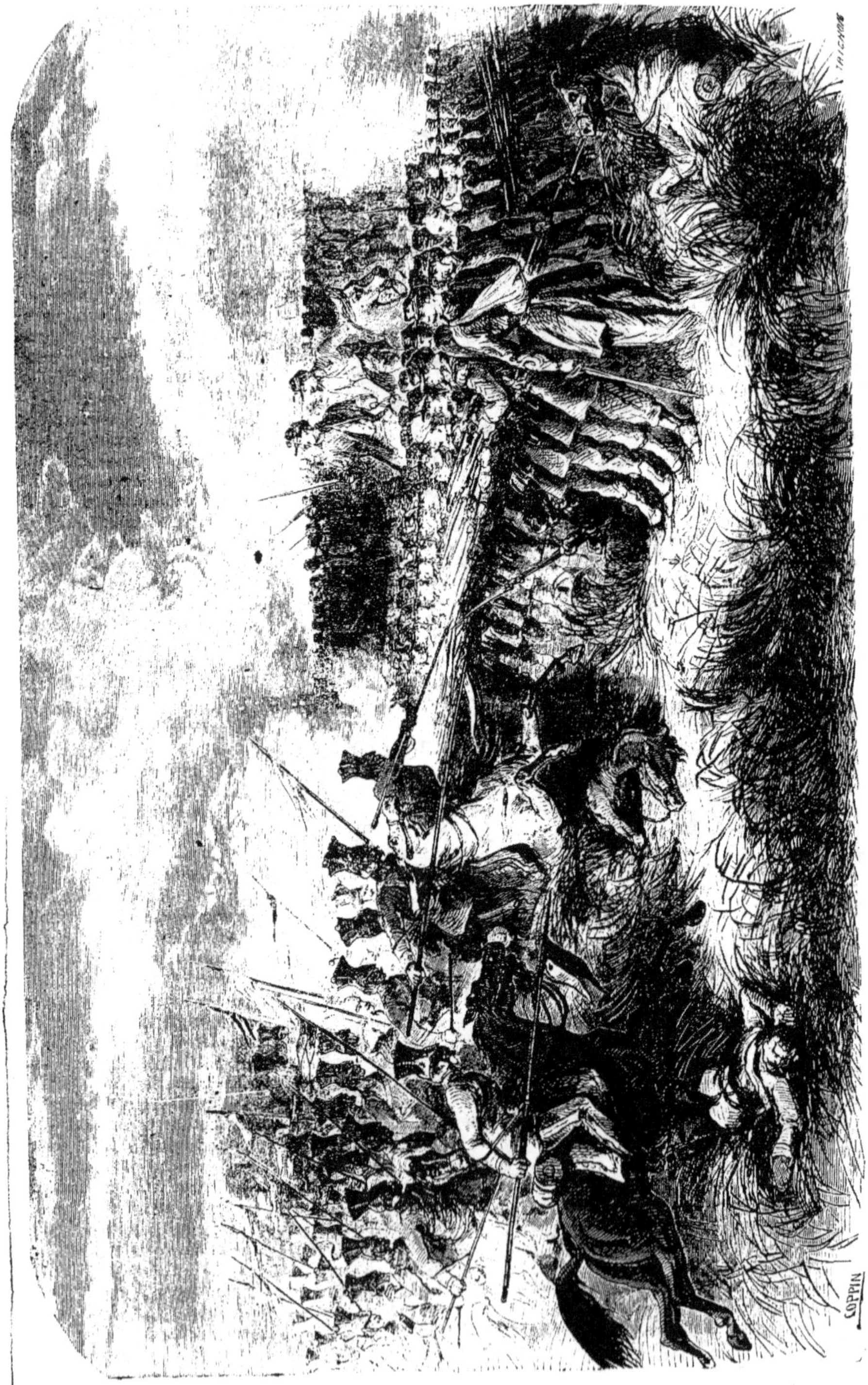

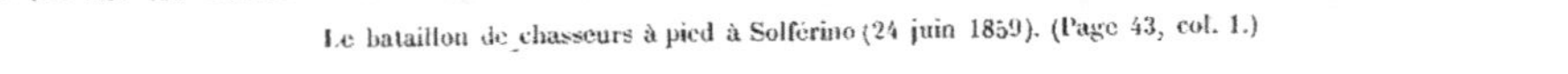

Le bataillon de chasseurs à pied à Solférino (24 juin 1859). (Page 43, col. 1.)

raît-il, après avoir rempli leur mission auprès du maréchal, montèrent au haut du clocher de Medole pour tâcher de découvrir les mouvements de l'ennemi. Apercevant une grande poussière dans la direction d'Acqua-Negra, du côté de Mantoue, ils crurent devoir en informer immédiatement le colonel de Cornely, premier aide de camp du maréchal, pensant que dans les prévisions qui venaient de lui être signalées par le message de l'Empereur, le maréchal jugerait sans doute nécessaire d'apprécier par lui-même la réalité et l'importance de ces renseignements[1]. Des reconnaissances furent dirigées sur le Mincio, mais elles ne poussèrent sans doute pas assez loin. Il paraîtrait qu'à l'endroit où devait, d'après l'avis, s'effectuer le passage du corps autrichien, le pont avait été détruit par l'ennemi lui-même. L'absence de pont, si elle eût été constatée, aurait inspiré des doutes sur l'arrivée des Autrichiens, qui, en tout cas, n'auraient pu venir que fort tard. Cette crainte imaginaire d'une armée prête à nous déborder par la droite pesa douloureusement sur le 3e corps, obligé de se disséminer dans la campagne et de se tenir au repos pendant qu'il entendait gronder, à côté de lui, le canon d'une victoire.

Le général Vinoy, après avoir couvert de mitraille les abords de *Casa-Nuova* et empêché l'ennemi de déboucher des abris boisés derrière lesquels il s'est retiré, veut faire de cette ferme un point d'appui pour sa ligne de bataille : il l'attaque. L'infanterie autrichienne, abordée avec impétuosité, est rejetée sur la route de *Guiddizzolo* et laisse entre nos mains Casa-Nuova, dont les abords sont immédiatement couverts, et dans laquelle une section du génie organise, sous la direction du colonel Jourjon, une solide défense qu'appuie un bataillon de chasseurs. Ce point devient un centre de résistance contre lequel se brisent tous les efforts de l'ennemi; mais pour obtenir ce résultat, le général Niel a dû envoyer successivement plusieurs bataillons appuyer les troupes du général Vinoy. A la droite du 4e corps, les deux brigades de la division Renault sont venues, par ordre du maréchal Canrobert, couvrir le flanc droit du général de Lusy qui, grâce à cet appui, a pu concentrer ses forces autour de *Rebecco*. Après des chances diverses et des combats meurtriers, ses troupes ont toujours repris l'offensive et sont parvenues à se maintenir dans le village. Entre les deux divisions de Lusy et Vinoy, la brigade O'Farrell (division de Failly) s'est emparée du hameau de *Baite* et le défend avec acharnement contre les retours des Autrichiens. Ainsi Rebecco, Baite, la ferme de Casa-Nuova marquent la ligne occupée par le 4e corps, ligne encadrée par l'artillerie du général Soleille et reliée au 2e corps par des masses imposantes de cavalerie.

Mais nos troupes se fatiguent et gagnent peu de terrain, tandis que l'ennemi lance au combat de nouveaux corps d'armée. Le général Niel se trouve évidemment en présence de forces supérieures aux siennes. Il a employé ses réserves. Il insiste auprès du maréchal Canrobert pour que celui-ci veuille bien appuyer son centre sur lequel se renouvellent sans cesse les attaques de l'ennemi. Malgré ses préoccupations pour sa droite, le maréchal Canrobert qui a disposé de toute sa première division pour soutenir le général Niel, pense que la division Bourbaki, en position près de Castel-

Goffredo, et une brigade à Medole seront suffisantes pour contenir l'ennemi annoncé de Mantoue; il se décide alors à donner l'ordre au général Trochu d'amener sa première brigade, le plus promptement possible, sur le champ de bataille, à la disposition du commandant du 4e corps. Aussitôt le général Trochu se porte en avant (vers midi et demi), avec la brigade Bataille à laquelle il a fait mettre les sacs à terre, traverse Medole, déjà encombrée de blessés, et prend la route qui conduit à *Guiddizzolo* en passant par *Rebecco*. Le général Niel ordonne à ces troupes de s'établir vers le centre pour remplacer les dernières réserves qui vont être engagées. Il forme plusieurs colonnes et les lance sous la conduite du général de Lusy, contre l'ennemi dans la direction de *Guiddizzolo*. S'emparer de ce village était d'une extrême conséquence, car on se portait sur les derrières de l'armée autrichienne, et on la coupait du pont de *Goïto*, sur le Mincio. Ce fut le but constant du général Niel; mais il avait à lutter contre toute la première armée autrichienne, et même avec le corps du maréchal Canrobert il se serait trouvé inégal en forces. La colonne qu'il dirigea sur *Guiddizzolo*, en partie composée de troupes fatiguées par les combats qu'elles soutenaient depuis le matin, et épuisées par la chaleur, repoussa cependant l'ennemi devant elle jusqu'aux premières maisons du village; mais là, se trouvant tout à coup en présence de masses profondes qui l'accueillirent par un feu meurtrier, elle fut contrainte de se replier sur *Baite*.

Le maréchal Canrobert arriva vers trois heures sur ce point du champ de bataille et jugea par lui-même de la position dans laquelle se trouvait le 4e corps. Bien qu'on fût dans une vaste plaine, la vue était très-bornée. « Qu'on s'imagine, dit Paul de Molènes, un de ces paysages italiens où se marient tous les luxes et toutes les puissances de la végétation. Nos chevaux écrasaient sous leurs pieds les longues tiges de maïs. Du sein de ces moissons, sortaient des mûriers rappelant les arbres d'un verger par leurs rangs alignés et nombreux; sur notre droite et devant nous, à de prochains horizons, des peupliers élevaient dans le ciel ce feuillage frémissant et pâle qui a vraiment l'air de s'animer d'une émotion surnaturelle quand il est agité par les souffles du canon. A l'heure dont je parle, ces souffles régnaient sur un immense paysage, dont ils envahissaient les plus profondes retraites. Les boulets exécutaient autour de nous leurs danses brutales sur un sol où l'herbe des champs, frappée comme les hommes, se couchait abattue et brisée près de ceux qui s'endormaient dans la mort. Hôtes invisibles, mais tumultueux de l'air, les balles déchiraient nos oreilles de leurs sifflements; elles atteignaient tantôt des branches d'arbres qui rendaient en cassant un bruit sec, tantôt des hommes et des chevaux qui s'affaissaient silencieusement. Ce champ où je trouvai le maréchal Canrobert me fit songer à ces feux de bivac, que des mains infatigables entretiennent avec des poignées incessantes de bois petillant; c'était à chaque instant un redoublement d'énergie et d'ardeur dans le foyer où nous respirions. »

Voyant cet acharnement du combat, pensant d'ailleurs, par suite des reconnaissances envoyées du côté de Castel-Goffredo, qu'à ce moment avancé de la journée il n'y avait plus lieu de craindre, pour la droite de l'armée, l'attaque dont elle avait été menacée le matin,

---

1. Bazancourt, note communiquée par le colonel de Cornely.

Canrobert se décide à appeler à lui la division Bourbaki, et se contente de laisser la brigade Collineau (division Trochu), pour couvrir Medole. A la nouvelle de
ce puissant renfort, le général Niel veut faire une dernière tentative sur Guiddizzolo avec la brigade Bataille; il prescrit au général Trochu de se porter en
avant. Celui-ci, d'après les observations du maréchal Canrobert, dispose en échiquier ses bataillons
formés en colonnes serrées, l'aile gauche refusée, et
marche à l'ennemi entre Casa-Nuova et le hameau de
Baite. Une de ses batteries divisionnaires, protégée
par un bataillon du 43e, le suit à travers champs, à
portée d'agir.

Cependant l'empereur d'Autriche ayant vu son
centre enfoncé à Solferino, mais apprenant que son
aile droite avait remporté des avantages marqués sur
les Piémontais, et que les Français, devant son aile
gauche, ne gagnaient que peu de terrain, voulut,
avant d'ordonner la retraite, tenter encore un effort de
ce côté. Il prescrit au comte de Wimpffen, commandant la première armée, de faire reprendre l'offensive
à toutes ses troupes. La ferme de Casa-Nuova, le
hameau de Baite, le village de Rebecco, où depuis de
longues heures nos troupes combattent avec des
chances diverses mais avec un courage toujours égal,
vont devenir le théâtre d'une lutte plus acharnée encore. « Le feu de l'artillerie et des fusées ennemies
(écrit le général Vinoy) recommence avec une nouvelle
intensité, les abords de la ferme de Casa-Nuova sont
balayés par des projectiles de toute espèce, mitraille,
obus et fusées, de manière à en rendre l'occupation
presque impossible, et bientôt on voit apparaître trois
colonnes d'infanterie, qui s'avancent dans cette direction. »

« C'est le jeune prince de Windishgrœtz, colonel du
35e autrichien, qui dirige cette attaque; bravant avec
un sang-froid et un courage héroïque la grêle de balles
que font pleuvoir, par les créneaux, les défenseurs de
la ferme, il arrive jusqu'aux murs mêmes de la Casa-
Nuova pour en enfoncer la porte. Le prince est à cheval en tête de ses bataillons massés. A côté de lui est
son colonel en second. C'est à bout portant que les
carabines de nos chasseurs continuent leur feu contre
ces ennemis intrépides, mais insensés dans leur vaillance. Le prince a son cheval tué et reçoit deux balles
qui le renversent. Son colonel en second trouve aussi
la mort auprès de lui. Ce fut un spectacle vraiment
superbe. Ses soldats se précipitent et prennent dans
leurs bras leur intrépide colonel qui respire encore;
puis, immobiles, devant la mort qui les moissonne,
continuent, sous le commandement de leurs chefs, à
rester devant la ferme. Tout ce qui est encore valide
dans le bataillon de nos chasseurs se rallie à la hâte,
et, pour dégager la Casa-Nuova, se jette sur la tête de
la colonne ennemie, pêle-mêle avec un bataillon du
76e. Au milieu des arbres, des haies et des vergers,
les compagnies se réunissent par petits groupes, et des
tirailleurs de divers régiments, embusqués dans des
fossés et derrière des tas de bois, ouvrent contre l'ennemi un feu meurtrier[1]. » Le général Vinoy envoie
le 86e au secours des combattants. De tous côtés la
fusillade retentit; de tous côtés retentissent les cris
furieux d'une lutte désespérée. Le régiment autrichien

est rompu, son porte-drapeau tué et l'étendard reste
entre nos mains. Le 86e s'empare de trois canons et
force à la retraite les réserves ennemies.

Le général Desvaux, dont le rôle jusque-là s'était
borné à remplir, conjointement avec la cavalerie de la
garde, l'intervalle qui séparait le 2e corps du 4e, aperçoit à travers les arbres des colonnes autrichiennes
en marche. Il pense qu'il faut à tout prix les arrêter.
L'instant est décisif; le général Desvaux comprend
qu'il n'a même pas le temps de faire avancer son artillerie pour ébranler par quelques coups à mitraille les
masses d'infanterie, avant de les charger. Sa division
est sur deux lignes. La première est formée par la
brigade du général Planhol; c'est le colonel de Montaigu avec le 5e hussards, et le colonel Fénelon avec
le 1er chasseurs d'Afrique.

Le général de Forton forme la seconde avec le
3e chasseurs, que commande le colonel de Mézange. —
La brigade du général Planhol doit charger la première, celle du général Forton suivra le mouvement
et chargera à son tour, si les premiers efforts ne sont
pas couronnés de succès. Le signal est donné. Le colonel de Montaigu, le sabre haut, crie d'une voix re-
tentissante : « Pour charger, au galop! » et s'élance
avec quatre escadrons de hussards. Dans un vide, au
milieu du bois, se jette le capitaine commandant Roquefeuil avec un escadron du 1er chasseurs d'Afrique,
pendant que, sur la gauche, le colonel de Planhol et
le colonel Fénelon chargent avec trois escadrons du
même régiment, pour appuyer le mouvement du capitaine de Roquefeuil. Le lieutenant-colonel des Ondes
s'est jeté sur la route de *Guiddizzolo* avec les deux escadrons de droite; chevaux et cavaliers, hardiment lancés, dévorent l'espace, serrés les uns contre les autres
et enveloppés d'un tourbillon de poussière, au milieu
duquel on voit, comme de rapides éclairs, reluire les
sabres nus. L'infanterie hongroise s'arrête et se forme
rapidement en carrés, se flanquant réciproquement.
Les terrains dans lesquels la cavalerie s'engage avec
une résolution que le danger redouble, se présentent
dans les conditions les plus défavorables. Ce sont des
mûriers, des broussailles, des vignes reliées entre
elles par des fils de fer et des massifs semés à peine
çà et là de quelques clairières. Les escadrons lancés à
toute course sont à chaque instant brisés par ces obstacles. C'est dans leur centre que les carrés se sont formés; un quatrième achève sa formation derrière un
petit bois de mûriers, et de nombreux tirailleurs se
sont portés en avant pour le protéger. Le commandant
Dupreuil se jette au milieu de tous ces obstacles, que
les chevaux franchissent ou renversent. Les tirailleurs,
surpris par cette attaque, sabrés par les chasseurs
d'Afrique, tombent en désordre sur le carré qu'ils
étaient chargés de couvrir. Derrière eux, avec eux,
arrivent les escadrons à fond de train; ils chargent
l'ennemi aux cris de : Vive l'Empereur! Ce carré, à
demi formé, est rompu, et en quelques instants le
sol est jonché de morts, d'armes brisées ou abandonnées. Les chasseurs ont continué leur course avec
l'élan indomptable qui distingue ces fiers escadrons;
tout à coup ils se trouvent en face de trois autres carrés
formés derrière des haies élevées et touffues. Impassibles devant ce tourbillon d'hommes et de chevaux,
immobiles comme des rochers, les Hongrois attendent
le signal de leurs chefs; à ce signal, leurs fusils s'a-

1. Bazancourt.

Charge des chasseurs d'Afrique (24 juin 1859). (Page 48, col. 2.)

L'empereur au mamelon de Solférino (24 juin 1859). (Page 47, col. 2.)

baissent méthodiquement, et sur toutes les faces atta-
quées s'étend un formidable réseau de feu.

« Nos braves escadrons, désunis par les difficultés
du terrain, se rallient sous ce feu meurtrier et se précipitent pleins de vaillance sur les terribles bataillons.
Plusieurs officiers, que suivent les plus intrépides et
les plus ardents, pénètrent même dans les carrés ; mais
dès qu'ils y sont entrés, ces carrés se referment aussitôt
sur eux. Enveloppés de toutes parts, ils combattent à
outrance, teignant de sang aussi le champ de bataille,
où presque tous tombent pour ne plus se relever. Le
1er chasseurs d'Afrique a dix officiers hors de combat.
Le brave lieutenant-colonel des Ondes est aussi tombé
frappé mortellement. C'était un des plus intrépides
officiers de ces chasseurs d'Afrique qui en comptent
tant. Deux fois il avait rallié ses cavaliers, et deux fois
il les avait rejetés sur l'ennemi.

« Le général Desvaux a fait porter en avant le 3e
chasseurs d'Afrique qui formait la seconde ligne, et
derrière lequel vient se reformer la 1re brigade. Le
capitaine Escande enlève son escadron en fourra-
geurs, en obliquant sur la droite ; le général Forton
et le colonel de Mézange, à la tête du 3e chasseurs, se
lancent à leur tour sur les carrés hongrois, énergiquement suivis par les commandants de la Rochefoucault-
Liancourt et Oudinot de Reggio. Sous le feu terrible
qui les accueille, combien sont tombés, avant d'arriver
à l'ennemi, que protége un large fossé ! Le chef d'escadron de la Rochefoucault, le lieutenant Reys entrent, avec quelques chasseurs, dans un des carrés où
viennent expirer leurs chevaux criblés de balles, mais
derrière eux encore le carré s'est refermé. Le commandant de la Rochefoucault est renversé par deux
coups de feu, le lieutenant Reys est également blessé.
A la voix de leur général, à celle de leur colonel, les
chasseurs se rallient, à 200 mètres au plus devant l'ennemi, sous une grêle de balles, de mitraille et de fusées. La mort vient à tout instant frapper dans leurs
rangs et renverser chefs ou soldats, sans pouvoir alté-
rer le calme et le sang-froid des cavaliers qui s'ali-
gnent, des pelotons et des escadrons qui se reforment.

« Le général de Forton s'est replacé en tête du régiment. A sa droite est le colonel de Mézange. Au
commandement du général, tout le régiment s'ébranle
une seconde fois. Son élan est terrible, en plusieurs
endroits la ligne ennemie est brisée, mais la mort a
pris sa large part ; plus de 60 chasseurs sont tués ou
hors de combat. Insatiables de dangers, les braves
chasseurs se reforment de nouveau, et de nouveau vont
se lancer à la charge, lorsqu'un immense nuage de
poussière envahit toute la plaine et roule en tourbil-
lons jaunâtres, que pousse un vent furieux[1]. » C'est
l'orage qui éclate et malheureusement nous arrête.
Quoi qu'il en soit, ces belles charges de cavalerie ont
tenu l'ennemi en respect et brisé son mouvement offensif.

§ 9. L'ORAGE ; RETRAITE GÉNÉRALE DES AUTRICHIENS.

Toute la journée une atmosphère lourde et brûlante
avait pesé sur les combattants. Des nuages menaçants
s'étaient amoncelés, et vers quatre heures et demie un
effroyable orage se déchaîna sur le champ de bataille.

A ce moment l'empereur d'Autriche, qui avait vu
échouer le dernier retour offensif dirigé contre notre
aile droite, venait de donner l'ordre de la retraite (quatre
heures). Au centre, cette retraite avait déjà commencé
devant l'énergique poussée de nos bataillons sur les
crêtes de Solferino et de Cavriana. La division Bazaine,
du corps du maréchal Baraguey d'Hilliers, se trouvait
déjà à plusieurs kilomètres de Solferino : les troupes
de Mac-Mahon pénétraient avec les voltigeurs de la
garde dans *Cavriana*. Dans la plaine, le général Trochu, obéissant aux ordres du général Niel, s'avançait
vers *Guiddizzolo* avec un ordre admirable et autant de
précision que sur un champ de manœuvre. Il rencontre
l'ennemi en position sur les trois routes qui débouchent
du village ; il fait sonner la charge et lance ses bataillons, qui, abordant les Autrichiens à la baïonnette, les
refoulent devant eux et leur font beaucoup de prisonniers, en les poursuivant jusqu'à un kilomètre environ
de *Guiddizzolo*. Pour soutenir ce mouvement, le maréchal Canrobert avait prescrit au général Courtois
d'Hurbal de faire avancer toute la réserve d'artillerie
du 3e corps. En même temps, se décidant à reconnaître
la chimère de ses craintes du côté de Mantoue, il appelle à lui sa dernière division, la division Bourbaki,
commandée par le général qui porta les premiers
coups, et des coups si terribles à Inkermann. Maîtres
des hauteurs, bientôt maîtres de la plaine, refoulant
sur toute la ligne, après quatorze heures de patience
et d'efforts, les deux armées autrichiennes, nous avons
le légitime espoir de recueillir des fruits abondants de
cette victoire. Mais c'est à l'heure précisément où nous
allions poursuivre et rompre l'ennemi que l'ouragan
vient le dérober à nos coups.

« Nous avions affaire à une vraie tempête. Le sol,
remué par les trombes d'un vent furieux, soulevait des
nuages d'une poussière brune qui nous aveuglait et
faisait tourner nos chevaux. Une pluie torrentielle se
ruait sur nous, pénétrait nos vêtements et rendait nos
armes inutiles. A tous les bruits qui régnaient tout à
l'heure, avait succédé un seul bruit, le fracas d'un tonnerre incessant dont on était comme enveloppé. Ni
notre temps ni notre armée ne peuvent assurément se
prêter à l'interprétation superstitieuse des signes extérieurs ; toutefois il y avait dans cette intervention du
ciel au milieu de cette action sanglante quelque chose
dont il était impossible de ne pas être frappé. C'était
un terrible et victorieux défi adressé à l'homme par la
nature. Sous l'étreinte d'une main invisible, le bras
humain était arrêté[1]. »

A la faveur de cette tourmente, l'ennemi opéra son
mouvement rétrograde, laissant plusieurs régiments
de ses réserves pour le couvrir. Nos troupes, horrible-
ment fatiguées, s'arrêtèrent. Cependant quelques troupes de la garde continuèrent d'avancer ; le général
Manèque, suivi d'un bataillon du 3e de voltigeurs et
de deux batteries de la garde, vint prendre position
sur un contre-fort, et ses batteries ouvrirent le feu à
grande distance sur les colonnes autrichiennes qui précipitaient leur retraite. Dans le 1er corps également, le
général Bazaine fit mettre son artillerie en batterie et
à une distance de quinze cents à deux mille mètres, fit
tirer sur les troupes autrichiennes qui battaient en retraite sur *Pozzolengo*. Dans la plaine, *Guiddizzolo* resta

---

1 Bazancourt, *Expédition d'Italie*

1. Paul de Molènes.

occupé par les Autrichiens jusqu'à huit heures du soir. A la nuit, nos troupes harassées par une journée de marche et de combats, trempées par une pluie torrentielle, établirent leurs bivacs sur le champ de bataille où, au milieu des morts et des mourants, elles goûtèrent enfin quelque repos.

« On ne se ferait (écrit le général Vinoy) qu'une idée bien incomplète de l'énergie de nos soldats, ainsi que des fatigues qu'ils ont eu à supporter, si l'on ne tenait pas compte de la situation dans laquelle ils se sont trouvés pendant cette action de dix-huit heures, depuis trois heures du matin, heure de départ, jusqu'à neuf heures du soir, moment de l'installation au bivac. Avant leur départ, ils n'avaient pris que le café ; et, pendant toute la journée, ils n'ont pas eu un seul instant pour prendre la moindre nourriture. Combattant sous un soleil ardent, au milieu d'un terrain sans eau, ils ont eu à lutter, non-seulement contre les Autrichiens, mais encore contre la faim, la chaleur et la soif, ennemis bien redoutables aussi. Nos canonniers, servant sans relâche leurs pièces au milieu d'une plaine sans abri, étaient exténués de fatigue ; et pourtant aucun de nos soldats, fantassins et canonniers, n'a failli à son devoir ; tous ont bien mérité ! Quand on songe à l'énergie qu'il faut avoir pour se maintenir dans des conditions pareilles, on ne peut se défendre d'une grande admiration pour une armée si dévouée, si brave et si pleine d'abnégation dans les circonstances périlleuses et difficiles. »

L'empereur Napoléon III se trouvait sur le mont Fontana peu de temps après la prise de cette importante position, lorsque l'ouragan éclata. Il le subit, comme tout le monde, sans être abrité. Il alla ensuite établir son quartier général à Cavriana, dans la maison même où l'empereur d'Autriche avait encore le sien quelques heures auparavant[1], et dicta de là une dépêche télégraphique qui devait le lendemain enivrer de joie la France : « Grande bataille et grande victoire !... Toute l'armée autrichienne a donné ; la ligne de bataille avait cinq lieues d'étendue, etc.... » L'Empereur avait puissamment contribué au succès de cette journée en ne cessant pas une minute de diriger l'action, en transformant tout de suite son ordre de marche en ordre de combat, en poursuivant avec calme et énergie l'exécution d'un même plan : tenir ses corps

1. « Une vaste salle où l'empereur François-Joseph avait déjeuné le matin, servit le soir à neuf heures de réfectoire à l'empereur des Français et à son état-major. Assis à de longues tables, les officiers autour du souverain vainqueur s'entretenaient à voix basse de cette grande et terrible journée. Le repas du soir fini, la vaste salle se changea en dortoir. Le lendemain matin elle présentait un aspect étrange. Encombrée d'un côté par les lits de camp où avaient dormi les officiers d'ordonnance de l'Empereur, on y voyait pêle-mêle les armes, les uniformes, les objets d'étude et de toilette et jusqu'à la soutane de l'aumônier. A chaque instant des estafettes y apportaient es dépêches : à l'autre bout sur une grande table étaient déployées des cartes que l'Empereur sortant de la chambre voisine venait consulter quelquefois dès 5 heures du matin. A la même table, quelques aides de camp déjeunaient à la hâte, d'autres écrivaient. Dans un coin brillaient les drapeaux enlevés à l'ennemi, un drapeau de cavalerie tout brodé d'or, et un drapeau d'infanterie dans son fourreau noir. Un nègre de la Nouvelle-Calédonie, domestique du docteur Conneau, se hâtait d'enlever le lit de son maître. La cour était encombrée par les chevaux. En face, de l'autre côté de la rue, se trouvait une maison fermée dans laquelle un éclat d'obus avait pénétré et frappé dans son berceau un petit enfant abandonné par ses parents en fuite. » (Renseignements particuliers et inédits fournis par un témoin oculaire.)

d'armée bien réunis, emporter les positions de Solferino et de Cavriana. Sa présence aux points où nos troupes avaient le plus d'efforts à faire, sa résolution rapide d'engager sa garde de très-bonne heure, afin d'obtenir plus tôt des résultats décisifs, hâtèrent certainement la victoire au centre. En le voyant se porter partout, sous le feu de l'ennemi, les soldats l'applaudissaient tout en le blâmant de s'exposer. Lorsqu'il contourna le Monte-Alto, les projectiles frappèrent dans son escorte : le baron Larrey, son chirurgien, eut un cheval tué sous lui, un cent-garde tomba blessé. Napoléon III avait ainsi suivi les phases diverses de la bataille sur les hauteurs sans cesser de surveiller la plaine, mais s'alarmant peu des mauvaises nouvelles qu'il recevait quelquefois. Il sentait que le succès au centre sauvait les ailes, et cette fermeté persévérante dans la poursuite d'un même but lui valut un glorieux triomphe.

Mais il nous reste à voir la part que l'armée piémontaise avait prise à la bataille. Cette part, ce n'était ni plus ni moins qu'une autre bataille livrée à côté de la nôtre, mais presque indépendante : ce qui nous a permis de ne point y courir et de ne pas rompre l'unité de notre récit.

§ 10. LUTTE DE L'ARMÉE PIÉMONTAISE A SAN MARTINO ; CONSIDÉRATIONS SUR LA BATAILLE DE SOLFERINO.

L'armée piémontaise, malgré sa vaillance, n'avait pas eu le même succès que nos troupes. Ne s'attendant pas à une action générale, elle n'était pas concentrée, et n'engagea la bataille que par fractions. Disséminée sur la vaste étendue de terrain qui, des hauteurs de Solferino, descendait au lac de la Garde, elle eut à lutter, par divisions séparées, contre des forces supérieures. L'armée sarde devait se diriger sur *Pozzolengo* : de bonne heure, le 24 juin, elle se mit en marche. Elle lança de plusieurs côtés de fortes reconnaissances qui ne tardèrent pas à rencontrer l'ennemi, et se replièrent sur leurs divisions respectives fort éloignées les unes des autres : mais l'intrépidité de Victor-Emmanuel, le courage des généraux et des soldats remédièrent à ces mauvaises conditions. Pendant quinze heures, les Piémontais renouvelèrent leurs assauts contre la redoutable position de *San Martino*, qu'il fallait enlever à tout prix. Dès neuf heures du matin, le général Mollard, n'ayant qu'une seule division, la lança sur *San Martino*. Les Piémontais arrivent à mi-côte sous un feu terrible ; mais ils sont trop peu, il faut redescendre. Les Autrichiens les suivent et essayent de les couper du chemin de fer que suivait la division Cucchiari : mais on les tient en respect, et la division Cucchiari peut venir prendre part à la lutte. Les Piémontais recommencent pied à pied la conquête du terrain qu'ils ont perdu. A midi, les bataillons sardes s'étaient cinq fois déjà élancés sur San Martino, et cinq fois vainqueurs s'étaient vus presque aussitôt repoussés. La division Durando redoublait aussi de son côté d'audace et d'énergie, mais ne gagnait pas davantage de terrain. Un moment elle fut compromise par des colonnes autrichiennes qui voulaient la couper de l'armée française et la tourner par son flanc droit. Mais le général Forgeot, commandant l'artillerie du corps d'armée du maréchal Baraguey d'Hilliers, s'aperçut de ce mouvement dangereux. On

Attaque générale des hauteurs de San Martino par l'armée piémontaise (24 juin 1859.) (Page 47, col. 2.)

vit alors l'effet de notre nouvelle artillerie à longue portée. Plusieurs pièces furent dirigées contre ces colonnes, à une distance de seize cents mètres : un feu très-nourri porta le désordre dans les rangs des Autrichiens qui, étonnés, tourbillonnèrent et rebroussèrent chemin.

Le roi Victor-Emmanuel, qui savait les progrès des Français sur Solferino et Cavriana, voulait tenter enfin un effort décisif. La retraite des troupes autrichiennes du centre l'avait déjà quelque peu soulagé et ébranlait le moral de l'ennemi qui lui était opposé. Il résolut de livrer un assaut général. Appelant la division de réserve (division Fanti), il en envoie moitié au général Durando pour l'aider à prendre *Madona della Scoperta*, à marcher sur *Pozzolengo* et à tourner *San Martino* : il envoie l'autre moitié au général Mollard, avec l'ordre de recommencer l'attaque de front. La division Cucchiari, fort maltraitée, avait dû se replier au delà du chemin de fer, hors de la portée du feu. Mais elle ne prit que le temps de se réorganiser et obéit avec joie à l'ordre de retourner à l'assaut. Le général Mollard qui, dans cette journée, a conquis une noble illustration, dispose ce qui lui reste de sa division et de la division Cucchiari et ses régiments soutenus par la brigade d'Aoste, composée de troupes fraîches, s'apprêtent à s'élancer. Tout à coup l'orage éclate et rend tout mouvement impossible. Mais à peine est-il dissipé, que les ordres donnés reprennent leur exécution. Quatre batteries ouvrent leur feu et préparent l'attaque de l'infanterie, qui bientôt court à l'assaut des positions. Elle ne réussit d'abord qu'à s'emparer des fermes à mi-côte; mais l'artillerie s'avance au galop pour battre de son feu les maisons et les jardins de San Martino. Sous la protection de ces batteries, la cinquième division gravit les hauteurs, et, malgré la résistance des derniers

Le général Auger, tué à la bataille de Solferino.

bataillons autrichiens chargés de couvrir la retraite de leur corps d'armée, parvient à couronner le plateau. Elle est bientôt rejointe par la troisième division et la brigade Aoste, dont l'artillerie, amenée promptement, couvre de ses feux l'ennemi qui accélérait sa retraite. Il tente cependant encore un retour offensif; mais une charge des chevau-légers de Montferrat le repousse une dernière fois, et, à la nuit, le plateau de San Martino reste définitivement au pouvoir de l'armée sarde. Les troupes autrichiennes qui occupaient Madona della Scoperta avaient suivi le mouvement général de retraite, et la division Durando se hâta d'aller gagner San Martino. En route, elle envoya quelques obus à des bataillons ennemis qui cherchaient à tourner le général Mollard. Le général de la Marmora se mit avec la brigade Piémont à la poursuite des Autrichiens. Il les trouva fortement établis dans les fermes des monts Turricella et San Giovanni, et se disposa à les y attaquer. Mais ceux-ci, forcés de continuer leur retraite, ne tardèrent pas à abandonner cette position, et la poursuite continua jusqu'à Pozzolengo.

L'armée piémontaise, bien que son succès eût été tardif, n'en pouvait pas moins être fière de cette journée. Elle avait déployé une solidité à toute épreuve, une constance héroïque non moins admirable que son ardeur. Sept fois repoussée et jamais vaincue, elle avait fini, à force d'élan, d'abnégation et de sacrifices, par rester maîtresse des redoutables positions de l'ennemi. « Nul, écrivait un officier qui avait visité le champ de bataille, ne peut se faire une idée de l'aspect horrible que présentait le plateau de San Martino couvert de morts, de blessés, de débris de toute nature; le sol était, pour ainsi dire, broyé par la lutte, pétri sous les pas des chevaux, par les roues des canons, par les courses haletantes des bataillons. Les murs des maisons étaient de tous côtés percés à jour, et, sur la terre déchirée, on suivait la trace des projectiles par les profondes entailles qu'ils avaient laissées dans le sol. » Les quatre divisions de l'armée sarde eurent dans cette bataille 5521 hommes mis hors de combat, sur lesquels 49 officiers tués et 167 blessés.

Le soir du 24 juin, l'armée alliée occupait donc les positions qui lui avaient été indiquées dans son ordre de marche. Seulement elle avait infligé à l'armée ennemie une rude défaite qui restera célèbre entre toutes les batailles célèbres. Désireux de maintenir notre impartialité, nous empruntons à un ouvrage écrit par un étranger le jugement suivant sur la grande journée de Solferino :

« Nous cherchons vainement, dit M. de Vandevelde, officier d'ordonnance du roi des Belges, le mobile qui a pu guider les Autrichiens, retirés derrière le Mincio, à repasser cette rivière avec l'intention d'aller attaquer l'ennemi dans sa position de Montechiaro, et de livrer bataille avec une grande rivière à dos, tandis qu'ils pouvaient attendre l'ennemi au centre de leur formidable quadrilatère, où ils se seraient trouvés dans les meilleures conditions possibles, soit pour émousser la fougue française par des combats partiels, soit pour livrer une grande bataille. Nous avons vu que pour exécuter ce plan, l'empereur François-Joseph avait divisé ses forces en deux armées; que celle de droite, sous les ordres de Schlick, devait repasser le Mincio et marcher à travers le chemin montueux par Lonato et Castiglione sur Montechiaro, tandis que celle de gauche, sous Wimpffen, avait ordre de traverser la rivière auprès de Goïto et de marcher, par la plaine, sur Carpenedolo pour envelopper la droite des alliés.

« Ce projet d'opérations, discuté dans un conseil de guerre tenu le 22, à Villafranca, nous l'avons déjà dit, fut diversement apprécié : le général Ramming le soutint; Hess, qui voulait attendre l'ennemi derrière le Mincio, le combattit, trop mollement, dit-on, pour le faire échouer. Mais, bien que le plan qui fut adopté recélât de graves dangers et fût loin de valoir celui qu'avait soutenu Hess, si l'état-major avait pris les mesures nécessaires pour prévenir les éventualités qui pouvaient surgir pendant son exécution, il aurait eu d'autant plus de chances de réussite que, le 24 au matin, l'armée des alliés marchait en sept colonnes de route vers le Mincio, sans se douter de la présence de toute l'armée autrichienne, qui, au début de l'action, se trouvait dans de très-bonnes conditions pour accepter une bataille de rencontre.

« Ce n'est ni aux ballons captifs, ni aux canons rayés que l'on doit attribuer la prépondérance des armées françaises sur les armées autrichiennes, mais bien à la supériorité de la constitution organique, sous le rapport tactique et moral de la première de ces armées sur la seconde. En effet, au point de vue de la tactique, dans les règlements autrichiens, l'ordre fondamental, l'emplacement des réserves, la formation des lignes, le nombre de tirailleurs et de tireurs de précision à employer, l'ordre pour le combat, etc., etc., tout est formulé et réglementé. En France, on s'est borné à réglementer les évolutions servant à former une troupe dans un ordre quelconque pour la conduire d'un emplacement sur un autre, et on a laissé au tacticien toute liberté d'action quant à la formation de l'ordre pour le combat, l'emplacement des lignes, l'emploi des réserves et des tirailleurs, etc., etc. De ces deux modes d'instruction, diamétralement opposés, il est résulté que les manœuvres compassées des Autrichiens, subordonnées à des formules de tactique exécutées devant un ennemi audacieux, ayant toute liberté d'action, ont presque toujours échoué, d'abord parce que les formules dont se servaient les Autrichiens convenaient rarement pour combattre la manœuvre qu'on leur opposait, et aussi parce que leurs formations compassées étaient presque toujours prévenues par la promptitude d'exécution d'un adversaire agissant d'inspiration.

« C'est ainsi que dans le combat de Solferino, Stadion a été battu, non pas, comme on le prétend généralement, parce qu'il lui manquait des réserves, mais bien parce que ses réserves ne se sont engagées que successivement. Le défaut capital de l'armée autrichienne, c'est de ne pas savoir se servir de ses réserves à propos : le plus souvent les Autrichiens n'engagent leurs réserves que pour couvrir la retraite, tandis que les Français s'en servent toujours pour décider du sort de la bataille, et c'est à ce moyen énergique qu'ils doivent presque toutes leurs grandes victoires.

« Sous le rapport moral, la constitution organique des deux armées avait aussi des différences très-marquées : du côté des Français, unité parfaite de mœurs, d'esprit et de sentiments; du côté des Autrichiens, diversité de langue, de nationalité et d'opinion; ici une discipline large et facile qui développe la spontanéité et l'énergie individuelle; là des règlements durs et méthodiques et une subordination tracassière et sévère qui tue l'esprit militaire et paralyse l'élan des troupes.

« Dans l'armée française le service des subsistances était bien organisé : rarement les corps se mettaient en marche avant d'avoir pris un repas, et les chefs avaient la plus grande sollicitude pour leurs soldats. Dans l'armée autrichienne, le corps de l'intendance fonctionnait mal : le jour de la bataille de Solferino, les chevaux de la cavalerie de réserve n'avaient pas mangé depuis trente-six heures, et, à en juger par les découvertes que l'on vient de faire dans la poursuite dirigée contre quelques fonctionnaires haut placés de l'administration civile et militaire, on est tenté de croire qu'au point de vue des subsistances, les hommes n'ont pas été mieux traités que les chevaux.

« Dans l'armée française, les lieutenants de l'Empereur, tous hommes d'une énergie éprouvée sur le champ de bataille, imprimèrent une grande vigueur aux attaques et contribuèrent pour une grande part au succès de la journée. Dans l'armée autrichienne, une partie des commandants des corps d'armée, peu habitués à manier la troupe, manquèrent d'activité et d'initiative, et ne s'engagèrent qu'avec la plus grande circonspection. Clam-Gallas a été justement blâmé de n'avoir pu trouver son artillerie au moment où il aurait dû soutenir Stadion ; — Zobel a mérité le reproche qu'on lui a fait d'être resté trop longtemps à Foresto, et d'avoir mis trop de lenteur pour se porter au secours du centre, vers San Cassiano, où le prince de Hesse, l'un de ses divisionnaires, l'avait devancé et s'était engagé sans en avoir reçu l'ordre ; — le commandant en chef de ces trois corps, le comte Schlick, qui dirigeait les opérations au centre, n'a guère déployé plus d'activité que les deux lieutenants qui commandaient ses réserves, et son armée, forte d'environ 75 000 hommes, a joué un triste rôle dans cette sanglante bagarre ; — Zedwitz, qui commandait la réserve de cavalerie de la première armée, et Laningen, son second, ont été sévèrement punis[1] pour avoir quitté honteusement le champ de bataille avec leurs escadrons, dont les braves officiers, indignés de la conduite de leurs généraux, brisèrent leurs sabres, les larmes aux yeux et le désespoir dans l'âme ; — le prince Édouard de Lichtenstein, au lieu d'opérer son mouvement tournant, et montant la Chiese, comme il avait été convenu d'abord, resta honteusement à Marcaria pour observer la division d'Autemarre, du corps du prince Napoléon, dont les têtes de colonnes avaient à peine dépassé Crémone, tandis qu'il entendait distinctement qu'une grande bataille se livrait sur sa droite[2] ; — et enfin, le commandant de la première armée, le comte Wimpffen, n'a, que nous sachions du moins, encouru aucun blâme, bien qu'avec 75 000 hommes qu'il avait sous la main à Guidizzolo, il n'ait pu culbuter le corps de Niel, dont la 3ᵉ division (celle de Luzy) est restée seule, dans la plaine de Rebecco, jusque vers dix heures du matin.

« Mais ce qui, plus que toutes ces fautes, a contribué au désastre de Solferino, c'est la confusion qui s'était introduite dans les états-majors, et l'anarchie qui régnait parmi les conseillers de l'empereur François-Joseph. — Hess, qui avait combattu l'idée de livrer la bataille en avant du Mincio, se mêla peu des opérations, ou n'y apporta son concours qu'avec une extrême réserve et obsédé de tristes prévisions ; le général Ramming voulait une chose, les commandants d'armée Wimpffen et Schlick en voulaient une autre ; on discutait, le temps se passait, et les armées, restées sans direction générale, furent compromises avant qu'on eût pu se mettre d'accord sur le parti qu'il convenait de prendre. Ces sortes de conflits sont inhérents à toute armée dont le chef ne possède pas la force de caractère nécessaire pour tout diriger par lui-même : obligé de s'en rapporter à son entourage, l'unité de commandement en souffre, la direction générale lui échappe, et le défaut d'ensemble qui en résulte dans l'exécution fait avorter les plans les mieux conçus et battre les armées les plus braves[1]. »

§ 11. LE CHAMP DE BATAILLE ; LES BLESSÉS ; LE TRAITÉ INTERNATIONAL DE GENÈVE.

Les plus radieuses victoires ont un triste lendemain, le jour où l'on compte le prix dont on les a payées. Plus de 300 000 hommes avaient combattu pendant seize heures ; c'était le même nombre qu'à la Moskowa, et si le carnage fut moins cruel qu'à cette sanglante journée du premier Empire, où 80 000 hommes restèrent sur le champ de bataille, le nombre des victimes n'en fut pas moins très-considérable. L'armée française, d'après les documents officiels, eut 11 670 hommes hors de combat, l'armée sarde 5531, ce qui fait pour l'armée alliée un total de plus de 17 000 hommes (2313 tués, 12 102 blessés, 2700 disparus). Les Autrichiens, suivant leurs documents, ont perdu plus de 22 000 hommes.

De part et d'autre, le corps des officiers fut cruellement éprouvé : quatre généraux autrichiens, deux généraux sardes, cinq généraux français furent blessés. Parmi ces derniers, le général d'artillerie Auger, qui venait dans cette campagne de conquérir une légitime réputation, mourut le lendemain après avoir subi la désarticulation de l'épaule. L'Empereur, en apprenant sa cruelle blessure, l'avait nommé sur le champ de bataille général de division. Le général Dieu mourut également plus tard des suites de ses blessures. Nous avions sept colonels tués : Jourjon, chef d'état-major du génie du 4ᵉ corps ; Laure, du régiment des tirailleurs indigènes ; Lacroix, du 30ᵉ de ligne ; Broutta, du 43ᵉ de ligne ; Capin, du 53ᵉ ; de Malleville, du 55ᵉ, et Douay, du 70ᵉ. Nous avions eu en tout 661 officiers hors de combat.

Par tous ces chiffres on peut se figurer quel pouvait être l'aspect de cet immense champ de bataille : si la gloire est une belle et noble chose, nous ne devons pas moins dans notre siècle de civilisation, gémir sur tant de sacrifices. Il ne faut rien dissimuler des horreurs de la guerre, afin d'augmenter la répulsion qu'elle nous inspire et d'amener les nations à ne plus recourir, dans leurs différends, à la raison du canon. Il faut que le progrès des lumières et de la justice rapproche sans cesse les peuples et leur fasse enfin comprendre qu'il est affreux de s'entre-déchirer, même pour les causes les plus légitimes.

« Le 25 juin, dit Paul de Molènes, le 3ᵉ corps allait camper à Solferino. Nous avions à traverser, pour atteindre notre nouveau bivac, le champ de bataille tout entier. Nous étions partis à une heure avancée déjà de la matinée, de sorte que ces grandes campagnes m'apparurent toutes resplendissantes d'une douce et sereine lumière ; malgré la grande quantité de cadavres dont elles étaient parsemées, elles n'avaient point l'horrible aspect que présentent les champs de bataille étroits. Quelle différence entre ces plaines dorées et ce sol sinistre d'Inkermann, où l'on trébuchait à chaque pas contre des monceaux de morts également souillés par le sang et par la boue ! Les corps d'hommes et de

---

1. Zedwitz a été déchu du rang militaire ; Laningen a été condamné à dix années de forteresse.

2. Cette conduite a valu au prince d'être renvoyé de l'armée avec le comte Clam et une foule d'autres officiers de haut rang.

1. *Précis historique et critique de la campagne d'Italie en* 1859, par M. Vandevelde, officier d'ordonnance du roi des Belges.

chevaux répandus à travers ces vastes espaces, attachés aux flancs de cette terre chaude et féconde, offraient une image adoucie du trépas; cependant j'éprouvai, en épelant, sur les lieux mêmes où elle venait d'être écrite, cette page de notre histoire, une impression qui ne me trompa point. Je me dis que ces prodigalités magnanimes de la vie humaine, auxquelles la guerre moderne condamne les nations, ne peuvent avoir lieu en vain, qu'une journée où, pendant dix-sept heures, la mort a plané sur 400000 hommes, doit être forcément décisive. Aussi je me préparai à la fin de la campagne, quand sur les hauteurs mêmes de Solferino j'entendis ces paroles de l'Empereur : « Espérons que « tant de sang ne sera point perdu pour le bonheur des « peuples! »

« Après la bataille de Marengo, qui fut bien loin pourtant d'égaler la bataille de Solferino en carnage, Napoléon Ier éprouva un de ces sentiments soudains et puissants, étrangers aux conseils de la politique, supérieurs peut-être aux inspirations mêmes du génie, un de ces sentiments qui éclosent sous les regards de Dieu, dans les parties les plus hautes et les plus mystérieuses de la conscience. « C'est sur le champ de bataille, écrivit-il à l'empereur d'Autriche, au milieu

Le général Dieu, mort des blessures reçues à Solferino.

« des souffrances d'une multitude de blessés, et environné de 15000 cadavres, que je conjure Votre « Majesté d'écouter la voix de l'humanité. » Cette lettre que nous a donnée tout entière un historien célèbre de nos jours, m'a vivement frappé. Celui qui l'avait tracée en fut lui-même ému et surpris. Sa surprise ne fut point mêlée toutefois du remords secret dont sont pénétrés, à ce qu'ils nomment leur réveil, ces hommes qui accusent leur esprit d'avoir mal dormi quand ils ont laissé s'accomplir quelque acte généreux de leur cœur. Il accepta, sous la forme imprévue où elle s'était offerte à lui, une pensée dont il comprenait et respectait la source.

« Or la source de la pensée qui arracha au vainqueur de Marengo cet étrange cri de pitié et de tristesse, la bataille de Solferino, suivant moi, la faisait de nouveau jaillir. Dans la maison dévastée, aux vitres brisées, aux chambres remplies de cartouches, où je couchai le soir du 25 juin, j'appris sur la bataille de la veille ces innombrables détails qui déterminent et complètent au fond de notre mémoire l'image de ces grandes actions. Je voudrais transcrire ici les noms de tous ceux dont on me raconta le trépas. Ces listes d'hommes tombés sous le ciel, les armes à la main, pour une de ces causes qui intéressent les masses, mais qui sont si étrangères à l'individu, ces listes m'ont toujours singulièrement remué. Je me surprends sans cesse à lire et relire une série de noms ignorés qui me semblent avoir gardé quelque chose des êtres passionnés qu'ils désignaient. Pour moi, c'est comme une poussière où je sens brûler une vertu que je voudrais saisir et montrer. Parmi ceux dont j'appris la mort avec la plus profonde et la plus respectueuse émotion, je dois mettre au premier rang un officier d'une famille anciennement alliée à la mienne, le colonel du 55e de ligne, Charles de Maleville. Le colonel de Maleville avait pris le drapeau de son régiment pour le porter en avant de ses soldats sous un de ces feux écrasants qui brisent parfois les plus héroïques efforts. Ce fut entre les plis de ce drapeau qu'une balle

Le colonel Jourjon, tué à la bataille de Solferino.

le frappa mortellement. Il y a dans une mort semblable une sorte de prédestination glorieuse. Comme ceux dont le dernier soupir s'exhale sur le crucifix, ceux qui meurent en embrassant le drapeau semblent associer dès ce monde leur nature défaillante à la nature d'un objet impérissable et sacré. Je sus aussi qu'il s'était accompli dans cette journée de Solferino un de ces faits saisissants et douloureux qu'on aurait attribués à quelque loi implacable dans les temps antiques, mais où la foi chrétienne nous apprend à ne voir qu'une mystérieuse élection. Le commandant Mennessier mourait le troisième de trois frères partis en même temps pour l'Italie. Louis et Stanislas Mennessier, l'un lieutenant-colonel, l'autre capitaine, avaient reçu des blessures mortelles à Magenta. Le 24 juin, à la fin de l'action, Alphonse Mennessier, déjà blessé au bras, tombait à son tour pour ne plus se relever. Jeunes, intelligents, bien doués, ces trois frères étaient entourés dans l'armée de la bienveillance particulière qu'inspirent un même sang animant plusieurs cœurs généreux, un même nom hardiment porté par les efforts réunis d'hommes vaillants. La famille que Dieu a choisie pour faire une si complète offrande mérite de ne pas être oubliée. Je souhaiterais que ma parole eût la vertu de ce sacrifice pour en conserver le souvenir.

« Je voudrais parler longuement de nos morts, mais je suis découragé par l'immense étendue d'un champ de bataille où gisent tant de cadavres qui me montreraient des visages familiers à mes yeux, si je venais à les retourner. Ma frêle barque sombrerait d'ailleurs si j'essayais d'y recueillir toutes les ombres que je reconnais, qui me regardent et par qui je me sens appelé [1]. »

« Celui qui parcourt cet immense théâtre des combats de la veille, dit un autre témoin oculaire, y rencontre à chaque pas et au milieu d'une confusion sans pareille, des désespoirs inexprimables et des misères de tout genre. Des régiments avaient mis sacs à terre, et leur contenu dans plus d'un bataillon a disparu, des paysans lombards s'étant emparés de tout ce qui leur est tombé sous la main : c'est ainsi que les chasseurs et les voltigeurs de la garde qui avaient déposé leurs havresacs près de Castiglione, pour monter plus facilement à l'assaut de Solferino, en allant au secours de la division Forey, et qui avaient couché dans les environs de Cavriana après avoir combattu jusqu'au soir en avançant toujours, courent le lendemain, de grand matin, à leurs sacs, mais ils les trouvent vides, on avait tout pris pendant la nuit ; la perte était cruelle pour ces militaires dont le linge et les vêtements d'uniforme sont salis et souillés, ou bien usés et déchirés, et qui se voient privés en même temps de leurs effets, peut-être de leurs modestes économies composant toute leur petite fortune, comme aussi d'objets d'affection, rappelant la famille et la patrie ou donnés par des mères, des sœurs, des fiancées.

« A ces scènes déplorables se mêlent des drames solennels ou pathétiques. Ici, c'est le vieux général le Breton qui erre à la recherche de son gendre, le général Douay, blessé, et qui a laissé sa fille, l'épouse du général Douay, à quelques lieues de distance, au milieu du tumulte et dans l'inquiétude la plus poignante. Là, c'est le corps du lieutenant-colonel de Neuchèze, qui, ayant vu son chef, le colonel Vaubert de Genlis, renversé de cheval et dangereusement blessé, avait été frappé d'une balle au cœur en s'élançant pour prendre le commandement. Non loin est le colonel de Genlis lui-même, agité par une fièvre ardente, et auquel on donne les premiers soins, et le sous-lieutenant de Selve de Sarran, de l'artillerie à cheval, qui, sorti depuis un mois de Saint-Cyr, va subir l'amputation du bras droit. Voilà un pauvre sergent-major des chasseurs de Vincennes qui a les deux jambes traversées par des balles, que je reverrai dans un hôpital de Brescia, que je retrouverai encore dans un des wagons de chemin de fer qui me reconduira de Milan à Turin, et qui doit mourir des suites de ses blessures en passant le mont Cenis. Le lieutenant de Guiseul, qu'on croyait mort, est relevé sur l'emplacement, où, tombé avec son dra-

1. Paul de Molènes, *Commentaires d'un soldat.*

peau, il était resté sans connaissance. Tout près, et comme au centre d'un abatis de lanciers et de chasseurs autrichiens, de turcos et de zouaves, et dans son élégant uniforme oriental, gît le cadavre d'un officier musulman, le lieutenant de tirailleurs algériens Larbi ben Lagdar, dont le visage hâlé et bruni repose sur la poitrine déchirée d'un capitaine illyrien à la casaque d'une blancheur éclatante ; ces monceaux de lambeaux humains exhalent une vapeur de sang. Le colonel de Maleville, si héroïquement blessé à la Casa-Nova, rend le dernier soupir ; on enterre le commandant de Pongibaud qui a succombé dans la nuit, et on retrouve le corps du jeune comte de Saint-Paër qui avait gagné, depuis une semaine à peine, son grade de chef de bataillon. C'est là que le brave sous-lieutenant Fournier, des voltigeurs de la garde, gravement blessé le jour précédent, termine à vingt ans sa carrière militaire ; engagé volontaire à dix ans, caporal à onze, sous-lieutenant à seize, il avait fait déjà deux campagnes en Afrique, et la guerre de Crimée où il avait été blessé au siège de Sébastopol. C'est aussi à Solferino que devait s'éteindre l'un des noms glorieux du premier Empire français dans la personne du lieutenant-colonel Junot, duc d'Abrantès, chef d'état-major du général de Failly.

« Le manque d'eau se fait de plus en plus sentir, les fossés sont desséchés, les soldats n'ont pour la plupart qu'une boisson malsaine et saumâtre pour apaiser la soif, et sur presque tous les points où l'on trouve une fontaine, des factionnaires, l'arme chargée, en gardent l'eau pour les malades ; près de Cavriana, un marécage, devenu infect, abreuve pendant deux jours vingt mille chevaux d'artillerie et de cavalerie. Ceux de ces animaux qui sont blessés, qui ont perdu leurs cavaliers et ont erré toute la nuit, se traînent vers des groupes de leurs camarades à qui ils semblent demander du secours ; on les achève avec une balle. L'un de ces nobles coursiers, magnifiquement harnaché, est venu se rendre au milieu d'un détachement français ; le porte-manteau, qui est demeuré fixé à la selle, contient des lettres et des objets qui font reconnaître qu'il a dû appartenir au valeureux prince d'Isembourg ; on cherche parmi les morts et l'on découvre le prince autrichien blessé et encore évanoui par la perte de son sang ; mais les soins les plus empressés qui lui sont prodigués par les chirurgiens français lui permettront plus tard de retourner dans sa famille, laquelle, privée de ses nouvelles et l'ayant considéré comme mort, en avait pris le deuil [1]. »

Il a paru, en 1865, un savant rapport de M. le docteur Chenu au Conseil de santé des armées, sur le service médical de l'armée d'Orient. Le docteur Chenu a complété son livre par des observations intéressantes recueillies pendant la guerre d'Italie. Il a tracé, au point de vue de la science, des tableaux qui, dans leur simplicité, sont plus poétiques que des descriptions ambitieuses, et nous mettent réellement devant les yeux le triste aspect des champs de bataille. J'en citerai quelques passages vraiment émouvants :

« Voici ce que nous avons observé à Magenta, le lendemain du champ de bataille : Il est très-positif qu'un grand nombre de morts conservent, en partie, l'attitude qu'ils avaient au moment où ils ont été frappés : preuve qu'on peut passer de la vie à la mort

1. H. Dunant, *Un souvenir de Solferino* (Genève, 1862).

instantanément, sans agonie, sans convulsions. Les morts frappés à la tête étaient généralement face contre terre; couchés ainsi à plat ventre, ils étaient placés tels quels sur le sol, et la roideur cadavérique n'avait rien changé à la position des membres. Aussi la plupart avaient-ils encore leur arme en main.

« Les blessures atteignant le cerveau, et qui le désorganisent au point de faire cesser la vie sur le coup, produisent ce remarquable effet de la contraction des membres, que la main qui tient l'arme n'a pas le temps de la lâcher. Les plaies de la tête offrent encore cette particularité que souvent, alors qu'on croit un blessé hors de danger, il meurt subitement, on pourrait dire par surprise. Pendant la bataille de Solferino, à l'ambulance de Médole, un chasseur à pied, blessé d'une balle à la tête, fut pansé par un de nos aides, M. Lambert. Il y avait perforation du crâne et la balle était profondément logée dans la pulpe cérébrale. Cependant le blessé avait toute son intelligence; il parlait presque avec indifférence de sa blessure, à tel point que, le pansement terminé, il s'étendit sur la paille comme ses camarades d'infortune, la tête haussée sur son sac, appuyé au mur de la ferme, bourra sa pipe et la fuma. Combien de temps? nous l'ignorons; mais quelque temps après on le trouva mort d'hémorrhagie cérébrale foudroyante, sans un cri, sans un seul mouvement, la pipe encore à la bouche.

« Les hommes frappés au cœur tombent et restent de la même manière que ceux qui sont frappés à la tête; cependant la mort, quoique prompte, n'est pas si instantanée qu'elle ne permette une attitude on pourrait dire active. Nous avons vu un zouave frappé en pleine poitrine; il était couché sur son fusil, qu'il tenait dans la position de la charge à la baïonnette, et sa face énergique était projetée en avant et dans une attitude menaçante. On nous a rapporté que l'Empereur aurait remarqué un cas de ce genre à Palestro, l'arme tenue encore en joue. Par opposition, non loin de là était un fantassin autrichien qui avait eu les vaisseaux cruraux du côté gauche coupés par une balle; il était mort d'hémorrhagie, la blessure et la masse de sang dans laquelle il baignait en étaient la preuve. Dans son agonie, quelle qu'ait pu être sa durée, il avait pris l'attitude de la supplication. Couché sur le dos, un peu penché à droite, il avait la face et les yeux tournés vers le ciel, les deux mains jointes et les doigts entrelacés et crispés. Cet homme semblait être mort en faisant sa prière.

« Dans les cas de blessures qui traversent et déchirent des organes aussi essentiels à la vie que le cerveau et le cœur, on se rend aisément compte des attitudes conservées par suite de mort instantanée; mais un blessé peut s'éteindre lentement, sans convulsions et en conservant la même position que de son vivant. C'était en Crimée : un soldat avait eu l'épaule gauche fracassée par une balle qui était allée se loger dans le sommet de la poitrine. Pansé, son bras avait été mis en écharpe. En entrant, le soir du 18 juin 1855, dans l'une des tentes où les blessés se plaçaient sur de la paille et des couvertures, il avait préféré, au lieu de se coucher, rester accroupi, les jambes croisées, comme le font les Arabes sur les nattes. Il tenait le coude gauche dans la main droite appuyée sur la cuisse, la tête penchée en avant, dans une attitude dolente. A notre visite du lendemain, après

avoir examiné les hommes qui le précédaient, nous arrivions à lui, quand ses deux proches voisins nous dirent: « Oh! nous croyons bien que celui-là n'a plus besoin de rien. » En effet, il était mort, et la rigidité cadavérique le maintenait tel qu'il s'était placé la veille.

« Dans le cas de blessures mortelles du bas-ventre, amenant plus ou moins lentement la mort, et l'agonie se prolongeant, dans d'intolérables douleurs, la face des morts est crispée, les mains et les avant-bras sont croisés et serrés sur le ventre, le corps plié et couché sur le côté. Nous citerons, à Magenta, un chasseur à pied qui avait les bras levés en avant, l'un en raccourci, l'autre projeté et les poings fermés; il avait combattu corps à corps dans une lutte suprême à Ponte-Vecchio di Magenta. Un hussard hongrois, tué en même temps que son cheval, était resté en selle, couché sur le côté droit, portant la pointe du sabre en avant, dans la position du cavalier qui charge. A Melegnano, théâtre du combat du 8 juin au soir, plusieurs soldats français chargeant à la baïonnette étaient tombés mortellement frappés par la mitraille, et restés tels quels, c'est-à-dire face contre terre, arme aux poings, baïonnette en avant.

« A Magenta, parmi les cadavres qui jonchaient le sol de la rive gauche du Tessin (Naviglio grande), nous avons remarqué plusieurs officiers autrichiens. Quelques-uns avaient une figure distinguée, étaient mis avec recherche et une exquise propreté. Ces belles têtes blondes, bien différentes par la régularité de leurs traits de la plupart de celles de leurs soldats, avaient une expression de bravoure résignée.

« Nous venons d'énumérer quelques-unes des impressions saisies rapidement sur le champ de bataille; mais de tous les spectacles, le plus saisissant se trouvait dans la contemplation, le soir à Magenta, des amoncellements de cadavres apportés au bord de longues et profondes tranchées qu'on creusait pour les inhumer. La plupart de ces figures d'hommes étaient pâles, sans doute, mais elles n'étaient pas livides; il y avait surtout chez nos Français, fantassins, cavaliers, chasseurs à pied, artilleurs, zouaves, tant d'énergique expression sur leurs mâles figures, tant de vie dans la mort, si on peut parler ainsi, qu'on eût été tenté de crier à leurs camarades qui creusaient les fosses : Pas encore! attendez! attendez! — Aussi, quand on a été témoin de ces lugubres mais émouvants spectacles, on voit quelles lacunes, quels défauts entachent la plupart des tableaux des peintres de batailles. Leurs morts venant d'être frappés sont parfois représentés livides et verdâtres, pour ne pas dire pétrifiés ou dans un affaissement physique indiquant l'affaissement moral et le désespoir, alors que le plus souvent un héroïque courage, les ayant soutenus jusqu'au dernier soupir, a fait taire sur leur physionomie jusqu'à la moindre trace de douleur physique[1]. »

Le docteur Chenu, parlant des blessés, conclut à l'insuffisance du service des ambulances comme un livre de M. Dunant qui a vivement retracé les souffrances

---

1. Rapport du docteur Chenu au Conseil de santé des armées sur le service médical de l'armée d'Orient, publié en 1865. — Ce rapport, qui a fait sensation, a constaté que la guerre de Crimée avait coûté à la France 95 000 hommes morts du feu de l'ennemi et de maladies. Les Russes ont perdu plus de 600 000 hommes. De pareils chiffres plaident avec trop d'éloquence contre la guerre pour qu'il soit besoin d'y insister.

Campagne d'Italie. — Convoi de blessés

de nos pauvres blessés de Solferino. M. Dunant suivait l'armée en touriste et il a pu voir de ses yeux combien, dans de pareils chocs d'armée, le zèle admirable et le dévouement de nos médecins militaires est impuissant

Campagne d'Italie. — Ambulance établie au pied de Solférino.

en présence de la quantité effrayante de blessures à soigner et combien les privations d'une armée en campagne aggravent la position des malheureuses victimes du feu de l'ennemi.

« Voici, dit M. Dunant, auquel nous allons emprunter ce douloureux récit, la longue procession des voitures de l'intendance, chargées de soldats, de sous-officiers et d'officiers de tous grades confondus ensemble, cavaliers, fantassins, artilleurs, tout sanglants, exténués, déchirés, couverts de poussière; puis des mulets arrivant au trot, et dont l'allure arrache à chaque instant des cris aigus aux malheureux blessés qu'ils portent. La jambe de l'un est fracassée et semble être presque détachée de son corps, chaque cahot de la charrette qui l'emmène lui cause de nouvelles souffrances; un autre a un bras cassé, et avec celui qui lui reste il soutient et préserve le membre fracturé; un caporal a le bras gauche traversé par la baguette d'une fusée à la congrève, il la retire lui-même, et cette opération faite, il s'en sert en guise de canne pour s'aider à gagner Castiglione; plusieurs expirent en route, leurs cadavres sont déposés sur le bord du chemin, on viendra plus tard les enlever.

« De Castiglione, les blessés devaient être conduits dans les hôpitaux de Brescia, de Crémone, de Bergame et de Milan, pour y recevoir des soins réguliers ou y subir les amputations nécessaires. Mais les Autrichiens ayant enlevé, à leur passage, presque tous les chars du pays par leurs réquisitions, et les moyens de transport étant insuffisants en proportion de la masse des blessés, on fut obligé de les faire attendre deux ou trois jours, avant même de pouvoir les diriger sur Castiglione, où l'encombrement fut bientôt indescriptible. L'hôpital de Castiglione, le cloître et la caserne San Luigi, l'église des Capucins, la caserne de gendarmerie, les églises Maggiore, San Giuseppe, Santa Rosalia, sont remplis de blessés qui y sont entassés et couchés sur de la paille. Dans les rues, dans les cours, sur les places, on a établi à la hâte, ici des couvertures en planches, là, tendu des toiles, pour préserver du soleil les blessés qui arrivent de tous les côtés à la fois. Les maisons particulières ne tardent pas à être elles-mêmes occupées : officiers et soldats y sont reçus par les propriétaires qui s'empressent de leur procurer tous les adoucissements en leur pouvoir, quelques-uns d'entre eux courent tout effarés, par les rues, à la recherche d'un médecin pour leurs hôtes; d'autres vont et viennent par la ville, d'un air désolé, en demandant avec instances qu'on enlève de chez eux des cadavres dont ils ne savent comment se débarrasser....

« Pendant la journée du samedi, le nombre des convois de blessés devient si considérable que l'administration, les habitants, et le détachement de troupes laissé à Castiglione sont absolument incapables de suffire à tant de misères. Alors commencent des scènes aussi lamentables que celles de la veille, quoique d'un genre tout différent : il y a de l'eau et des vivres, et pourtant les blessés meurent de faim et de soif; il y a de la charpie en abondance, mais pas assez de mains pour l'appliquer sur les plaies; la plupart des médecins de l'armée ont dû partir pour Cavriana, les infirmiers font défaut, et les bras manquent dans ce moment si critique....

« Sur les dalles des hôpitaux ou des églises de Castiglione ont été déposés, côte à côte, des hommes de toutes nations, Français et Arabes, Allemands et Slaves; il en est qui, provisoirement enfouis au fond des chapelles, n'ont plus la force de remuer ou qui ne peuvent bouger de l'espace étroit qu'ils occupent.

« Quoique chaque maison soit devenue une infirmerie, et que chaque famille ait assez à faire de soigner les officiers qu'elle a recueillis, j'avais néanmoins réussi, dès le dimanche matin, à réunir un certain nombre de femmes du peuple qui secondent de leur mieux les efforts que l'on fait pour venir au secours des blessés; il ne s'agit en effet ni d'amputations ni d'aucune autre opération, mais de donner à manger et avant tout à boire à des gens qui meurent littéralement de faim et de soif, puis il faut panser leurs plaies, laver ces corps sanglants, couverts de boue ou de vermine, et faire tout cela au milieu d'exhalaisons fétides et nauséabondes, dans une atmosphère brûlante, à travers des lamentations et des hurlements de douleur....

« D'énormes ballots de charpie ont été posés ici et là, chacun peut en user en toute liberté, mais les bandelettes, les linges, les chemises font défaut; les ressources, dans cette petite ville où a passé l'armée autrichienne, sont si chétives que l'on ne peut plus se procurer même les objets de première nécessité; j'y achète pourtant des chemises neuves par l'entremise de ces braves femmes qui ont déjà apporté et donné tout leur vieux linge, et le lundi matin j'envoie mon cocher à Brescia pour y chercher des provisions; il en revient quelques heures après, avec son cabriolet chargé d'éponges, de bandes de toile, d'épingles, de cigares et de tabac, de camomille, de mauves, de sureau, d'oranges, de sucre et de citrons, ce qui permet de donner une limonade rafraîchissante, de laver les plaies avec de l'eau de mauves, d'appliquer des compresses tièdes et de renouveler les bandages des pansements.

« En attendant, nous avons gagné quelques recrues qui se joignent à nous : c'est un vieil officier de marine, puis deux touristes anglais qui, voulant tout voir, sont entrés dans l'église et que nous retenons et gardons presque de force; deux autres Anglais se montrent, au contraire, dès l'abord, désireux de nous aider: ils distribuent des cigares aux Autrichiens. Un abbé italien, trois ou quatre voyageurs et curieux, un journaliste de Paris, qui se charge ensuite de distribuer les secours dans une église voisine, et quelques officiers dont le détachement a reçu l'ordre de rester à Castiglione, nous prêtent leur assistance. Mais bientôt l'un de ces militaires se sent malade d'émotion, et plusieurs de nos autres infirmiers volontaires se retirent successivement, incapables de supporter l'aspect de souffrances qu'ils ne peuvent que si faiblement soulager; l'abbé a suivi leur exemple, mais il reparaît pour nous faire respirer, par une attention délicate, des herbes aromatiques et des flacons de sels; un jeune touriste français, oppressé par la vue de ces débris vivants, éclate soudainement en sanglots; un négociant de Neuchâtel se consacre pendant deux jours à panser les plaies et à écrire pour les mourants des lettres d'adieux à leurs familles. On est obligé de calmer l'exaltation compatissante d'un Belge, qui était montée à un tel degré que l'on craignait qu'il ne fût pris d'un accès de fièvre chaude, semblable à celui dont fut atteint, à côté de nous, un sous-lieutenant qui arrivait de Milan, pour rejoindre le corps dont il faisait partie. Quelques soldats du détachement laissé en garnison dans la ville essayent de secourir leurs camarades, mais ils ne peuvent non plus soutenir un spectacle qui abat leur moral en frappant trop vivement leur imagination. Un caporal du génie, blessé à Magenta, à peu près guéri, retournant au bataillon et auquel sa feuille de route accorde quelques jours, nous accompagne et nous aide avec courage, quoique deux fois de suite il s'évanouisse. On utilise, pour le service des hôpitaux, des prisonniers bien portants, et trois médecins autrichiens viennent nous seconder. Un chirurgien allemand, resté généreusement sur le champ de bataille pour panser les blessés de sa nation, se dévoue à ceux des deux armées....

« Ne me laissez pas mourir! » s'écriaient quelques-uns de ces malheureux qui, après m'avoir saisi la main avec une vivacité extraordinaire, expiraient dès que cette force factice les abandonnait. Un jeune caporal d'une vingtaine d'années, à la figure douce et expressive, a reçu une balle dans le flanc gauche, son état ne laisse plus d'espoir, et il le comprend lui-même; aussi après que je l'ai aidé à boire, il me remercie, et, les larmes aux yeux, il ajoute : « Ah! Monsieur, si vous pouviez écrire à mon père, qu'il console ma mère! » Je pris l'adresse de ses parents, et peu d'instants après il avait cessé de vivre. « Je ne veux pas mourir, je ne veux pas mourir! » disait avec une énergie farouche un grenadier de la garde, plein de force et de vigueur trois jours auparavant, mais qui, blessé à mort et sentant bien que ses moments étaient irrévocablement comptés, regimbait et se débattait contre cette sombre certitude; je lui parle, il m'écoute, et cet homme, adouci, apaisé, consolé, finit par se résigner à mourir avec la simplicité et la candeur d'un enfant. Voyez là-bas au fond de l'église, dans l'enfoncement d'un autel à gauche, ce chasseur d'Afrique couché sur la paille : trois balles l'ont frappé, une au flanc droit, une à l'épaule gauche et la troisième est restée dans la jambe droite; nous sommes au dimanche, et il affirme n'avoir rien mangé depuis le vendredi; il est dégoûtant de boue séchée et de grumeaux de sang, ses vêtements sont déchirés, sa chemise est en lambeaux; après avoir lavé ses plaies, lui avoir fait prendre un peu de bouillon, et après que je l'ai enveloppé dans une couverture, il porte ma main à ses lèvres avec la plus profonde gratitude.

« A l'entrée de l'église est un Hongrois qui crie sans trêve ni repos, réclamant en italien et avec un accent déchirant un médecin : ses reins, son dos, ses épaules ont été labourés par des éclats de mitraille et comme sillonnés par des crocs de fer.

« Ici contre le mur, environ une centaine de soldats et de sous-officiers français, pliés chacun dans sa couverture, sont rapprochés sur deux rangs parallèles : on peut passer entre ces deux files; ils ont tous été pansés, la distribution des soupes a eu lieu, ils sont calmes et paisibles, ils me suivent des yeux : toutes ces têtes se tournent à droite si je vais à droite, à gauche si je vais à gauche, et une sincère reconnaissance se peint sur leur figure étonnée. Un Autrichien, âgé de dix-neuf ans, qui se trouve, avec une quarantaine de ses compatriotes, dans la partie la plus reculée de l'église, est depuis trois jours sans nourriture; il a perdu un œil, il tremble de fièvre et ne peut plus parler : à peine a-t-il la force de prendre un peu de bouillon; nos soins le raniment, et vingt-quatre heures plus tard on peut le diriger sur Brescia. Un autre prisonnier, en proie à la fièvre, attire les re-

gards; il n'a pas vingt ans et ses cheveux sont tout blancs; c'est qu'ils ont blanchi le jour de la bataille...

« Les femmes de Castiglione, voyant que je ne fais aucune distinction de nationalité, suivent mon exemple en témoignant la même bienveillance à tous ces hommes d'origines si diverses, et qui leur sont tous également étrangers. « Tutti fratelli, » répétaient-elles avec émotion. Honneur à ces femmes compatissantes, à ces jeunes filles de Castiglione! rien ne les a rebutées, lassées ou découragées et leur dévouement modeste n'a voulu compter ni avec les fatigues, ni avec les dégoûts, ni avec les sacrifices. Dans tous les bourgs situés sur la route qui conduit à Brescia, les villageoises sont assises devant leurs portes, faisant silencieusement de la charpie : lorsqu'un convoi arrive, elles montent sur les voitures, elles changent les compresses, elles lavent les plaies, renouvellent la charpie, qu'elles imbibent d'eau fraiche, et elles versent des cuillerées de bouillon, de vin ou de limonade dans la bouche de ceux qui n'ont plus la force de lever ni la tête ni les bras.

« Les convois sont composés de chariots grossiers, trainés par des bœufs qui marchent bien lentement sous un soleil brûlant et dans une poussière telle que le piéton sur la route enfonce jusqu'au-dessus de la cheville du pied dans ses flots mouvants; lors même que ces véhicules, si mal commodes, sont garnis de branches d'arbres, celles-ci ne préservent que bien imparfaitement de l'ardeur d'un ciel de feu, les blessés qui sont, pour ainsi dire, empilés les uns sur les autres.

« A Brescia, tout est converti en hôpitaux : églises, palais, couvents, colléges, maisons particulières; quinze mille lits y ont été improvisés, en quelque sorte, du jour au lendemain pour les victimes de Solferino; le peuple vient en foule auprès des blessés, et les femmes de toutes les classes leur apportent à profusion des oranges, des gelées, des biscuits, des bonbons et des friandises. Pendant plusieurs jours de suite, et sans distinction de nationalités, je distribue du tabac, des pipes et des cigares dans les églises et les hôpitaux, où l'odeur du tabac, fumé par des centaines d'hommes, était très-utile pour combattre les exhalaisons méphitiques, résultant de l'agglomération de tant de malades dans des locaux étouffants de chaleur; tout ce qu'il y avait de tabac à Brescia finit bien vite par s'épuiser, et l'on fut obligé d'en faire venir de Milan; c'était la seule chose qui diminuât les appréhensions des blessés avant l'amputation d'un membre; beaucoup ont été opérés la pipe à la bouche, et plusieurs sont morts en fumant....

« Dans l'hôpital de Saint-Clément, une noble dame de Brescia s'emploie avec une sainte abnégation à soigner les amputés; les soldats français en parlent avec enthousiasme; les détails les plus rebutants ne l'arrêtent point. « Sono madre, » me dit-elle avec une simplicité sublime : Je suis mère! Ce mot révélait tout ce que son dévouement avait de complet et de maternel. A côté des habitants de Brescia, quelques Français en passage, des Suisses et des Belges, qui étaient venus offrir leurs services. A Plaisance, dont les trois hôpitaux étaient administrés par des particuliers et par des dames faisant l'office d'infirmiers et d'infirmières, l'une de ces dernières, une jeune demoiselle, que sa famille suppliait de renoncer à y passer ses journées à cause des fièvres pernicieuses et

Vue de [illegible]ouc.

contagieuses qui y régnaient, continuait néanmoins la tâche qu'elle s'était imposée, de si bon cœur et avec un entrain si aimable, qu'elle était vénérée de tous les soldats : « Elle met, disaient-ils, de la joie dans l'hô-pital. »

« Des étudiants en médecine étaient accourus de Bologne, de Pise et d'autres villes d'Italie; un chirurgien anglo-américain, de Toronto, dans le Haut-Canada, vint exprès de Strasbourg apporter son concours aux chirurgiens dévoués de l'armée alliée. Certes si ceux qui tuent peuvent prétendre à des titres de gloire, ceux qui guérissent, et souvent au péril de leur vie, méritent bien l'estime et la reconnaissance!

« L'une des grandes dames de Milan, portant un nom historique, avait mis à la disposition des blessés un de ses palais, avec cent cinquante lits. Parmi les soldats logés dans ce magnifique hôtel se trouvait un grenadier du 70e, qui, ayant subi une amputation, était en danger de mort. Cette dame, cherchant à consoler le blessé, lui parlait de sa famille; celui-ci raconta qu'il était le fils unique de paysans du département du Gers, et que tout son chagrin était de les laisser dans la misère, puisque lui seul aurait pu pourvoir à leur subsistance; il ajouta que ç'aurait été pour lui une grande consolation d'embrasser sa mère avant de mourir. Cette dame, sans lui communiquer son projet, se décide subitement à quitter Milan, elle monte en chemin de fer, se rend dans le département du Gers auprès de cette famille dont elle a obtenu l'adresse, s'empare de la mère du blessé après avoir laissé deux mille francs au vieux père infirme, emmène la pauvre paysanne avec elle à Milan, et, six jours après la conversation de cette dame avec le grenadier, le fils embrassait sa mère en pleurant et en bénisant sa bienfaitrice.

« Combien eussent été précieux dans ces villes de la Lombardie quelques centaines d'infirmiers et d'infirmières volontaires expérimentés et bien qualifiés pour une pareille œuvre! ils auraient rallié autour d'eux des secours épars et des forces disséminées qui auraient eu besoin presque partout d'une direction plus éclairée, car non-seulement le temps manquait à ceux qui étaient capables de conseiller et de conduire, mais les connaissances et la pratique faisaient défaut à la plupart de ceux qui ne pouvaient apporter que leur dévouement individuel, par conséquent insuffisant et bien souvent stérile. En effet, que pouvait faire, en face d'une œuvre si grande et si pressante, une poignée de personnes isolées, de quelque bonne volonté qu'elles fussent animées[1]. »

M. Dunant ne s'est pas borné à exciter la pitié universelle en faveur des blessés par ses touchants récits. Il a provoqué, avec l'aide de la Société genevoise d'utilité publique, la formation, dans les divers pays, de comités chargés de préparer des secours pour les victimes de la guerre. Une conférence internationale eut lieu à Genève en 1863, et du 8 au 12 août 1864, s'est tenu à Genève un congrès pacifique où fut adopté *le Traité dit de Genève*. L'empereur Napoléon III con-

tribua puissamment à faire réussir l'œuvre de la conférence de Genève, et le 23 juillet 1865 il a promulgué en France le traité de Genève :

Art. 1er. Les ambulances et les hôpitaux militaires seront reconnus neutres, et, comme tels, protégés et respectés par les belligérants, aussi longtemps qu'il s'y trouvera des malades et des blessés. La neutralité cesserait si ces ambulances ou ces hôpitaux étaient gardés par une force militaire.

Art. 2. Le personnel des hôpitaux et des ambulances, comprenant l'intendance, les services de santé, d'administration, de transport de blessés, ainsi que les aumôniers, participera au bénéfice de la neutralité, lorsqu'il fonctionnera, et tant qu'il restera des blessés à relever ou à secourir.

Art. 3. Les habitants du pays qui porteront secours aux blessés seront respectés et demeureront libres. Les généraux des puissances belligérantes auront pour mission de prévenir les habitants de l'appel fait à leur humanité et de la neutralité qui en sera la conséquence. Tout blessé recueilli et soigné dans une maison y servira de sauvegarde. L'habitant qui aura recueilli des blessés chez lui sera dispensé du logement des troupes, ainsi que d'une partie des contributions de guerre qui seraient imposées.

Art. 4. Les militaires blessés ou malades seront recueillis et soignés, à quelque nation qu'ils appartiendront.

Art. 5. Un drapeau distinctif et uniforme sera adopté pour les hôpitaux, les ambulances et les évacuations; il devra être, en toute circonstance, accompagné du drapeau national. Un brassard sera également admis pour le personnel neutralisé. Le drapeau et le brassard porteront croix rouge sur fond blanc.

Ce traité a été adopté par les États suivants : Bade, Belgique, Danemark, Espagne, États-Unis, France, Grande-Bretagne, Hesse grand-ducale, Italie, Pays-Bas, Portugal, Prusse, Saxe-Royale, Suède, Norvége, Suisse et Wurtemberg. Le protocole reste ouvert et il est probable que tous les autres États adhéreront à ces clauses si profitables à l'humanité.

On n'avait point cependant attendu si longtemps pour s'occuper des blessés. Comme à l'époque de la guerre d'Orient un noble élan de sympathie et de générosité s'était manifesté dans le pays. Dès le commencement de la guerre, l'initiative de l'Impératrice-régente fit appel à la charité des dames françaises; l'administration recueillit aux mairies des communes de l'Empire les dons nombreux de draps, de linge et de charpie qu'on apportait pour les malades. Une souscription nationale s'organisa pour venir en aide aux blessés, aux veuves et aux orphelins que coûtait la glorieuse campagne. Elle atteignit plus de cinq millions. L'Impératrice en affecta une partie à la fondation d'une *Caisse des offrandes nationales*, exclusivement destinée à secourir les militaires blessés et leurs familles. En soulageant le présent, on préparait des ressources pour l'avenir : d'une générosité passagère on faisait un trésor permanent, de l'élan d'un jour naissait une institution destinée à faire le bien tous les jours.

<hr>

1. H. Dunant, *Un souvenir de Solferino.*

CHAPITRE XIX.

VILLAFRANCA

§ 1. PASSAGE DU MINCIO PAR L'ARMÉE FRANÇAISE (1er JUILLET); JONCTION DU 5e CORPS AVEC L'ARMÉE PRINCIPALE; LA FLOTTE DEVANT VENISE.

« Soldats, dit l'empereur Napoléon à son armée le 25 juin, l'ennemi croyait nous surprendre et nous rejeter au delà de la Chiese; c'est lui qui a repassé le Mincio. Vous avez dignement soutenu l'honneur de la France, et la bataille de Solferino égale et dépasse même les souvenirs de Lonato et de Castiglione. Pendant douze heures vous avez repoussé les efforts désespérés de plus de 150 000 hommes. Ni la nombreuse artillerie de l'ennemi, ni les positions formidables qu'il occupait sur une profondeur de trois lieues, ni la chaleur accablante n'ont arrêté votre élan. La patrie reconnaissante vous remercie par ma bouche de tant de persévérance et de courage; mais elle pleure avec moi ceux qui sont morts au champ d'honneur. Nous avons pris 2 drapeaux, 30 canons et 6000 prisonniers. L'armée sarde a lutté avec la même bravoure contre des forces supérieures; elle est bien digne de marcher à vos côtés. Soldats! *tant de sang versé ne sera pas inutile pour la gloire de la France et pour le bonheur des peuples.* »

Cette victoire devait être en effet la dernière de la campagne, et l'armée allait, par un rare exemple de modération, être arrêtée subitement dans sa marche triomphante. Il ne nous reste plus qu'à raconter le brusque dénoûment de cette campagne, non moins dramatique dans sa conclusion que dans ses diverses péripéties.

Du 25 juin au 28, les soldats prirent un repos indispensable. On ne pouvait non plus, sans s'exposer à la disette, se lancer rapidement en avant dans ces pays vraiment dépouillés. « Il faut, écrivait un correspondant, avoir passé vingt-quatre heures dans un village italien de trois ou quatre cents habitants, occupé par l'état-major d'une armée de 150 000 hommes pour se faire une idée de la difficulté qu'on éprouve, je ne dis pas à vivre, mais à se procurer seulement un verre d'eau. Si vous le comparez au paysan italien, le plus pauvre paysan français est un seigneur. Dans ces chaumières de Lombardie, on ne trouve ni chaises, ni table, ni un verre, ni une assiette, ni rien de ce qui constitue ordinairement un mobilier. Les quatre murs, un foyer éteint, un chaudron et un baquet plein d'eau, qui sert d'abreuvoir à toute la famille; telle est l'ordinaire richesse de ces pauvres gens, qui se nourrissent exclusivement de laitage, de fruits et d'une certaine substance composée de maïs, de sel et d'eau appelée *polenta*. Tant qu'un paysan lombard a de la polenta, il est le plus heureux des hommes; mais quand la polenta vient à manquer!... Et c'est ce qui arrive ici et dans les villages environnants depuis une huitaine de jours: l'armée autrichienne ne trouvant pas assez de foin pour nourrir sa cavalerie, a fait main basse sur le maïs. » L'armée cependant ne manque de rien; elle a ses rations, sa distribution quotidienne de vin et de café; grâce au service régulier des convois venant de France, elle est complétement fournie partout où elle campe.

« Chaque division en marche est suivie d'un troupeau de bœufs. A peine installés dans leur campement, les soldats se divisent la besogne: ceux-ci creusent la terre et improvisent un fourneau; ceux-là vont chercher le bois; ceux-là préparent la marmite, qu'on remplit de légumes ramassés un peu partout, pendant que les bouchers font leur œuvre. Au bout de deux heures, toute la division a du bouillon et de la viande. Il n'y a pas à craindre que la viande se corrompe: elle marche derrière les soldats, et on tue les bœufs sur place au fur et à mesure des besoins. Ce service est donc merveilleusement organisé. Là où l'armée autrichienne, qui écrasait le pays de réquisitions, mourait de faim, la nôtre vit comparativement dans l'abondance.

« Cette bonne nourriture du soldat entretient sa santé et sa gaieté, et lui permet d'être toujours prêt à combattre; mais vous comprenez combien de soins il faut prendre pour que les convois qui viennent de si loin, arrivent chaque jour à l'heure dite.

« On a été tout surpris à Paris qu'immédiatement après la bataille de Solferino on n'eût pas traversé le Mincio. La difficulté de nourrir une armée de 150 000 hommes n'est pas mince. Les convois ne pouvant précéder l'armée dans un pays occupé par l'ennemi, il résulte que si cette armée se fût lancée le 24 au soir à la poursuite des Autrichiens derrière le Mincio, elle serait restée sans vivres pendant quatre ou cinq jours. L'armée française aurait traversé le Mincio trois jours plus tôt, mais il est certain qu'elle serait morte littéralement de faim trois jours après [1]. »

Le 1er juillet, l'armée française passa le Mincio et entra dans le fameux quadrilatère. L'ennemi ne songea nullement à l'inquiéter. L'empereur François-Joseph avait concentré toutes ses armées autour de Vérone, et se tenait sur une redoutable défensive. Le célèbre quadrilatère, on le sait, est formé par les places fortes de Peschiera et de Mantoue sur le Mincio, de Vérone et de Legnano sur l'Adige. Par le fait seul de la victoire de Solferino et du passage du Mincio, deux de ces places, Peschiera et Mantoue, se trouvaient fort compromises; aussi l'empereur d'Autriche ne comptait guère que sur la résistance de Vérone dont les fortifications depuis longtemps augmentées avaient fait une des places les plus capables de soutenir un long siége. L'empereur Napoléon se trouvait, dans cette guerre, singulièrement gêné par les circonstances: il ne pouvait tourner le quadrilatère au nord par les montagnes

---

1. Edmond Texier, *Chronique de la guerre d'Italie.*

Passage du Mincio (1er juillet 1859). (Page 63, col. 2.)

du Tyrol, car il aurait traversé une province autrichienne unie à la Confédération germanique, et aurait donné lieu à l'Allemagne d'intervenir. Elle n'y était déjà que trop disposée. Il se résolut à attaquer de front ; mais avant de marcher sur Vérone, il décida qu'on enlèverait Peschiera à l'ennemi. Les troupes sardes devaient faire l'investissement sur la rive droite du Mincio, tandis que l'armée française exécuterait l'attaque proprement dite par la rive gauche. On pressa l'arrivée du parc de siége. Garibaldi avec ses chasseurs des Alpes, Cialdini avec sa division observaient les débouchés des Alpes, afin d'empêcher l'ennemi de descendre sur nos derrières. L'Empereur avait, de plus, appelé à lui une nouvelle division, la division d'Hugues qui devait appuyer Cialdini et Garibaldi. Sur notre gauche, nous étions donc garantis et nous espérions nous emparer promptement de Peschiera. Sur notre droite débouchait le corps d'armée du prince Napoléon, arrivé à Goïto le 3 juillet.

Le cinquième corps, nous l'avons vu, avait dû se former en Toscane. La retraite des Autrichiens au delà de toutes les lignes de défense de la Lombardie, retraite que la présence de ce corps d'armée ne contribua pas peu à précipiter, changea son rôle : il reçut l'ordre de rejoindre l'armée principale. Parti de Massa, le 19 juin, il se dirigea sur Parme et devait franchir le Pô à Casal Maggiore, c'est-à-dire le plus près possible de Mantoue. Le général d'Autemarre, avec sa division, avait suivi une autre route et traversé le Pô à Plaisance. Il fut chargé de préparer les ponts destinés au passage du cinquième corps. Ce passage était une opération peu facile, si l'on songe qu'à Casal Mag-

giore, le fleuve a 800 mètres de largeur. On ramassa tous les bateaux qu'on put trouver et enfin, après un travail des plus pénibles, on établit un pont de 950 mètres de long sur lequel nos troupes défilèrent du 28 au 30 juin. Le 3 juillet, le prince Napoléon arrivait à Goïto avec ses vingt-cinq mille hommes de troupes fraîches, renfort important qu'on accueillit avec joie, mais que les circonstances devaient, au grand regret de ces régiments, rendre inutile.

La flotte aussi allait éprouver une amère déception, car elle se préparait à prendre part à la lutte lorsque

Le contre-amiral Jurien de la Gravière.

la lutte finit tout à coup. Elle avait reçu mission d'attaquer Venise.

Nos forces navales dans l'Adriatique comprenaient dix vaisseaux de ligne et quatre frégates à hélice, sans compter deux vaisseaux et deux frégates, détachés depuis l'ouverture des hostilités, sous le commandement du contre-amiral Jurien de la Gravière pour assurer le blocus effectif de Venise. De plus, à cause de la nature des eaux où nous devions opérer, on avait créé une nouvelle escadre qui, sous le nom de flotte de siége, se composait de quatre frégates à roues et de vingt-cinq batteries flottantes et canonnières, pour la

plupart d'un faible tirant d'eau, bardées de fer par le travers ou par l'avant, c'est-à-dire admirablement propres à démanteler des fortifications.

« Le 30 juin, dit l'amiral Romain Desfossés, dans son rapport au ministre de la marine, toutes nos forces, après des difficultés de navigation que les marins devinent, et qu'il est inutile par conséquent d'énumérer à Votre Excellence, étaient réunies à Antivari, où elles se ravitaillaient en charbon. J'y avais été rallié la veille par une division navale sarde, composée de deux frégates à hélice et de trois corvettes et avisos à roues. Du 30 au soir au 1er juillet à midi toute la flotte partit d'Antivari par groupes, comme elle y était venue ; mais le premier de ces groupes que je conduisais, et que je dirigeais avec toute la rapidité possible vers le fond de l'Adriatique, où j'avais mission de m'emparer de l'île de Lossini, était composé en vue d'une résistance à vaincre, des vaisseaux *la Bretagne* et *le Redoutable* ; des frégates *le Mogador* et *l'Isly* ; d'une frégate sarde, de huit canonnières et d'une batterie flottante.

« L'île de Lossini, située à l'entrée de l'archipel de Quarnero, est un point central entre Venise, Trieste, Pola, Fiume et Zara, qui sont les principaux établissements maritimes de l'Autriche sur le littoral de la Vénétie, de l'Illyrie, de l'Istrie, de la Hongrie et de la Dalmatie. La possession de cette île était pour nous d'une importance extrême, et devait nous assurer une excellente base d'opérations. L'ennemi ne pouvait manquer de le comprendre, et nous devions dès lors penser qu'il chercherait à nous opposer une résistance que nous étions d'ailleurs en mesure de briser. Il n'en fut rien ; et, soit crainte de nous laisser une garnison prisonnière, soit plutôt impuissance de se garder sur toute l'étendue des côtes menacées par la flotte alliée, les Autrichiens avaient complétement abandonné à elle-même la nombreuse population de Lossini et désarmé les tours Maximiliennes qui dominent la ville et le port Augusto. Après avoir substitué, sur la ville et sur les tours de Lossini, les couleurs françaises et piémontaises à celles de l'Autriche, je fis savoir aux habitants que je les traiterais comme des compatriotes, si, de leur côté, ils nous assistaient de toutes leurs ressources. Je fus compris de cette population essentiellement pacifique et commerçante ; aussi je jugeai à propos de ne pas user du droit que j'avais de confisquer 14 ou 15 navires de commerce mouillés dans le port, après m'être assuré qu'ils étaient bien la propriété d'habitants de l'île.

« Alors commencèrent les préparatifs de l'attaque des côtes de la Vénétie. Les batteries flottantes reçurent le complément de leur artillerie et se démâtèrent entièrement, afin d'être moins vulnérables aux coups de l'ennemi ; les canonnières en firent autant. Le commandant Bourgeois, du *Mogador*, faisait en même temps et avec succès, des essais répétés de puissants pétards sous-marins pour faire sauter des estacades imitées de celles qui barraient l'entrée des trois ports de Venise : Chioggia, Malamocco et Lido.

« Trois jours à peine avaient suffi pour nous établir fortement à Lossini. Des magasins, loués en ville, se remplissaient de nos approvisionnements en vivres, en charbon ; des appareils distillatoires se montraient sur la plage, pour nous fournir de l'eau par la distillation de l'eau de mer ; enfin, un hôpital de 120 lits, placé à terre avec nos ressources, recevait les malades des bâtiments de la flottille, tandis que nous disposions un des transports mixtes de la flotte pour recevoir les blessés e jour du combat.

« Pendant qu'une partie de nos infatigables mateaccomplissaient ces travaux de première urgence, autres complétaient le charbon des bâtiments, déaient et démâtaient les batteries blindées, ainsi que petites canonnières, travaillaient à établir sur des *accoii* capturés des mortiers de 0,32 centimètres Votre Excellence m'avait accordés avant mon dé de Toulon. Le 6 juillet, deux grands transports es arrivaient à Lossini m'apportant, dans le mo-

ment le plus opportun, les 3000 hommes d'infanterie de ligne faisant partie des troupes que l'Empereur avait ordonné d'adjoindre à l'expédition. Je les fis immédiatement répartir sur les vaisseaux ; j'appris en même temps que le général de division de Wimpffen venait, par ordre de Sa Majesté, pour prendre le commandement des troupes de débarquement. Le 7, un aviso que j'avais envoyé à Rimini porter une dépêche télégraphique par laquelle je rendais compte à Votre Excellence de la prise de possession de Lossini et lui demandais les ordres de l'Empereur, rentra au port Augusto, porteur d'une dépêche qui y attendait l'arrivée de l'escadre, et par laquelle l'Empereur m'ordonnait d'attaquer les défenses extérieures de Venise. La flotte était prête, je fixai le départ au lendemain matin 8 juillet.

« Le 8 juillet, au point du jour, la flotte était sous vapeur et sortait de Lossini lorsque parut le vaisseau *l'Eylau*, expédié la veille au soir par le contre-amiral Jurien, pour m'apporter une lettre du gouverneur général de la Vénétie et une dépêche de Vérone par laquelle le général Fleury, aide de camp de l'Empereur, en m'annonçant qu'une suspension d'armes venait d'être signée, m'ordonnait, de la part de Sa Majesté, de suspendre toute hostilité. Cet événement imprévu ne devait pas modifier nos dispositions de départ, et je pensais même que la présence d'une flotte nombreuse devant Venise emprunterait à la suspension des hostilités une nouvelle et grande importance. Toutes les remorques prises, nous nous dirigeâmes donc vers les plages vénitiennes, et le lendemain, au lever du soleil, la flotte entière, forte de 45 bâtiments de guerre de tout rang, mouillait sur cinq lignes parallèles à la côte, en vue des dômes de Saint-Marc, et d'une population agitée, à ce moment solennel, de sentiments bien divers. »

La population de Venise en effet qui, chaque jour, attendait l'arrivée de la flotte libératrice, était prête à se soulever et à chasser les Autrichiens. La suspension des hostilités la jetait dans l'anxiété la plus profonde, et elle pressentait qu'encore une fois elle allait devenir victime des circonstances : cette flotte qu'elle avait tant souhaité de voir, se déployait enfin à l'horizon, mais l'armistice la paralysait et bientôt la paix allait l'éloigner. Comme un mirage trompeur la liberté avait brillé un moment aux yeux des Vénitiens, et en s'évanouissant, elle allait leur faire trouver encore plus odieuse et plus triste l'oppression étrangère.

§ 2. ATTITUDE DE L'EUROPE. MISSION DU GÉNÉRAL FLEURY
À VÉRONE.

Peschiera était investi, l'armée victorieuse avait reçu un renfort considérable ; des troupes arrivaient de France, le canon allait tonner contre Venise, et c'est à ce moment que l'Empereur s'arrête dans son œuvre de délivrance. Quel nuage à l'horizon s'était élevé, assez menaçant pour l'empêcher de poursuivre jusqu'au bout son programme ?

Les Allemands, à force de discuter s'étaient échauffés. Nos succès les irritaient. Ils veulent à toute fin considérer la ligne du Mincio comme une ligne nécessaire à la défense de l'Allemagne, comme une frontière allemande. Or, cette ligne était entamée : ils demandaient qu'on secourût l'Autriche. La Prusse, jusqu'alors réservée, dessinait son attitude. Elle avait profité des embarras de l'Autriche pour étendre sa propre influence en Allemagne : elle y avait en partie réussi. Elle espérait que l'empereur François-Joseph, réduit aux dernières extrémités, achèterait son concours par de nouveaux sacrifices. Le 25 juin, la Prusse demandait à la Diète la mobilisation de tous les contingents fédéraux et annonçait son intention d'intervenir en Italie par une médiation armée. Toutefois, ce n'était pas tout de mobiliser les contingents fédéraux ; il fallait pourvoir au commandement suprême. La Prusse le réclama pour elle ; l'Autriche combattit cette prétention qui livrait la Confédération à l'ambition prussienne. Un conflit s'éleva, des notes s'échangèrent, les ambassadeurs voyagèrent. Ou le prince régent allait accepter le commandement des troupes fédérales, comme on le lui offrait, sous l'autorité de la Diète, ou il allait rompre avec la Confédération. Telle était la question qu'on discutait sur les bords du Mein et de la Sprée, mais d'où devait toujours sortir une guerre sur le Rhin, lorsque le nœud fut tranché tout à coup sur les bords du Mincio.

L'Angleterre, comme la Prusse, se préparait à pêcher en eau trouble. On ne savait pas ce que sa flotte faisait du côté d'Alexandrie, où elle essayait de peser sur le pacha d'Égypte dans les affaires de l'isthme de Suez. Le cabinet britannique préparait une offre de médiation et de suspension des hostilités. La Russie, tout en nous restant favorable, ne cachait point son désir de voir se terminer une guerre qui allait prendre un caractère révolutionnaire. L'empereur Napoléon III venait de recevoir une lettre autographe d'Alexandre II.

L'Italie s'agitait de plus en plus ; des troubles, cruellement réprimés par les soldats pontificaux, avaient eu lieu dans les États de l'Église ; le Hongrois Kossuth débarquait à Gênes, où on l'accueillait avec enthousiasme. S'il passait en Hongrie, qu'arriverait-il ?

L'état de l'Europe devenait donc inquiétant ; les passions révolutionnaires ne demandaient qu'à se faire jour, et les sottes défiances de l'Allemagne, en étendant la guerre, pouvaient leur ouvrir un large lit. L'empereur Napoléon en savait même plus long que les historiens n'en pourront dire. Il réfléchit qu'il était obligé d'accepter une lutte avec l'Allemagne pour une question qui après tout n'était pas vitale pour la France et qui se trouvait, grâce à nos victoires, à moitié résolue. La guerre de siége allait commencer, guerre coûteuse, sanglante, et toujours longue : des chaleurs accablantes pesaient sur l'armée et pouvaient y développer les maladies. Nous avions affranchi la Lombardie, détruit l'influence autrichienne en Italie, rajeuni la gloire de nos armes ; la continuation de la lutte dans de nouvelles conditions pouvait compromettre ces résultats. L'Empereur résolut de négocier. L'Europe d'ailleurs agissait mal avec lui : elle voyait ses triomphes avec dépit et semblait vouloir lui en enlever le prix. Il résolut de l'en punir en se montrant plus modéré qu'elle était défiante, plus désintéressé qu'elle était jalouse. L'Europe se donnait beaucoup de peine pour arrêter sa marche : il n'attendit pas qu'elle se fût concertée, lui montra qu'il savait se passer d'elle pour conclure la paix comme pour faire la guerre, et déjoua toutes les machinations de ses faux amis par un coup de théâtre, unique certainement dans l'histoire.

Nous en empruntons le récit à un écrivain qui a été

là-dessus exactement renseigné, M. de Bazancourt. « Le 6 juillet, dit-il, à six heures et demie du soir, le maréchal Vaillant, major général, prévenait le général Fleury, premier aide de camp et premier écuyer de l'Empereur, que Sa Majesté le demandait. Le général se rendit aussitôt auprès de l'Empereur, qui lui annonça qu'il l'envoyait à Vérone pour remettre une lettre autographe à l'empereur d'Autriche. Sa Majesté expliqua alors à celui qu'elle faisait son ambassadeur et chargeait de cette haute marque de confiance, quel était le contenu de la lettre et le but qu'elle désirait atteindre. Le choix que faisait l'Empereur pour cette mission délicate d'un de ses plus anciens et plus fidèles serviteurs, montrait quelle confiance absolue il avait à la fois dans la haute intelligence et le dévouement éclairé du général Fleury ; car l'écrit dont il était porteur était le premier mot sur une question devant laquelle pourraient peut-être surgir des difficultés sérieuses, imprévues, qu'il fallait combattre dans une juste mesure. La lettre de Napoléon III faisait appel aux sentiments d'humanité de l'empereur d'Autriche pour les vaillants combattants des deux armées, et proposait un armistice qui devait préparer aux négociations, entamées déjà entre les grandes puissances, une solution plus facile. Si l'empereur François-Joseph hésitait, le général était chargé d'appuyer, autant qu'il lui serait possible, pour amener cette suspension d'hostilités, premier pas vers une paix que l'Europe entière appelait de tous ses vœux. Il devait, en outre, avertir l'empereur d'Autriche que la flotte française occupait l'île de Lossini, qu'elle avait reçu l'ordre d'attaquer les défenses extérieures de Venise, et que cet ordre allait être immédiatement mis à exécution, si, contre toute attente, Sa Majesté rejetait l'offre d'un armistice. Cette mission, d'une grande importance, était restée secrète pour tous. Le maréchal Vaillant, seul, en était instruit.

« A sept heures du soir, une voiture de la poste impériale quittait Valeggio, emmenant le général Fleury et son aide de camp, le capitaine de Verdière. Sur le siége de la voiture, à côté du courrier à la livrée impériale, était monté un trompette des guides, porteur d'un drapeau parlementaire. Le général supposait trouver les avant-postes ennemis à la hauteur de Villafranca, où les rapports parvenus au grand quartier général les signalaient encore le 6 au matin. Mais en approchant du village, il rencontra un escadron de chasseurs français qui rentrait de reconnaissance ; cet escadron avait dépassé Villafranca, sans apercevoir les Autrichiens. A ce moment, le jour commençait à baisser. La voiture repartit au galop et n'atteignit les extrêmes avant-postes ennemis qu'au tomber de la nuit, à deux lieues environ avant Vérone, qui est à six lieues de Valeggio. Des fantassins autrichiens s'élancèrent, les uns des fossés de la route, les autres des taillis qui la bordaient, et entourèrent brusquement la voiture qu'ils escortèrent jusqu'à la grand'garde avec ce luxe de précautions et de surveillance infinie, dont s'entourent les Autrichiens en pareille circonstance. Le commandant du poste remplaça l'escorte de fantassins par une escorte de uhlans, et ce fut avec peine que le général obtint de ne pas avoir deux soldats sur le siége de sa voiture et deux cavaliers aux portières ; les stores furent baissés.

« Au village de Santa-Lucia, qui est à une lieue de

Entrevue de l'empereur Napoléon III et de l'empereur d'Autriche à Villafranca, 11 juillet 1859. Page 71, col. 2.

Vérone, il y avait une brigade d'avant-garde; le vieux général qui la commandait, apprenant le grade élevé de celui qui se rendait en qualité de parlementaire auprès de son souverain, donna mission à un capitaine de uhlans d'escorter lui-même la voiture et de conduire le général, premier écuyer de l'Empereur, au grand quartier impérial de François-Joseph. Seulement il renouvela la recommandation instante de tenir les stores entièrement baissés, surtout au moment où la voiture entrerait dans la place. Bientôt, en effet, elle passa entre deux lunettes qui ferment le camp retranché. Ce camp, ouvrage redoutable de défense qui couvre les abords de Vérone, était entièrement inoccupé. L'empereur Napoléon avait été prévenu par différents rapports parvenus au quartier général que les Autrichiens méditaient une attaque générale avec des forces considérables venues du haut Adige. Le général Fleury devait croire à la réalité de cette nouvelle, car, aux alentours de Vérone, il avait entendu un grand mouvement de troupes, et ce mouvement, joint à la non-occupation du camp retranché, semblait clairement indiquer que les colonnes autrichiennes étaient déjà en marche pour mettre à exécution ce projet. Mais dans le cas où l'empereur d'Autriche eût déjà quitté Vérone, le général Fleury avait mission de rejoindre Sa Majesté partout où elle serait. Il n'en était rien; seulement ce camp, sur lequel dardaient les rayons enflammés d'un soleil ardent, était devenu par les grandes chaleurs si insalubre pour les troupes, que l'on avait dû les envoyer de l'autre côté de l'Adige, sur les flancs de la montagne.

« Quelques instants après, la voiture roula sur le pont-levis et entra dans Vérone. Depuis plus d'une heure, la nuit était entièrement venue, et dans les rues brillamment éclairées par le gaz, allaient et venaient des promeneurs. Devant les portes des cafés, il y avait un assez grand nombre d'officiers autrichiens. Ces lumières éclatantes, ces rues spacieuses, cette confortabilité de la vie que l'on sentait, pour ainsi dire, respirer autour de soi, formaient aux yeux du général un contraste étrange avec l'aspect sombre et presque misérable du quartier impérial à Valeggio, qu'éclairaient à peine, à la même heure, quelques lueurs chétives. Une voiture aux armes impériales de France traversant les rues de Vérone, les stores baissés, et escortée par un piquet de uhlans, causait sur son passage un profond étonnement et un vif sentiment de curiosité qui s'accrurent surtout devant la porte du palais, parmi les officiers de service, lorsqu'ils virent descendre un général français accompagné de son aide de camp.

« Introduit immédiatement auprès du maréchal Hess, le général Fleury fut reçu non-seulement avec les marques de déférence et de haute considération dues à un général chargé par son souverain d'une mission spéciale auprès de l'Empereur, mais avec une affable cordialité à laquelle l'âge du vieux maréchal donnait un double prix. Celui-ci voulut le mener lui-même auprès du comte de Grünne, premier aide de camp et grand écuyer de l'Empereur. Sa Majesté était couchée, elle fit prévenir le général Fleury qu'elle allait le recevoir à l'instant même. Le général fut introduit quelques instants après.

« Aussitôt que François-Joseph eut pris connaissance de la lettre si inattendue de l'empereur Napoléon, il ne put cacher le profond étonnement que cette lettre lui causait. Mais à côté de cet étonnement visible répandu sur les traits du jeune Empereur, il était facile de voir l'impression que produisaient sur son cœur élevé les sentiments de modération et d'humanité qui avaient guidé le souverain de la France.

« Le général s'en aperçut et appuya sur les résultats heureux que pourrait peut-être amener cette suspension momentanée d'hostilités, au moment où de nouvelles négociations étaient entamées entre les grandes puissances; il exprima, au nom de l'empereur Napoléon, son désir sincère de voir cesser une guerre, où la victoire même était si chèrement achetée. François-Joseph écouta avec attention le général qu'il avait accueilli dès le commencement avec une bienveillance marquée. « La proposition que contient cette lettre, et « dont vous venez de me développer les motifs, est « très-grave, général, dit l'empereur François-Joseph, « et mérite réflexion. J'ai besoin de me renseigner davantage; je ne puis donc vous donner ma réponse « maintenant; pouvez-vous l'attendre jusqu'à demain? « — J'ai reçu de l'Empereur, répondit le général, l'ordre de me mettre entièrement à la disposition de « Votre Majesté pour attendre sa réponse. Mais quelle « qu'elle soit, ajouta le général Fleury, Votre Majesté « me permettra de lui dire combien il est urgent que « cette réponse soit prompte, quand elle saura, ce « qu'elle ignore peut-être, que la flotte française occupe en ce moment l'île de Lossini, et qu'elle a reçu « l'ordre d'attaquer immédiatement Venise; il pourrait donc survenir quelque acte d'hostilité que l'empereur Napoléon regretterait infiniment. — Je viens, « en effet, d'apprendre la présence des troupes françaises dans cette île, dit l'Empereur, et je regrette « bien vivement de n'avoir pas occupé Lossini. A demain, général. »

« En quittant Sa Majesté, le général Fleury fut l'objet des prévenances les plus empressées de la part du maréchal Hess et des officiers de la maison militaire de l'empereur d'Autriche; le comte de Grünne voulut lui céder sa chambre pour la nuit, et avec une extrême courtoisie, le comte Clam et le prince de Hohenlohe, aides de camp de l'Empereur, ne quittèrent le général qu'après s'être assurés que lui et son aide de camp ne manqueraient de rien. Les visites et les entretiens se prolongèrent assez avant dans la nuit. Ces entretiens avaient dans la pensée de chacun un but et une portée qui ressortaient tout naturellement de la gravité des circonstances dans lesquelles on se trouvait. Le lendemain au point du jour, le général Fleury recevait la visite du prince Richard de Metternich qu'il avait connu à Paris, et avait une longue conversation avec le futur ambassadeur de Vienne à Paris, confident et ami du jeune Empereur. Le général Fleury, en parlant de l'armistice proposé, des tristes fléaux de la guerre, puis de l'attaque de Venise, dont le succès n'était pas douteux, laissait déjà entrevoir au prince de Metternich combien il serait à désirer que les deux souverains pussent se rencontrer, convaincu qu'il était, que d'une semblable entrevue naîtraient, sans aucun doute, les premières bases de la paix. Pendant cet entretien, le comte Clam offrait gracieusement au capitaine de Verdière, aide de camp du général, de le conduire dans les hôpitaux de Vérone, où il désirait rendre visite au commandant de la Rochefoucault et aux officiers français blessés qui s'y trouvaient.

« A huit heures, l'empereur d'Autriche fit appeler près de lui le général Fleury, lui tendit la main avec affabilité, lorsqu'il entra, et voulant en cette circonstance lui donner une nouvelle marque de sa haute considération, daigna lui lire sa réponse à l'empereur des Français. Cette lettre était pleine de noblesse et de cordialité. L'empereur François-Joseph s'y montrait profondément touché des sentiments que lui exprimait l'empereur Napoléon, et en vue de laisser aux négociations entamées la possibilité de terminer la guerre, il acceptait l'armistice, priant l'Empereur de désigner lui-même le lieu où les conditions en seraient réglées. Puis, Sa Majesté, après avoir cacheté la lettre dont elle venait si gracieusement de donner lecture au général, la lui remit en exprimant le désir que la flotte de l'Adriatique reçût immédiatement avis de cette suspension d'armes conclue en principe. Le général Fleury s'empressa de le faire, et écrivit au vice-amiral Romain Desfossés, commandant en chef la flotte de l'Adriatique, qu'en vertu des instructions de l'empereur des Français et des pouvoirs qu'il en avait reçus, il lui annonçait qu'une suspension d'armes venait d'être décidée, et l'invitait, en conséquence, à suspendre les hostilités. Cette lettre, expédiée aussitôt à Venise par le chemin de fer au gouverneur général de la Vénétie, était remise, comme nous l'avons vu, dans la même journée, au contre-amiral Jurien de la Gravière, qui croisait devant les plages vénitiennes.

« Le général Fleury venait de prendre congé de Sa Majesté et se préparait à partir, lorsque le premier aide de camp de l'Empereur, le comte de Grünne, vint lui dire que Sa Majesté désirait que son aide de camp lui fût présenté. Sa Majesté accueillit le jeune officier avec une grande bienveillance. Quelques instants après, le général quittait Vérone pour retourner à Valeggio. Comme la veille, un détachement de uhlans accompagnait la voiture qui, cette fois, avait glaces et stores ouverts ; et ces cavaliers semblaient bien moins une garde chargée de surveiller un parlementaire qu'une escorte d'honneur. Ils avaient reçu l'ordre d'accompagner l'envoyé de l'Empereur jusqu'aux avant-postes français. Il était neuf heures lorsque le général Fleury quittait Vérone. A onze heures et demie, il remettait à Sa Majesté la lettre autographe de l'empereur d'Autriche [1]. »

En route, le général Fleury avait aperçu toute l'armée française en marche. L'empereur Napoléon, en effet, avait redouté une attaque générale de la part des Autrichiens, et tous les corps d'armée avaient été mis en mouvement. L'acceptation de l'armistice rendit cette prise d'armes inutile, et les troupes qui s'attendaient à rencontrer l'ennemi reçurent l'ordre de retourner à leur campement. Elles apprirent bientôt la suspension des hostilités et la signature d'un armistice conclu le 8 juillet. Cet armistice devait expirer de lui-même au 15 août si la paix n'était pas faite ou s'il n'était pas renouvelé. Mais, pour tout le monde, cet armistice c'était la paix : on ne s'y trompa nullement. On ne tarda pas en effet à savoir que les deux souverains allaient se rencontrer. D'actives négociations entre les deux quartiers impériaux avaient abouti, et une entrevue avait été décidée pour le 11 à Villafranca.

« Dans la nuit du 10 au 11, l'empereur François-Joseph avait envoyé à Valeggio un de ses aides de camp, le jeune prince de Hohenlohe, pour demander à l'empereur Napoléon de fixer lui-même la tenue dans laquelle Leurs Majestés et leurs deux états-majors se rendraient à l'entrevue, ainsi que le nombre la composition des escortes. Il fut convenu que deux souverains, ainsi que leurs maisons militair seraient en tenue de campagne, les escortes en gran tenue. L'escorte autrichienne serait composée d' escadron de gendarmes de la cour et d'un escadron uhlans ; l'escorte française d'un escadron de ce gardes et d'un escadron de guides. Aucune au troupe, infanterie, cavalerie ou artillerie, ne devait accompagner Leurs Majestés. L'entrevue aurait lieu à Villafranca, à neuf heures.

« Le 11, à sept heures et quart, un nuage de poussière qui s'élevait sur la route de Villafranca annonça l'approche de l'empereur Napoléon. Sa Majesté marchait en tête, ayant à sa gauche le maréchal Vaillant, major général de l'armée. Derrière elle, toute sa maison militaire. L'Empereur, comme tous les généraux et officiers de son état-major, portait le képi. A trente pas en arrière, suivait l'escadron des cent-gardes, puis celui des guides. A une assez grande distance, sur la route, s'étendaient les campements des voltigeurs et des chasseurs de la garde. A neuf heures précises, l'empereur Napoléon atteignit Villafranca ; et comme l'empereur François-Joseph n'était pas encore arrivé, il continua sa route dans la direction de Vérone, voulant, par courtoisie, aller au-devant de Sa Majesté : son escorte se rangea en bataille, à la sortie de Villafranca, dans un champ sur la gauche de la route. Bientôt parut l'empereur d'Autriche qui marchait en tête de son escorte.

« L'empereur des Français mit aussitôt son cheval au galop et s'avança seul au-devant de lui. Les deux états-majors s'arrêtèrent. Il y avait un cachet de grandeur et de solennité dans cette scène imprévue. Non, sur cette route qu'un soleil splendide éclairait de ses plus beaux rayons, Napoléon et François-Joseph n'étaient pas seuls. A travers les monts, à travers les mers, l'Europe entière, inquiète et émue, les contemplait d'un regard attentif. Quelques minutes après, tous deux reprenaient ensemble le chemin de Villafranca. Ils descendirent de cheval dans la grande rue de Villafranca, devant une maison d'assez bonne apparence, appartenant à M. Gaudini Morelli, et montèrent au premier étage, où un salon avait été préparé pour l'entrevue. Dans l'étroit vestibule de cette maison, deux petits postes furent placés, l'un de cent-gardes, l'autre de gendarmes autrichiens ; chacun de ces deux postes détacha une sentinelle, devant la porte même de la pièce où se tenaient les deux Empereurs. Les escortes se rangèrent en bataille dans la rue, l'escorte autrichienne à gauche de la maison, l'escorte française à droite ; les états-majors étaient descendus de cheval et, réunis par groupes, causaient entre eux. Mais combien la pensée de chacun était loin des paroles indifférentes qui s'échangeaient ! Dans cette maison, que l'entrevue de Villafranca devait rendre à jamais célèbre, se décidait la paix ou la guerre, et tous les yeux étaient involontairement fixés sur elle.

« L'entretien de Napoléon III et de François-Joseph dura un peu moins d'une heure. Des plumes, du papier, de l'encre, avaient été préparés ; mais pas un seul mot ne fut écrit, et aucune carte du royaume Lombard-

Vénitien n'était ouverte devant eux. Leur entrevue se borna à une conversation, dans laquelle les deux Souverains envisagèrent les graves questions politiques qui leur avaient mis les armes à la main, et traitèrent avec une loyale franchise les principaux points qui pourraient amener une réconciliation entre les deux

Le général Fleury.

empires. La mission, qui amenait quelques heures plus tard le prince Napoléon à Vérone, nous apprendra bientôt le détail de cette grave conférence, qui devait avoir une si grande influence sur les destinées futures de l'Italie. Lorsque les Souverains sortirent de la maison de M. Gaudini Morelli, ils se présentèrent nominativement les officiers de leur maison militaire. L'empereur d'Autriche offrit à l'empereur Napoléon de passer devant le front de l'escadron des uhlans qui lui servait d'escorte; ce magnifique escadron appartenait à un régiment récemment arrivé de Gallicie et qui n'avait pas pris part à la bataille de Solferino. Après cette inspection, l'empereur des Français conduisit l'empereur d'Autriche devant les escadrons des cent-gardes et des guides. François-Joseph, jaloux de rendre à l'empereur des Français la marque de haute courtoisie qu'il lui avait donnée, en venant à sa rencontre sur la route de Villafranca à Vérone, voulut à son tour l'accompagner sur la route de Villafranca à Valeggio. A un quart de lieue environ au delà de Villafranca, les deux souverains se séparèrent, après s'être donné la main. Une demi-heure après, Napoléon III atteignait son quartier impérial.

« Dès son retour à Valeggio, l'Empereur fit mander le prince Napoléon; lorsque celui-ci arriva, l'Empereur était avec le roi de Sardaigne, et s'entretenait avec son allié de l'entrevue qu'il venait d'avoir, le matin même, avec l'empereur François-Joseph.

« Que s'était-il en effet passé? Les Conférences de Zurich, le Traité de paix qui s'en est suivi, conclu sur les bases préliminaires arrêtées à Villafranca, ont mis forcément au jour la plus grande partie de faits impor-

Vue de Vérone.

tants qu'il était utile jusqu'alors de conserver secrets. Maintenant ces faits appartiennent à l'histoire, et l'histoire a besoin d'être écrite avec la plus franche et la plus rigoureuse exactitude; car c'est dans les documents contemporains que l'avenir viendra chercher les traces certaines de la vérité. Dès le commencement de l'entrevue, l'empereur d'Autriche avait abordé nettement les différents points qui pouvaient servir de base réelle à la paix : « Cette paix, je la désire, avait-il dit; « je cède au sort des armes qui m'est contraire, et je « vais donner à Votre Majesté une preuve de ma confiance en elle, en lui indiquant la limite des conces-

« sions que je puis faire. » Ces concessions, les voici : l'empereur François-Joseph cédait à l'empereur Napoléon la Lombardie, sauf les forteresses de Mantoue et de Peschiera, et gardait la Vénétie sous la couronne d'Autriche. Seulement, pour Peschiera, déjà sous le canon de l'armée sarde, le jeune empereur montrait une décision moins arrêtée. Il insista fortement sur le maintien dans leurs Etats des ducs de Toscane et de Modène; mais, moins explicite pour le duché de Parme, il admettait la pensée qu'il fût annexé à la couronne de Sardaigne. L'empereur François-Joseph lui-même prononça le premier mot d'une amnistie générale, à l'occasion des événements qui venaient de se passer. Puis la question se généralisa.

« L'empereur Napoléon parla d'une Confédération des États italiens, sous la présidence honoraire du pape. François-Joseph n'y apporta aucune objection, ajoutant seulement que : « pour la Vénétie, l'empire « d'Autriche se trouverait vis-à-vis de l'Italie dans une « position analogue à celle du roi de Hollande, membre « de la Confédération germanique pour le Luxem- « bourg. » Sur ce point, qui avait une grande impor- tance, bien que l'empereur d'Autriche insistât vivement pour qu'une décision immédiate fût prise, l'empereur Napoléon réserva son adhésion, voulant réfléchir, et peser mûrement toutes les éventualités qui s'y ratta- chaient. Tel fut, dans son ensemble général, cet entre- tien de Villafranca, dont il a été si diversement parlé. Les deux Empereurs, nous l'avons dit, n'avaient eu devant eux aucune carte et n'écrivirent pas un seul mot; la gravité des paroles se fiait tout entière à la loyauté des souvenirs.

« Ce qui ressortait évidemment de cet entretien, c'était le désir mutuel des deux souverains d'arrêter, s'il était possible, l'effusion du sang. Cependant aucune décision n'avait encore été réellement prise pour mettre fin à la guerre. Le roi de Sardaigne avait écouté silen- cieusement l'Empereur. Dans sa loyauté chevaleres- que, il ne veut en rien influencer les décisions de son allié. Il comprend que les plus graves intérêts de la France sont en jeu. Lui-même, il envisage de haut la question telle qu'elle se présente en face des mani- festations de toutes les puissances, et de l'agitation qui peut tout à coup embraser l'Italie entière. « Quelle « que soit, en dernier ressort, la décision de Votre « Majesté, dit le roi, je serai éternellement reconnais- « sant à l'Empereur de ce qu'il a fait pour la cause de « l'indépendance italienne, et, en toute circonstance, il « peut compter sur mon entière fidélité[1]. »

§ 3. LE PRINCE NAPOLÉON A VÉRONE ; LES PRÉLIMINAIRES
DE VILLAFRANCA.

Tout retard pouvait compliquer la situation et ame- ner des difficultés nouvelles. Il était important de prendre une prompte décision et de formuler par écrit les propositions échangées dans l'entrevue de Villa- franca.

« Voici ces propositions, telles qu'elles étaient res- tées dans l'esprit de l'empereur Napoléon, et telles que Sa Majesté était décidée à les accepter, sauf les modifications de détail que la discussion pourrait ame- ner. 1° Les deux souverains favoriseront la formation d'une Confédération italienne. 2° Cette Confédération sera sous la présidence honoraire du pape. 3° L'em- pereur d'Autriche cède ses droits sur la Lombardie à l'empereur des Français, qui, selon le vœu des popula- tions, les remet au roi de Sardaigne. 4° La Vénétie fait partie de la Confédération italienne, tout en restant sous la couronne de l'empereur d'Autriche. 5° Les deux souverains feront tous leurs efforts, excepté le recours aux armes, pour que les ducs de Toscane et de Modène rentrent dans leurs États, en donnant une amnistie générale et une constitution. 6° Les deux souverains demanderont au saint-père d'introduire dans ses États

des réformes nécessaires, et de séparer administrati- vement les Légations du reste des États de l'Église. 7° Amnistie pleine et entière est accordée, de part et d'autre, aux personnes compromises, à l'occasion des derniers événements, dans les territoires des parties belligérantes. »

Ces propositions devaient être portées le jour même à l'empereur d'Autriche et soumises à son assenti- ment. Le roi de Sardaigne venait de prendre congé de l'Empereur, qui retint le prince Napoléon. Il fallait que la personne chargée de cette délicate mission pût discuter avec François-Joseph lui-même les prélimi- naires de la paix et donner aux différents points les développements nécessaires, dans lesquels ne pouvait entrer une note rédigée succinctement. Il fallait, en outre, que cette personne, connaissant la pensée de l'Empereur et ses idées bien arrêtées sur la question italienne, fût autorisée à régler une rédaction défi- nitive, et à accepter, dans les limites de sa propre appréciation, les modifications que pourrait vouloir y introduire l'empereur d'Autriche. Quel autre que le prince Napoléon pouvait remplir de semblables condi- tions? Quel autre, auprès de l'empereur d'Autriche, si ce n'est le cousin de l'empereur des Français, lui- même, pouvait apporter dans la discussion l'autorité de sa parole et celle de sa haute position près du trône de France? Aussi, dès que l'Empereur fut seul avec son cousin, il lui dit qu'il avait jeté les yeux sur lui pour cette mission à la fois si importante et si dé- licate.

« Le prince ne se dissimulait pas les difficultés qu'il allait rencontrer; gendre du roi de Sardaigne, il crée- rait peut-être par le seul fait de sa présence des ob- stacles imprévus sur les questions qui divisaient les deux empereurs. Aux yeux de François-Joseph, ses pa- roles ne sembleraient-elles pas l'écho d'un intérêt per- sonnel? Car il y avait dans ces premiers préliminaires matière à sérieuses discussions. Rien dans l'entrevue du matin n'avait été spécifié ou écrit. Il fallait donc arrêter définitivement et faire accepter les principaux articles qui devaient servir à un traité de paix, en n'ayant pour base qu'une conversation, dont le souve- nir et l'appréciation pouvaient être sujets à des inter- prétations très-opposées. Telles furent les observations que le prince soumit à l'Empereur; mais il dut se rendre à la volonté nettement exprimée de Sa Majesté. Pendant qu'il se préparait à partir pour Vérone, l'Em- pereur écrivait à François-Joseph qu'il acceptait en principe les préliminaires dont le matin les deux sou- verains avaient posé les bases et qu'il chargeait son cousin, le prince Napoléon, d'y introduire les modifi- cations de détails qui pourraient résulter de leur en- tretien. Le prince était également chargé de donner à Sa Majesté tous les éclaircissements nécessaires aux différents points stipulés. A deux heures et demie, une voiture attelée de quatre chevaux de poste, avec un courrier de la maison de l'Empereur, emportait vers Vérone le prince Napoléon. La mission du prince était formelle. Il devait tendre de tous ses efforts à faire ac- cepter les préliminaires tels qu'ils venaient d'être sti- pulés, et, s'il ne pouvait y réussir, il devait rapporter les propositions définitives signées par l'empereur d'Autriche. Une fois Napoléon III entré dans cette voie de conciliation, en présence des maux qu'entraî- nait la guerre et devant une conflagration générale

---

1. Bazancourt. Expédition d'Italie.

devenue imminente, il voulait arriver à son but, et comprenait qu'il ne devait pas plus échouer sur le champ de la paix que sur le champ de la guerre. A trois heures et demie, le prince arrivait à Villafranca; à quatre heures, il atteignait les avant-postes autrichiens. Le prince s'annonça comme parlementaire; mais le capitaine, qui commandait ces avant-postes, informé qu'il avait devant lui le cousin de l'Empereur, ne jugea pas nécessaire de remplir à son égard les formalités qui lui étaient prescrites, et laissa le prince libre de continuer sa route sans l'assujettir à aucun des règlements usités en semblable circonstance.

« Bientôt apparut Vérone, avec sa ceinture de forts détachés. A quatre heures un quart, la voiture, aux armes impériales, arrivait devant les portes de la ville, et à quatre heures et demie elle entrait dans la cour du grand quartier général autrichien. L'aide de camp de service, en apprenant que le prince Napoléon avait à remplir auprès de Sa Majesté une mission personnelle de l'empereur des Français, l'introduisit dans un salon, où vint bientôt l'empereur d'Autriche qui tendit avec affabilité la main au prince, et le conduisit dans son cabinet. L'envoyé impérial présenta alors à François-Joseph la lettre de Napoléon et le papier qui contenait les différents articles que nous avons rapportés plus haut. A la lecture de cette lettre, une expression visible de contentement se répandit sur la physionomie du jeune souverain. — Je suis enchanté, « dit-il, que l'empereur Napoléon accepte mes propo- « sitions de paix; mais j'ai d'assez graves observations « à faire sur la rédaction que vous m'apportez. »

« Ces premières paroles montraient clairement qu'une discussion sérieuse allait s'engager.

« Le prince l'aborda sans préambule, demandant à l'empereur d'Autriche la permission de s'exprimer avec la plus grande franchise, pour apporter dans la conversation la netteté loyale qui convenait à d'aussi graves questions.

« Le désir sincère de l'Empereur, dit le prince, est « de conclure une paix acceptable pour les deux par- « ties et de mettre fin à la guerre. Votre Majesté me « permettra-t-elle de le dire, le moment est unique « pour arriver à cet heureux résultat, que l'Europe « appelle de tous ses vœux. L'honneur de l'armée au- « trichienne est intact; la valeur avec laquelle elle a « combattu efface ses malheurs sur le champ de ba- « taille. Un armistice est conclu jusqu'au 16 août; « mais, à partir de ce délai, sire, l'armée alliée est « décidée à pousser la guerre avec l'énergie la plus « grande et la plus absolue; elle déploiera des forces « plus formidables encore que celles qu'elle a déjà « mises en ligne, et acceptera franchement dans ses « rangs tous les alliés qui viendront à elle. »

« Le prince, on le voit, entrait brusquement au cœur de la question; il s'aperçut de l'impression que produisaient ces derniers mots sur le jeune empereur, et le pria de nouveau de ne voir, dans sa franchise, un peu brusque peut-être, que son désir excessif de parler sans détour, et de dire toute sa pensée, en dehors des formes de langage habituelles à la diplomatie. « Moi-même, répondit François-Joseph, j'en ai donné « l'exemple ce matin à l'empereur Napoléon, en lui « disant nettement ce que je pouvais faire, et quelles « étaient les limites des concessions compatibles avec « mon honneur et les intérêts de ma couronne. Mais,

« croyez-le bien, si vous avez une opinion publique à « ménager, j'en ai une aussi de mon côté, et elle est « d'autant plus exigeante, que c'est moi qui fais tous « les sacrifices.

« — Pour simplifier la discussion, reprit le prince « Napoléon, je propose à Votre Majesté d'examiner « un à un les différents articles de ces préliminai- « res. » Le premier paragraphe, concernant la création d'une Confédération italienne, ne donna lieu à aucune observation, car, une fois le principe de cette Confédération admis, les difficultés de détail qui pourraient s'élever au sujet de son organisation étaient du ressort des plénipotentiaires. Au second paragraphe, l'empereur d'Autriche demanda que le mot *honoraire*, appliqué à la présidence du saint-père, fût enlevé.

« Le prince crut alors devoir entrer dans quelques explications sur la pensée qui dirigeait l'empereur Napoléon. En plaçant le saint-père à la tête de la Confédération italienne, Sa Majesté avait voulu donner au souverain pontife une preuve de haute déférence, mais elle ne voulait pas, en l'instituant président *réel*, créer à une situation déjà trop tendue de plus grands embarras, et augmenter les difficultés sans nombre qui existaient relativement au pouvoir temporel du pape. La rédaction proposée était basée sur des considérations trop sérieuses et trop mûrement réfléchies, pour que les termes pussent en être modifiés. La présidence réelle ne devait-elle pas appartenir au souverain de l'État le plus considérable, comme cela existait pour toutes les Confédérations, et notamment en Allemagne?

« Le troisième paragraphe donna lieu à des observations de la plus haute portée politique, car il touchait à la question même qui avait mis aux deux empereurs les armes à la main, et devait naturellement soulever d'amères pensées dans le cœur du souverain de l'Autriche. Ces mots : *selon le vœu des populations*, lui paraissaient une attaque aux principes inviolables qui régissaient son empire, et à ses droits sur les nations soumises à sa domination. L'empereur François-Joseph demanda au prince Napoléon ce qu'il entendait par le vœu des populations. Le prince, avec une grande netteté de langage, entra dans des explications très-précises et très-franches sur la pensée qui découlait de ces mots, dont l'empereur d'Autriche semblait ne pas comprendre le sens. *Le vœu des populations* signifiait que toute la Lombardie entière aspirait à s'affranchir du joug de l'Autriche. C'était le cri unanime de tous les cœurs; et chaque jour les adresses des communes et des conseils municipaux en apportaient à l'Empereur de nouveaux et nombreux témoignages. « Quant à « moi, répondit l'empereur d'Autriche d'une voix « animée, je ne connais que le droit écrit sur les « traités. D'après eux, je possède la Lombardie. Je « veux bien, trahi par les armes, céder cette province « à l'empereur Napoléon, mais je ne puis reconnaître « *le vœu des populations*, que j'appelle, moi, le droit « révolutionnaire. Employez ces mots dans votre traité « avec le roi de Sardaigne et dans les proclamations « que vous adresserez aux populations italiennes, je « n'ai rien à y voir; mais vous comprendrez que moi, « l'empereur d'Autriche, je ne puis m'y associer. » On le voit, la restriction que mettait François-Joseph à sa signature, en ce qui regardait cette phrase, était une question toute personnelle, s'appuyant aux principes mêmes de son autorité.

« Ce paragraphe impliquait aussi tout naturellement la délimitation du territoire concédé, et, par conséquent la question des forteresses. L'empereur d'Autriche plaça tout de suite la discussion sur un terrain très-précis. « Je ne puis, dit-il, faire évacuer par mon « armée les places fortes qu'elle occupe et qu'elle a « conservées en sa possession ; l'honneur me le dé- « fend. Si l'armée alliée s'était emparée de Peschiera, « je comprendrais que l'empereur Napoléon demandât

« à conserver cette place ; mais mes troupes y sont « encore. » Une carte était déployée devant l'Empereur, et Sa Majesté suivait avec le doigt les limites qu'elle assignait à ses concessions. La discussion se prolongeant, sans pourtant amener de résultats définitifs, le prince termina en disant :

« Puisque je ne puis tomber d'accord avec Votre « Majesté, je soumettrai ces observations à mon sou- « verain, auquel je dois, en cette circonstance, ré- « server toute liberté de décision, sans engager ma « parole. — Soit, reprit François-Joseph, que l'Empe-

Vue de Venise.

« reur décide ; mais dites-lui bien que, même le vou- « lant personnellement, je ne pourrais céder aucune « de mes forteresses. »

« Pour le paragraphe concernant la Vénétie, il fut passé outre sans discussion aucune ; car il était impossible de formuler les réformes intérieures que l'Autriche pourrait plus tard accorder à cette province ; toute intervention à cet égard ne serait qu'illusoire. Il était évident que l'empereur François-Joseph resterait toujours, en dernier ressort, le seul juge de l'importance et de l'étendue de ces réformes.

« Le cinquième paragraphe concernait les duchés. L'empereur d'Autriche ne voulut point accepter la phrase : *sauf le recours aux armes*. Selon lui, c'était un appel indirect à l'insurrection et à la résistance des populations. « Je puis faire, ajouta-t-il, des sa- « crifices personnels et céder mes droits, mais non « abandonner mes parents et des amis qui me sont « restés fidèles. » Dans la pensée du prince Napoléon, trois points principaux dominaient tous les autres et devaient être les bases indispensables de la paix. Le premier était la présidence honoraire et non réelle du pape dans la Confédération italienne; le second, la cession de la Lombardie pour être annexée au royaume de Sardaigne; le troisième, la non-intervention pour la rentrée des ducs dans leurs États. Les deux premiers points avaient été concédés. Il restait donc à obtenir le troisième, qui était le véritable nœud de la question.

Le prince Napoléon.

Car on ne pouvait se dissimuler que ce dernier point détruisait à jamais l'influence autrichienne dans l'Italie centrale. Avec l'intervention, la paix qu'on voulait signer serait sans portée. Avec la non-intervention, la restauration des ducs dans leurs États était tout entière livrée aux chances douteuses de l'avenir. Le prince voulut aborder franchement le vif de la question. Il passa successivement en revue, en les appréciant et en les rejetant formellement, toutes les interventions possibles, même celles de Naples et d'Espagne. La France, n'intervenant point, ne pouvait permettre qu'aucune autre nation intervînt. Le prince insista spécialement sur ce qui touchait le duché de Parme. En outre, que la prise de possession était un fait accompli, et que Plaisance était un point très-important à occuper pour la tranquillité des États du roi de Sardaigne, il rappela à l'empereur d'Autriche que le duché de Parme se trouvait dans une situation toute particulière, la duchesse n'étant point une princesse autrichienne. D'après les traités, le roi de Sardaigne avait même un droit de réversibilité sur une partie de ces États. Ce n'était donc point, par droit héréditaire, que la princesse était en possession de son duché, mais par un des arrangements les plus fâcheux du traité de Vienne, qui avait stipulé que cette branche de la maison de Bourbon d'Espagne passerait de Lucques à Parme, après la souveraineté viagère de l'impératrice Marie-Louise. De plus, dans l'entrevue du matin entre les deux empereurs, il avait été concédé en principe que le duché de Parme serait réuni aux États du roi Victor-Emmanuel. « Eh bien, dit l'empereur d'Autriche, qu'il ne « soit point question du duché de Parme dans ces pré- « liminaires. Ce n'est point une princesse de ma fa- « mille, je ne puis céler ses États qui ne m'appar- « tiennent pas ; n'en disons rien dans les préliminaires « et arrangez-vous à son égard comme vous voudrez ; « pour moi, je ne ferai pas d'objection à reconnaître « ce territoire au roi de Sardaigne. »

« Le prince résuma alors la question : « Les troupes « alliées ont conquis Parme, Modène et la Toscane. « Pour Parme, Votre Majesté reconnaît leur conquête ; « pour Modène et la Toscane, l'empereur Napoléon « et le roi de Sardaigne ne mettront aucun obstacle « matériel à la rentrée de ces souverains, mais vous ne « pouvez supposer que nos troupes se prêtent jamais à « une restauration, et que nous puissions, en aucun « cas, admettre l'intervention de celles de Votre Ma- « jesté. Connaissant les dispositions des populations, « je ne demanderai pas à Votre Majesté s'il est illu- « soire d'admettre la possibilité d'une restauration « qu'aucune intervention ne viendrait protéger. — Le « duc de Modène, dit l'Empereur, a quelques batail- « lons de troupes italiennes qui lui sont restés fidèles, « et avec lesquels il espère se réintégrer dans son du- « ché. Quant au grand-duc de Toscane, je ne crois « pas qu'il soit si loin de s'entendre avec son peuple. « Du reste, si la Confédération italienne s'établit, elle « traitera cette grave question ; bornons-nous donc à « émettre que vous ne vous opposez pas à la rentrée « des ducs. »

« Ainsi le principe de la *non-intervention* était moralement reconnu ; seulement il n'en fut point fait mention dans les articles préliminaires pour ne point enlever à l'empereur d'Autriche et à ses alliés la force morale qui pouvait aider à la restauration des souverains de Toscane et de Modène dans leurs États.

« Le sixième paragraphe se rattachait aux réformes que les deux souverains devaient demander au pape, réformes qui, dans la pensée de l'empereur Napoléon, pouvaient seules assurer la tranquillité des États pontificaux, à tout instant menacés par des agitations intérieures. Le mot — *nécessaires* — fut remplacé par celui — *indispensables*. Quant à la séparation admi-

nistrative des Légations du reste des États de l'Église, la question ne pouvait se traiter avec l'Autriche, dans la situation actuelle, étant du ressort des plénipotentiaires qui seraient appelés plus tard à se réunir dans un congrès. Il fut ensuite question de la ville où pourraient, d'un commun accord, se réunir ces plénipotentiaires. Plusieurs furent nommées ; le prince écarta toute ville d'Allemagne ; l'empereur François-Joseph parla de Zurich, qui fut acceptée.

« On le voit par le rapide aperçu que nous avons tracé de cet entretien, la franchise la plus grande avait présidé à la discussion. Ce n'était point une lutte d'adresse diplomatique, mais le loyal champ clos, où se débattaient les plus grands intérêts et la base même de notre politique en Italie. Tous les paragraphes avaient été passés en revue un à un. La discussion, au point où elle en était venue, ne pouvait plus que s'étendre et se généraliser indéfiniment. Le prince Napoléon avait expliqué, ou laissé clairement entrevoir les points essentiels, sur lesquels l'empereur des Français pourrait faire des concessions, et ceux au contraire qu'il était impossible de modifier. Il dit donc à l'empereur d'Autriche : « Sire, j'ai reçu l'ordre d'être de « retour au quartier général de Valeggio au plus tard « à dix heures ; je dois donc, pour obéir aux instruc- « tions qui m'ont été données, partir de Vérone à huit « heures et quart, ce qui ne me permet d'attendre la « réponse de Votre Majesté que pendant deux heures. « Ce serait avec un vif regret, sire, si cette réponse « était négative, que l'empereur Napoléon se verrait « dans la nécessité de recommencer la guerre à l'expi- « ration de l'armistice, guerre qui de part et d'autre « serait plus terrible encore, n'en doutez pas, qu'elle « ne l'a été jusqu'à ce jour, et entraînerait après « elle, par la conflagration générale de l'Italie, des « conséquences incalculables. — C'est bien, dit l'Em- « pereur en se levant, vous aurez ma réponse. » Et il conduisit lui-même le prince Napoléon à l'appartement qui avait été préparé pour lui.

« Deux officiers de sa maison militaire vinrent lui tenir compagnie pendant le repas qui lui fut servi. Vers sept heures, le prince reçut la visite du comte de Grünne ; mais pas un mot ne fut dit sur les graves questions qui étaient l'objet de la mission du cousin de l'Empereur. Les ordres avaient été donnés pour qu'à huit heures et quart la voiture de Son Altesse Impériale fût attelée. A sept heures et demie, le prince vit l'empereur d'Autriche entrer dans sa chambre. « Je vous apporte ma réponse, lui dit François-Joseph ; « mais je ne puis guère modifier mes premières pro- « positions. — C'est qu'alors, sire, je suis un bien « mauvais avocat, dit le prince Napoléon. — Vous « n'appréciez pas assez le sacrifice que je fais en cédant « la Lombardie, ajouta l'Empereur. » Et il donna au prince le papier qu'il tenait à la main. « Est-ce défini- « tif, sire ? dit celui-ci, après en avoir pris connais- « sance. — Oui, répondit l'Empereur. — S'il en est « ainsi, je prierai Votre Majesté de vouloir bien signer « ce papier. — Vous le signerez aussi au nom de « l'Empereur ? dit François-Joseph. — Sire, répliqua le « prince, dans de semblables conditions, je ne me crois « pas autorisé à le faire ; les modifications que Votre « Majesté a cru devoir apporter à la rédaction que « j'avais eu l'honneur de lui soumettre sont de telle

« nature, que je dois réserver la liberté de mon sou-
« verain. — Je ne puis cependant m'engager, dit Fran-
« çois-Joseph, si l'empereur Napoléon ne l'est pas
« également de son côté, en signant de semblables
« concessions, sans être certain qu'elles seront admises
« par la France. — Sire, répondit alors le prince d'une
« voix haute, je donne à Votre Majesté ma parole
« d'honnête homme que demain matin elle recevra ce
« même papier, avec ou sans la signature de l'empe-
« reur des Français. » L'empereur d'Autriche regarda
le prince Napoléon, et, sans ajouter un seul mot, il
signa le papier ; puis le lui tendant, il dit avec une
émotion visible : « C'est un grand sacrifice que je fais
« de céder ainsi une de mes plus belles provinces.
« Mais si nous pouvons nous entendre avec l'empereur
« Napoléon sur les affaires de l'Italie, il n'y aura plus
« de causes de discorde entre nous. — Je crains bien,
« répliqua le prince, que ces préliminaires ne soient
« insuffisants pour arriver au but que vous voulez
« atteindre. »

« Il était huit heures moins quelques minutes. Jusqu'au moment où l'on entendit le roulement de la voiture dans la cour, il ne fut plus prononcé une seule
parole politique. L'Empereur avait signé pour lui,
tout était dit. Il accompagna le prince Napoléon jusqu'au haut de l'escalier, et alors seulement en lui tendant la main : « Au revoir, prince, dit-il, j'espère que
« ce ne sera plus en ennemis. » Quelques secondes
après, la voiture aux armes impériales de France em-
menait vers Valeggio le prince Napoléon. Il était dix
heures, lorsque le prince était de retour au grand quartier impérial français.

« Lorsqu'il se présenta devant l'Empereur, le roi
de Sardaigne était présent. Le prince remit le papier
signé par François-Joseph à Napoléon III, qui embrassa
cordialement son cousin.

« Le lendemain, après avoir longuement et mûrement réfléchi sur un acte qui terminait brusquement la
guerre en laissant inachevée l'œuvre qu'il s'était tracée
lui-même, l'Empereur envoya à l'empereur d'Autriche
une copie de ces préliminaires, revêtue de sa signature, et y joignit une lettre autographe [1]. »

L'Empereur annonça à ses troupes la conclusion de
la paix, et, après leur avoir expliqué les résultats obtenus, il ajouta :

« L'Italie, désormais maîtresse de ses destinées,
n'aura plus qu'à s'en prendre à elle-même si elle ne
progresse pas régulièrement dans l'ordre et la liberté.
Vous allez bientôt retourner en France ; la patrie reconnaissante accueillera avec transport ces soldats qui
ont porté si haut la gloire de nos armes à Montebello,
à Palestro, à Turbigo, à Magenta, à Marignan, à Solferino, qui, en deux mois, ont affranchi le Piémont et
la Lombardie, et ne se sont arrêtés que parce que la
lutte allait prendre des proportions qui n'étaient plus
en rapport avec les intérêts que la France avait dans
cette guerre formidable.

« Soyez donc fiers de vos succès, fiers des résultats obtenus, fiers surtout d'être les enfants bien-
aimés de cette France, qui sera toujours la grande
nation, *tant qu'elle aura un cœur pour comprendre
les nobles causes et des hommes comme vous pour les
défendre!* »

Bazancourt. Expédition d'Italie.

§ 4. RETOUR DE L'EMPEREUR; EFFET DE LA PAIX DE VILLAFRANCA EN FRANCE ET EN EUROPE.

La France avait accueilli avec une joie immense la
victoire de Solferino. Jamais peut-être émotion plus
universelle, enthousiasme plus unanime et plus pur
n'avait animé Paris et le pays. Le 25 juin au soir, la
capitale présentait un coup d'œil féerique : tout, jusqu'à l'humble fenêtre du pauvre, était illuminé : un
frémissement d'orgueil guerrier courait dans l'air. En
Alsace, mille feux allumés sur les mamelons et les
pentes des Vosges répondirent à la magique illumina-
tion aux flammes de Bengale de la flèche de la cathédrale de Strasbourg, et projetèrent sur toute la vallée
du Rhin leurs joyeuses lueurs, que contemplaient
étonnés et tristes, au delà du fleuve, les paysans de la
Forêt-Noire. Dans toutes les villes, dans tous les villages, la joie patriotique s'exprima bruyamment et de
mille façons. Lorsque l'Impératrice se rendit à Notre-
Dame pour le *Te Deum*, sa voiture fut littéralement
couverte de fleurs.

On était encore dans l'enivrement de cette victoire,
dont on connaissait à peine les derniers détails, lorsque le télégraphe apporta successivement les nouvelles
de l'armistice, de l'entrevue de Villafranca, de la paix.
Ce fut une surprise universelle, agréable aux classes
élevées, qui goûtaient peu cette guerre, déplaisante
aux classes populaires, qui ne voyaient leurs espérances à l'égard de l'Italie qu'à moitié réalisées. On ne
comprenait pas ce brusque dénoûment d'une campagne jusque-là si heureuse. En un mois, du 20 mai au
24 juin, nous avions livré trois combats et deux grandes batailles : la Vénétie, enserrée de tous côtés, ne
semblait nullement pouvoir nous échapper, et l'Empereur s'arrêtait. La satisfaction qu'apporte toujours avec
elle l'annonce de la paix fut donc mêlée de mécouten-
tement, et cela se conçoit. Nous étions habitués à l'enthousiasme, aux rues pavoisées de drapeaux, aux cau-
series militaires, au bruit du canon des Invalides
tonnant pour célébrer les gloires de notre armée, et
voilà que tout à coup nous retombons dans la vie ordinaire, dans les préoccupations mesquines. Plus la
transition était rapide, plus la déception fut profonde.
Ceux-là mêmes (c'est le propre du caractère français)
qui auraient blâmé le plus vivement l'Empereur de se
jeter dans une guerre générale, critiquaient avec le
plus d'acharnement la sage paix de Villafranca.

Les orateurs officiels qui, au retour de l'Empereur à
Saint-Cloud, vinrent lui apporter les félicitations des
grands corps de l'État, se gardèrent bien de se faire
l'écho des diverses appréciations de l'opinion publique.
L'empereur Napoléon III, sautant par-dessus leurs
compliments, alla droit, dans sa réponse (19 juillet), à
la question qui préoccupait le pays. Il tint à expliquer,
pour ainsi dire, sa conduite devant le pays, et il le fit
en termes éloquents, où l'on sentit l'émotion d'un vainqueur forcé à rompre avec la victoire et à repousser
les enchantements de la gloire pour n'écouter que la
voix sévère de la raison.

« Messieurs, dit-il, en me retrouvant au milieu de
vous, qui, pendant mon absence, avez entouré l'Impératrice et mon fils de tant de dévouement, j'éprouve le
besoin de vous remercier d'abord, et ensuite de vous
expliquer quel a été le mobile de ma conduite.

« Lorsqu'après une heureuse campagne de deux
mois, les armées française et sarde arrivèrent sous

Entrée de l'empereur Napoléon et de Victor-Emmanuel à Turin.

les murs de Vérone, la lutte allait inévitablement changer de nature, tant sous le rapport militaire que sous le rapport politique. J'étais fatalement obligé d'attaquer de front un ennemi retranché derrière de grandes forteresses, protégé contre toute diversion sur ses flancs par la neutralité des territoires qui l'entouraient, et, en commençant la longue et stérile guerre de siéges, je trouvais en face l'Europe en armes, prête, soit à disputer nos succès, soit à aggraver nos revers.

« Néanmoins, la difficulté de l'entreprise n'aurait ni ébranlé ma résolution, ni arrêté l'élan de mon armée, si les moyens n'eussent pas été hors de proportion avec les résultats à attendre. Il fallait se résoudre à briser hardiment les entraves opposées par les territoires neutres, et alors accepter la lutte sur le Rhin comme sur l'Adige. Il fallait partout franchement se fortifier du concours de la révolution. Il fallait répandre encore un sang précieux qui n'avait que trop coulé déjà ; en un mot, pour triompher, il fallait risquer ce qu'il n'est permis à aucun souverain de mettre en jeu que pour l'indépendance de son pays.

Rentrée en France des troupes de l'armée d'Italie. — Les aumôniers et les blessés.

« Si je me suis arrêté, ce n'est donc pas par lassitude ou par épuisement, ni par abandon de la noble cause que je voulais servir, mais parce que, dans mon cœur, quelque chose parlait plus haut encore : l'intérêt de la France.

« Croyez-vous donc qu'il ne m'en ait pas coûté de mettre un frein à l'ardeur de ces soldats, qui, exaltés par la victoire, ne demandaient qu'à marcher en avant?

« Croyez-vous qu'il ne m'en ait pas coûté de retrancher ouvertement devant l'Europe, de mon programme, le territoire qui s'étend du Mincio à l'Adriatique?

« Croyez-vous qu'il ne m'en ait pas coûté de voir dans les cœurs honnêtes de nobles illusions se détruire, de patriotiques espérances s'évanouir?

« Pour servir l'indépendance italienne, j'ai fait la guerre contre le gré de l'Europe ; dès que les destinées de mon pays ont pu être en péril, j'ai fait la paix.

« Est-ce à dire maintenant que nos efforts et nos sacrifices aient été en pure perte? Non. Ainsi que je l'ai dit dans les adieux à mes soldats, nous avons droit d'être fiers de cette courte campagne. En quatre combats et deux batailles, une armée nombreuse, qui ne le cède à aucune en organisation et en bravoure a été vaincue. Le roi de Piémont, appelé jadis le Gardien des Alpes, a vu son pays délivré de l'invasion et la frontière de ses États portée du Tessin au Mincio. L'idée d'une nationalité italienne est admise par ceux qui la combattaient le plus. Tous les souverains de la Péninsule comprennent enfin le besoin impérieux de réformes salutaires.

« Ainsi, après avoir donné une nouvelle preuve de la puissance militaire de la France, la paix que je viens de conclure sera féconde en heureux résultats; l'avenir les révélera chaque jour davantage, pour le bonheur de l'Italie, l'influence de la France, le repos de l'Europe. » L'avenir a révélé que nous avions eu tort; nous pouvions alors tenir tête à l'Allemagne qui, dix ans plus tard, mieux organisée, nous a écrasés.

Le 21 juillet, l'Empereur reçut le corps diplomatique et lui adressa les paroles suivantes, qui trahissaient une secrète amertume : « L'injustice dont l'Europe a fait preuve envers moi, au début de la guerre, m'a rendu d'autant plus heureux de faire la paix et de montrer à tous qu'il n'est jamais entré dans mes intentions de bouleverser l'Europe ni de susciter une guerre générale. »

On ne tarda pas, cependant, à revenir sur la première impression qu'avait excitée la paix de Villafranca, et l'effet que cette paix imprévue produisait sur l'Europe ne contribua pas peu à ramener les esprits.

Grande fut la stupeur de l'Allemagne. Tout le bruit qu'elle venait de faire n'avait que prouvé une fois de plus la vanité de ses craintes, la modération de la France, l'ambition de la Prusse, la division des États, l'antagonisme du Nord et du Midi, l'impuissance de la Confédération. La fin de la guerre rendit à l'Autriche toute son influence sur la Confédération. Les journaux autrichiens et prussiens commencèrent une lutte vive et acharnée : l'empereur d'Autriche, dans son manifeste du Luxembourg (15 juillet), déclara que s'il avait consenti à la paix, c'est « qu'il avait acquis la conviction que, par une entente directe après l'empereur des Français, et sans intervention d'un tiers, il obtiendrait, en tous cas, des conditions moins défavorables qu'il ne pouvait en attendre de l'immixtion dans les pourparlers des trois grandes puissances n'ayant pris aucune part à la guerre. » Il accusait hautement la Prusse d'être la cause de ses désastres. Les Prussiens, de leur côté, reprochaient à l'empereur d'Autriche d'avoir mieux aimé se livrer à la France que de laisser prendre à la Prusse une position dominante. L'antagonisme des deux puissances s'affirma plus encore lorsqu'on agita la question de la réforme fédérale.

Les derniers événements avaient réveillé toutes les querelles de 1848. Une assemblée de démocrates, à Eisenach, demanda la réforme de la constitution fédérale dans le sens d'une représentation nationale du peuple allemand, de la prépondérance de la Prusse et de l'extension de l'Autriche. Celle-ci, comme on devait s'y attendre, s'opposa à ce que la question fût agitée à la Diète. Les partisans de la réforme fédérale de toutes les nuances se réunirent sous le nom de Société nationale (National Verein). Le National Verein compta bientôt plus de vingt mille associés. La question de la réforme fédérale devint la grande question à l'ordre du jour en Allemagne. L'Autriche veut accomplir la réforme à son profit, la Prusse au sien, les

États secondaires à leur avantage. L'unitarisme et le particularisme, pour nous servir des mots barbares des Allemands, se livrèrent des batailles acharnées, et au-dessus s'éleva le dualisme prussien et autrichien, qui ne contribua pas peu à augmenter la confusion du chaos germanique.

L'Angleterre se trouva également mortifiée de la paix de Villafranca, conclue sans elle. « Nous n'avons pas eu le temps, dit le *Times* du 14 juillet, de nous mêler de la paix; on n'a eu que faire de notre médiation. On nous a épargné tout le labeur de la diplomatie, l'ingratitude de ceux qu'on réconcilie, les bévues des envoyés extraordinaires et des ministres plénipotentiaires. Aucun nom anglais n'apparaîtra dans cette page de l'histoire, et ce ne sera qu'indirectement que ce traité figurera dans nos *Blue-Books*. Nous n'aurons pas, cette fois, besoin d'homélies pour châtier notre vanité nationale, qui, dans cette affaire, n'a pas lieu de s'exalter. » Le *Morning-Post* ajoutait : « Où est la dignité, où sont l'énergie de langage, la pureté des vues et d'intentions que nous avions l'habitude de déployer toutes les fois que de grands intérêts européens étaient dans la balance? L'Angleterre ne se trouve littéralement nulle part. Nous qui, non sans raison, avons fait tant de bruit et nous sommes tant vantés de notre fière supériorité, où sommes-nous, à présent? En quoi nous concerne le remaniement de la carte d'Europe? C'est le gouvernement de lord Derby qu'il faut considérer comme responsable, dans le principe, de l'humiliation qui pèse actuellement sur nous. Ces hommes qui représentaient l'Angleterre devant le continent, qui avaient le devoir sacré de maintenir son rang parmi les grandes puissances, qui étaient obligés d'étudier les signes des temps, de discerner et de saisir les occasions favorables qui se présentaient à eux, c'est sur eux que retombe l'éternelle honte de notre position actuelle. »

Au dépit succéda la frayeur. On crut, au delà de la Manche, que l'empereur Napoléon, en se réconciliant avec l'empereur d'Autriche, n'avait eu d'autre intention que de se retourner contre l'Angleterre. La fièvre d'armements reprit le pays, et le cabinet Palmerston-Russel, arrivé au pouvoir avec des sentiments favorables pour la France, se trouva à notre égard presque dans la même situation que le cabinet de lord Derby au commencement de la guerre. Il pressa les travaux de défense comme si une armée d'invasion était déjà sur le rivage de Boulogne. Il chercha surtout à contrarier la politique de la France et à exploiter à son profit la paix de Villafranca en paraissant soutenir les Italiens avec plus d'ardeur que nous. On verra plus loin quelle part il prit à la révolution italienne, et comment il sut croquer les marrons que nous avions tirés du feu.

La Russie seule fut satisfaite des préliminaires de Villafranca. Une lettre d'Alexandre II n'avait pas été étrangère à la résolution de Napoléon III, et la fin de la guerre fut très-agréable au cabinet de Saint-Pétersbourg, qui, par sa sage conduite avait acquis une influence qu'on vit augmenter encore après que la paix fut faite.

§ 5. RENTRÉE DES TROUPES D'ITALIE; LE CAMP DE SAINT-MAUR; FÊTES DES 14 ET 15 AOÛT; L'AMNISTIE DU 16 AOÛT.

En présence de l'attitude de l'Allemagne et de l'Angleterre, Napoléon III ne se départit point du calme dont il venait de donner, en signant la paix, un exemple unique. Il parla d'un congrès pour la réorganisation définitive de l'Italie. Une note du *Moniteur* répondit aux craintes de nos voisins par la comparaison des budgets de la guerre et de la marine en France et en Angleterre. Cette note prouva qu'en Angleterre les dépenses de la guerre et de la marine s'étaient accrues depuis 1853 de plus de 200 millions. Pour l'année 1860, notre budget de la guerre et de la marine s'élevait à 453 millions, tandis que ces mêmes services allaient coûter à nos voisins 650 millions. Ces chiffres démontrent jusqu'à quel point l'Angleterre redoutait le nouvel Empire. Les mesures pacifiques se succédèrent : le 29 juillet l'armée fut réduite au pied de paix, et le 1er août le corps d'observation de l'Est fut dissous.

Soixante mille hommes de nos troupes durent rester en Lombardie jusqu'au règlement définitif des questions pendantes. Les autres régiments furent rappelés en France. A mesure qu'ils arrivaient, on les établit dans la plaine Saint-Maur, derrière le fort de Vincennes, où se forma un camp qui devint un objet de vive curiosité pour les Parisiens. On s'y rendit en foule pour voir de près les libérateurs de l'Italie, leur teint bruni, leurs vêtements usés, leurs drapeaux déchirés, pour les observer dans la vie du camp et presque dans la vie guerrière. La rentrée des troupes dans Paris devait avoir lieu le 14 août, veille de la fête nationale. On ne saurait se faire une idée de l'affluence d'étrangers qui s'étaient portés dans la capitale : les chemins de fer versèrent, dit-on, plus de 600 000 visiteurs.

A la place de la Bastille, où l'Empereur vint prendre le commandement de l'armée d'Italie, on avait élevé un arc de triomphe qui reproduisait la façade élégante de la splendide cathédrale de Milan. Sur tout le parcours des boulevards, emblèmes, devises, drapeaux étaient prodigués. Une pluie de fleurs qui rappela celle d'Alexandrie et de Milan, accueillit l'Empereur et ses soldats. On remarqua que l'enthousiasme si vif, au départ pour la guerre, dans les quartiers populaires, alla au contraire en croissant, au retour, lorsque le souverain arriva dans les quartiers commerçants et aristocratiques. C'était prévu et logique. Le peuple avait été désappointé par la paix de Villafranca, qui avait réjoui les classes élevées. En prenant les armes pour l'indépendance de l'Italie, Napoléon III avait suivi une politique de générosité et de progrès qui a le don de séduire les masses : en déposant les armes, il avait fait acte de raison et de sagesse, ra suré les intérêts de la classe commerçante qui préfère le calcul au sentiment. Ceux qui l'avaient, au début, taxé de témérité, n'eurent pas assez d'admiration pour la grande et difficile prudence de Villafranca ; ceux qui l'avaient salué avec bonheur lorsqu'il tirait l'épée pour affranchir un peuple ami, ne l'avaient pas vu avec le même plaisir remettre l'épée au fourreau avant que l'œuvre d'affranchissement fût complète. Toutefois dans les acclamations qui retentirent au passage de l'Empereur, la différence que nous avons indiquée ne fut qu'une nuance : nos victoires enorgueillissaient tout le monde et unissaient tous les cœurs dans un même élan patriotique à la vue de cette héroïque armée qui venait de réveiller les souvenirs du premier Empire. La fête nationale du 15 août emprunta à ces circonstances un éclat inaccoutumé, et fut comme un second jour de triomphe pour nos soldats.

Le soir du 14 août, l'Empereur avait réuni dans un banquet, au Louvre, les principaux chefs de l'armée, au nombre de trois cents. A la fin du banquet, il leur adressa ces mâles paroles : « La joie que j'éprouve en me retrouvant avec la plupart des chefs de l'armée d'Italie serait complète, s'il ne venait s'y mêler le regret de voir se séparer bientôt les éléments d'une force si bien organisée et si redoutable. Comme souverain et comme général en chef, je vous remercie encore de votre confiance. Il était flatteur pour moi, qui n'avais pas commandé d'armée, de trouver une telle obéissance de la part de ceux qui avaient une grande expérience de la guerre. Si le succès a couronné nos efforts, je suis heureux d'en rapporter la meilleure part à ces généraux habiles et dévoués qui m'ont rendu le commandement facile, parce que, animés du feu sacré, ils ont sans cesse donné l'exemple du devoir et du mépris de la mort.

« Une partie de nos soldats va retourner dans ses foyers. Vous-mêmes, vous allez reprendre les occupations de la paix. N'oubliez pas néanmoins ce que nous avons fait ensemble. Que le souvenir des obstacles surmontés, des périls évités, des imperfections signalées revienne souvent à votre mémoire, car, pour tout homme de guerre, le souvenir est la science même.

« En commémoration de la campagne d'Italie, je ferai distribuer une médaille à tous ceux qui y ont pris part, et je veux que vous soyez aujourd'hui les premiers à la porter. Qu'elle me rappelle parfois à votre pensée, et qu'en lisant les noms glorieux qui y sont gravés, chacun se dise : si la France a tant fait pour un peuple ami, que ne ferait-elle pas pour son indépendance ! »

Pourquoi les promesses d'étude contenues dans ces paroles n'ont-elles pas été tenues ? L'intégrité de notre pays n'a pu être maintenue plus tard par la même organisation militaire.

Le 16 août, parurent deux décrets de l'Empereur. L'un accordait amnistie pleine et entière aux exilés ou condamnés politiques ; l'autre annulait les *avertissements* donnés à la presse. L'amnistie ne comportait ni exceptions, ni réserve ; elle s'appliquait à la fois aux condamnations prononcées par les tribunaux ou conseils de guerre pour faits politiques et aux mesures de sûreté générale, telles que transportation, internement, éloignement momentané du territoire, surveillance, etc. Cet acte fut accueilli par une approbation unanime. La plupart des hommes politiques éloignés jusque-là de la France s'empressèrent d'y rentrer : quelques-uns cependant crurent devoir se condamner à une prolongation d'exil. De ce nombre furent MM. Victor Hugo, Edgar Quinet, Louis Blanc, Charras, qui expliquèrent, par des déclarations rendues publiques, les motifs qui les retenaient à l'étranger. Ces protestations, les unes calmes et résignées, les autres empreintes d'une extrême violence, produisirent peu d'effet. M. Victor Hugo eut la modestie de s'identifier avec la liberté. « Quand la liberté rentrera, dit-il, je rentrerai. »

La guerre d'Italie venait donc de produire son premier résultat : elle devait en avoir bien d'autres en France, en Italie et même en Autriche. En Italie, le mouvement vers l'unité va se précipiter, et nous assisterons à la formation d'un royaume italien ; en France, l'amnistie n'est que le prélude d'une politique progressive et libérale ; l'Autriche, cet antique boulevard du

Entrée triomphale à Paris de l'armée d'Italie — L'empereur allant au devant des troupes (14 août 1859). (Page 82, col. 2.)

pouvoir absolu, va s'ouvrir au gouvernement constitutionnel. On vit donc rarement plus courte campagne et plus longues conséquences : aussi oubliera-t-on les sacrifices qu'elle a coûtés pour ne songer qu'aux fruits qu'elle a portés.

Maudissons la guerre dans ses horreurs, payons un pieux tribut de regrets et d'hommages à ses victimes, souhaitons que le droit ait, de moins en moins, pour triompher, besoin des baïonnettes ; mais aussi inscrivons cette guerre d'Italie au nombre de nos plus glorieuses. Il ne faut pas que la France se fasse le chevalier errant des révolutions ; toutefois lorsqu'une cause juste la sollicite, lorsqu'un peuple ami l'appelle, que son intérêt est d'accord avec son sentiment, il est bon qu'elle tire l'épée au nom du droit, et que, fidèle à ses vieilles traditions, elle défende le faible contre le fort, l'opprimé contre l'oppresseur. Je ne suis pas de ceux qui attendent de l'Italie une vive reconnaissance : les peuples qu'on a secourus raillent souvent, après

leur délivrance, le dévouement de ceux qu'ils ont implorés dans la détresse : quelquefois même la dette qu'ils ont contractée leur pèse et les offense. L'événement ne l'a que trop prouvé. L'Italie, loin de nous secourir dans nos désastres, en a profité pour mettre la main sur Rome, pour compléter son unité sans se soucier de nous. Mais quand on emploie sa force à la protection de la justice, il faut chercher plus qu'une douteuse reconnaissance, la satisfaction du devoir accompli, et notre pays a eu cette satisfaction. Toute généreuse inspiration manque rarement d'ailleurs d'apporter avec elle sa récompense, car le bien a cela de particulier, c'est qu'il profite souvent plus à l'amélioration de celui qui le fait qu'au soulagement de celui pour lequel on le fait. La France l'éprouva après la guerre d'Italie, et ce n'est pas là, certes, un des moins précieux résultats des glorieuses journées de Montebello, de Magenta, de Marignan et de Solferino.

CHAPITRE XX.

RÉSULTATS DE LA GUERRE D'ITALIE. LA QUESTION ROMAINE. L'UNITÉ ITALIENNE.

§ I. TRAITÉS DE ZURICH (16 OCTOBRE-10 NOVEMBRE 1860) ; SITUATION DE L'ITALIE CENTRALE ; LES ROMAGNES.

Les conséquences de la guerre d'Italie pour la France ne furent qu'indirectes : pour l'Italie, elles furent immédiates et d'une haute importance.

Les préliminaires de Villafranca avaient posé les bases d'une nouvelle organisation de ce pays si malheureusement divisé. Mais ils n'avaient pu qu'indiquer cette organisation. Lorsque les plénipotentiaires de la France, de l'Autriche et de la Sardaigne conclurent les traités de *Zurich* (16 oct.-10 novembre), ils ne purent également régler que la cession de la Lombardie, le tracé des fontières et les questions de finances. Quant à la confédération italienne, ils reproduisirent simplement les préliminaires de Villafranca. L'organisation de l'Italie ne pouvait être que l'œuvre d'un congrès ; mais les événements allèrent plus vite que la diplomatie, et déjà à l'époque des traités de Zurich, on n'espérait guère la réussite d'une confédération.

La paix de Villafranca avait réservé le retour des souverains de l'Italie centrale. Comment assurer ce retour? La France ne pouvait employer la force pour restaurer des princes qui lui étaient hostiles, un duc de Modène qui s'était montré dans les rangs autrichiens à Solferino. Puisque nous venions de combattre pour détruire l'influence autrichienne en Italie, nous ne pouvions permettre à l'Autriche de ramener elle-même des princes, ses lieutenants. Il était évident que personne ne rétablissant les souverains déchus, ces souverains ne reviendraient pas. Les États de l'Italie centrale, groupés autour du Piémont pendant la guerre, allaient s'attacher à lui et la politique annexioniste du cabinet de Turin allait certainement continuer malgré la retraite de son habile chef, le comte de Cavour.

La paix de Villafranca avait désespéré M. de Cavour qui, par son adresse à profiter des circonstances, avait probablement, en engageant Napoléon III plus loin que celui-ci ne voulait aller, déterminé la brusque conclusion de la paix. M. Rattazzi, l'homme le plus considéré de la majorité libérale, après M. de Cavour, fut chargé de composer un nouveau cabinet qui rappela les commissaires envoyés dans les duchés, mais, tout en sauvegardant les apparences, ne négligea rien pour développer le mouvement unitaire.

Les provinces de l'Italie centrale, n'acceptant pas le retour de leurs anciens souverains stipulé à Villafranca, élurent des assemblées et des gouvernements provisoires. Du 20 au 27 août, les assemblées de Parme, de Modène, de Florence votèrent la déchéance des anciens souverains et demandèrent l'annexion au Piémont. Les populations de la Romagne firent de même. L'empereur Napoléon avait écrit, dès le 14 juillet, au pape pour le prier de ne point retarder les réformes et de regagner les populations de la Romagne en les plaçant sous une administration laïque Le pape se contenta de protester contre la séparation de cette province qui s'en inquiéta peu. Le 28 août le suffrage universel fut appliqué à l'élection d'une assemblée qui adopta à l'unanimité une motion déclarant que « le pays » ne voulait pas du gouvernement temporel du saint-siège (16 sept.).

Des députations furent envoyées à Victor-Emmanuel par les Etats de l'Italie centrale pour lui exprimer leur désir d'être réunis au Piémont. Victor-Emmanuel, retenu par le gouvernement français, fit des réponses sympathiques mais réservées, surtout en ce qui concernait les Romagnes. Il promit seulement de défendre les vœux de ces provinces auprès des grandes puissances. Le saint-siége n'en rompit pas moins toutes relations avec le cabinet de Turin.

On pouvait déjà considérer les Romagnes comme perdues pour Pie IX. Les autres provinces ne demandaient qu'à se séparer aussi. Elles avaient même essayé de se soulever pendant la guerre, mais la révolte de Pérouse avait été cruellement réprimée par le colonel Schmidt des Suisses (20 juin). A Rome on ne craignait aucun trouble en présence de l'armée française : toutefois les libéraux manifestèrent leurs sentiments lors du départ de l'ambassadeur piémontais. L'idée de l'unification italienne faisait des progrès et le pouvoir temporel du saint-père paraissait de plus en plus compromis.

Cet état de choses contrariait la politique de l'empereur Napoléon, et lui causait à l'intérieur des embarras. Il réjouissait l'Angleterre, qui voulait développer en Italie toutes les conséquences de la guerre, que l'Empereur s'efforçait de restreindre. Napoléon III avait eu l'intention d'affranchir la Péninsule de l'influence étrangère et de fortifier le Piémont, mais non de livrer à ce dernier toute l'Italie. Il avait brusqué la paix pour ne pas laisser s'étendre le mouvement révolutionnaire : il cherchait donc à l'entraver en pesant sur le Piémont. Mais l'entraînement continua et la question romaine, en se posant au delà des monts, amena en France une première agitation religieuse.

Pie IX, qui avait déjà protesté contre la séparation des Romagnes, prononça dans le consistoire secret du 26 septembre une nouvelle allocution dans laquelle il se répandait en vives plaintes sur les événements accomplis au préjudice des droits de l'Église, déclarait nuls les actes de ses sujets révoltés, et rappelait que ceux qui y avaient participé encouraient les censures et les peines ecclésiastiques. Un certain nombre d'évêques de France prirent en main la cause du pape, et dans leurs mandements représentèrent la diminution possible du pouvoir temporel du pape comme une atteinte portée à son autorité religieuse et au catholicisme tout entier. Le ton de ces lettres pastorales devint de moins en moins modéré. L'évêque de Poitiers, Mgr. Pie, proclama la supériorité des institutions romaines sur les institutions toujours ébranlées et chancelantes des temps modernes. Mgr. Dupanloup, évêque d'Orléans, prit tout de suite dans cette campagne le premier rang et par son talent d'écrivain et par la vivacité de ses sentiments. Les journaux libéraux répondirent aux arguments comme aux passions des évêques. Ce fut le premier feu de la question romaine. L'Empereur crut devoir, en revenant de Biarritz, le 11 octobre, profiter de son passage à Bordeaux pour adresser au cardinal Donnet, qui d'ailleurs les avait habilement provoquées, quelques paroles sur les graves intérêts qui s'agitaient en Italie. « J'ai le ferme espoir, dit-il, qu'une nouvelle ère de gloire s'élèvera pour l'Église, le jour où tout le monde partagera ma conviction, que le pouvoir temporel du saint-père n'est pas opposé à la liberté et à l'indépendance de l'Italie. Le gouvernement qui a ramené le saint-père sur son trône, ne saurait lui faire entendre que des conseils inspirés par un respectueux et sincère dévouement à ses intérêts. Mais il s'inquiète avec raison du jour, qui ne saurait être éloigné, où Rome sera évacué par nos troupes; car l'Europe ne peut permettre que l'occupation qui dure depuis six années se prolonge indéfiniment; et quand notre armée se retirera, que laissera-t-elle derrière elle? l'anarchie, la terreur, ou la paix? Voilà la question dont l'importance n'échappe à personne. Mais, croyez-le bien, à l'époque où nous vivons, pour les résoudre, il faut, au lieu d'en appeler aux passions ardentes, rechercher avec calme la vérité, et prier la Providence d'éclairer les peuples et les rois sur le sage exercice de leurs droits, comme sur l'étendue de leurs devoirs. » Quelques jours après, le Ministre de l'intérieur invita les journaux à ne plus reproduire les lettres épiscopales, et la question s'apaisa, mais pour se réveiller bientôt et plus vive.

§ 2. LA BROCHURE « LA PAPE ET LE CONGRÈS »; LE GOUVERNEMENT TEMPOREL.

Vers la fin de décembre parut une brochure qu'on attribua (à tort ou à raison) à un publiciste renommé, M. de la Guéronnière, et à une haute inspiration. Cette brochure examinait quelle devait être l'œuvre à opérer par le prochain Congrès, quant à la question romaine, et posait la question sous un jour tout nouveau. L'auteur proclamait d'abord un principe incontestable, l'indépendance du souverain pontife. « Au point de vue politique, disait-il, il est nécessaire que ce chef de deux cents millions de catholiques n'appartienne à personne, qu'il ne soit subordonné à aucune puissance, et que la main auguste qui gouverne les âmes, n'étant liée par aucune dépendance, puisse s'élever au-dessus de toutes les passions humaines. » Mais comment assurer cette indépendance? Dans notre siècle, le pape ne peut guère garder le pouvoir temporel. « Comment, poursuivait l'auteur de la brochure, le pape sera-t-il tout à la fois pontife et roi? Comment l'homme de l'Évangile qui pardonne sera-t-il l'homme de la loi qui punit? Comment le chef de l'Église qui excommunie les hérétiques sera-t-il le chef de l'État qui protége la liberté de conscience? » En un mot comment établir l'union de la puissance spirituelle et de la puissance temporelle, sans que les intérêts de la terre fassent sacrifier les intérêts du ciel, sans que les devoirs du pontife ne nuisent pas aux devoirs du souverain? L'auteur ne voyait qu'un moyen de résoudre le problème : c'était celui de le restreindre. Le pape souverain d'un grand État risquera bien d'être un mauvais souverain. « Un grand État voudra vivre politiquement, perfectionner ses institutions, participer au mouvement général des idées, bénéficier des transformations du temps, des conquêtes de la science, des progrès de l'esprit humain. Il ne le pourra pas. Les lois seront enchaînées aux dogmes. Son activité sera paralysée par la tradition. Son patriotisme sera condamné par sa foi! » Plus nous rétrécirons le domaine du pape, plus son gouvernement sera aisé, plus la question se simplifiera. « Il suit de là naturellement, d'après nous, disait la brochure, que la question n'est pas de savoir si le pape aura plus ou moins de sujets, plus ou moins de territoire. Il faut qu'il en ait assez pour ne pas être assujetti lui-même et pour être souverain dans l'ordre temporel. Mais il ne faut pas que cette souveraineté l'oblige à jouer un rôle politique, car alors le pontife, loin de trouver dans ce pouvoir une garantie d'indépendance, n'y trouverait qu'une condition de servitude pour lui ou une nécessité d'asservissement pour son peuple. »

Le pont Solférino, à Paris.

L'auteur exposait ensuite la manière dont il concevrait le pouvoir temporel : laisser au pape le moins de domaines possible, Rome et quelques lieues de territoire : une forte organisation municipale de ce coin de terre, centre de la religion, mais privé de toute vie politique. Le peuple du souverain pontife ne serait qu'une grande famille groupée autour de lui, n'ayant pour s'occuper que « la contemplation, les arts, le culte des grands souvenirs et la prière. Ce sera un gouvernement de repos et de recueillement, une sorte d'oasis où les passions et les intérêts de la politique n'aborderont pas et qui n'aura que les douces et calmes perspectives du monde spirituel. »

On pense combien cette brochure fit sensation : jus-

Son Ém. le cardinal Donnet, archevêque de Bordeaux [1].

qu'alors il n'avait été question que d'une province à céder : c'était une transformation complète du pouvoir temporel que l'auteur de la brochure proposait, la suppression des États de l'Église. Le parti libéral y applaudit tout en estimant ses conclusions encore timides et en soutenant qu'on ne pouvait ainsi con-

1. Le cardinal Donnet, né en 1795, à Bourg-Argental (Loire), est fils d'un médecin. Prêtre en 1819, il ne tarda pas à se distinguer par son talent de prédicateur. Curé de Villefranche (Rhône) en 1827; il administra en qualité de coadjuteur, en 1835, le diocèse de Nancy. En 1836 il fut nommé au siége archiépiscopal de Bordeaux. Il fut fait cardinal en 1852. Ses *Lettres et Mandements* forment plusieurs volumes qui ne manquent pas de mérite littéraire.

damner quelques centaines de mille hommes à cette vie contemplative, nécessaire au maintien du gouvernement du pape. Il trouvait tout simple la suppression définitive du pouvoir temporel et s'inquiétait peu des résultats qu'amènerait cette suppression au point de vue religieux. Le parti catholique n'eut pas de qualifications assez sévères pour la brochure qui réduisait le pape à la possession de Rome et d'un jardin. Mgr d'Orléans rudoya sans pitié l'auteur anonyme. La guerre recommença donc de plus belle et ne s'arrêta pas à la question de litige : ce fut une lutte nouvelle entre l'esprit laïque et l'esprit ecclésiastique, entre les principes de 1789 et les traditions du passé. L'ultramontanisme, dont M. Veuillot était le champion le plus hardi et le plus acerbe, afficha ouvertement ses doctrines, et, confondant tous ses adversaires sous le nom de révolutionnaires, ne cacha point qu'il regrettait le bon vieux temps.

C'est là ce qui a donné à la question romaine cette haute importance. Question politique, elle aurait dû conserver son caractère, mais le clergé en fit tout de suite une question religieuse. Sans doute parmi les ennemis du pouvoir temporel il y avait un grand nombre d'ennemis de l'Église, et pour beaucoup de libéraux ce conflit n'était que l'occasion de porter une sensible atteinte au pouvoir spirituel et au catholicisme. Le clergé avait raison de se défendre sur ce point et de dévoiler la tactique de ses adversaires. Mais aussi il avait ses exaltés qui, en ne tenant aucun compte des progrès de la civilisation moderne, poussaient les amis de ces progrès à rompre avec le catholicisme et à le considérer comme un obstacle au perfectionnement de l'humanité. La masse des bons esprits toutefois, laissant de côté les discussions religieuses et philosophiques, aimait mieux envisager les choses sous leur vrai point de vue : le côté politique.

Sans nier que la question du temporel eût ses attaches très-fortes avec la question du spirituel, ils se disaient qu'après tout le pape n'avait pas toujours été roi ; que sa souveraineté, nécessaire au moyen âge, où l'on ne concevait aucune autorité sans domaine, l'était moins au XIXᵉ siècle, où l'autorité morale possédait une force considérable ; que son pouvoir, obligé de se maintenir par les baïonnettes étrangères, n'était pas un pouvoir ; que le pape protégé par l'Autriche ou par la France n'était pas réellement indépendant ; que ses petits États ne pesaient rien dans la balance de l'équilibre européen ; enfin qu'en lui cherchant une autre garantie d'indépendance que celle des baïonnettes françaises, on ne faisait pas chose si préjudiciable à la religion que le donnait à croire un parti trop disposé à transformer la religion en arme politique et à couvrir ses ambitions terrestres des intérêts du ciel.

Au moment d'entrer dans ce récit de l'agitation produite par la question romaine, il faut bien nous fixer sur le point en litige : le gouvernement temporel. Sans cela nous risquerions, comme il est arrivé dans la plupart des discussions législatives, d'étendre outre mesure la question, de répéter des formules convenues, de revenir sans cesse sur les mêmes idées sans éclaircir le problème et sans en avancer la solution. Nous ne faisons pas de la théologie, mais de l'histoire : nous n'argumenterons point contre le pouvoir temporel, nous montrerons seulement ce qu'il est ; connaissant

le sujet du débat, nous pourrons mieux apprécier le débat lui-même.

Le pape, chef de la religion catholique, tenant de Dieu son autorité sur l'Église, estime aussi tenir du ciel son autorité sur les sujets que ses prédécesseurs lui ont légués. Pour lui Dieu seul est le principe de toute autorité même terrestre, tandis que le droit moderne, séparant la religion de la politique, ne voit dans le souverain qu'un chef choisi par la société, investi par elle de la mission de veiller à ses intérêts, qu'un fondé de pouvoir de tous les citoyens. De là une différence sensible entre le gouvernement du pape et les autres gouvernements : il est absolu comme l'était celui de nos rois avant 1789. On n'y connaît point de représentation nationale. De plus, le souverain étant pontife, et ayant charge d'âmes, se place au point de vue religieux pour la conduite des choses de ce monde : de là une confusion inévitable entre ces deux autorités d'évêque et de prince. Le pape, pour gouverner ses États, se sert du même conseil que pour diriger la catholicité. Les cardinaux qui l'ont choisi deviennent naturellement ses guides dans les affaires politiques comme dans les affaires ecclésiastiques. D'un autre côté, la nécessité d'administrer un pays devait introduire dans la cour de Rome un élément essentiellement laïque, et à la faveur de la confusion des deux pouvoirs, cet élément laïque devait fatalement s'insinuer dans le gouvernement même de l'Église : « C'est ce qui est arrivé par la carrière de la prélature et par le recrutement du sacré collége au sein des prélats. Ceux-ci sont les fonctionnaires du pouvoir temporel : ils n'ont d'ecclésiastique que la robe et le célibat ; ils peuvent n'être pas dans les ordres. Ce sont des préfets, des gouverneurs de province (légats ou délégats), ils deviennent des ministres de la police (*governatore di Roma*), de la guerre (*prefetto delle armi*) ; ils sont magistrats (*auditore di Rota*), préfets des eaux et forêts ou des archives, administrateurs d'hôpitaux, etc. Le cardinalat est le couronnement obligé de ces carrières toutes laïques. Au bout d'un certain temps passé dans ces emplois, ces fonctionnaires, qui n'ont jamais rempli de missions ecclésiastiques, doivent entrer dans le sacré collége. Le degré le plus élevé de l'apostolat, la charge la plus auguste sur laquelle s'appuie l'infaillibilité de l'Église, sont ainsi marqués comme le dernier terme d'avancement et le bâton de maréchal des petits fonctionnaires administratifs ou politiques d'un petit État. Depuis Sixte-Quint, l'Église, dont la papauté a concentré en elle tous les pouvoirs, est gouvernée surtout par l'intermédiaire des congrégations de cardinaux, la plupart fondées par ce pape, et que les papes consultent toujours lorsqu'ils ont à prendre de graves décisions. Or les congrégations ne peuvent être formées que de cardinaux *in curia*, comme on dit à Rome, et parmi les cardinaux *in curia* sont en majorité ceux qui sont parvenus par les fonctions laïques au sacré collége. Il y a vingt-neuf cardinaux *in curia* ; sur ce nombre, dix-sept ont eu une carrière exclusivement laïque, six ont parcouru une carrière mixte et ont rempli des fonctions laïques et ecclésiastiques ; six seulement n'ont occupé que des emplois ecclésiastiques. On le voit donc, la majorité du sacré collége, qui, réparti en congrégations, décide des affaires ecclésiastiques, est l'émanation réelle du temporel. »

Si la confusion des deux pouvoirs altère le gouvernement de l'Eglise, elle nuit surtout à la bonne administration du pays. Le pape, infaillible dans les choses de foi, est porté à s'attribuer la même infaillibilité dans les choses du monde. Pénétré de ses devoirs de pasteur, animé toujours d'excellentes intentions, il veut que ses sujets se laissent guider par lui et n'admet pas qu'ils aient d'autres sentiments que les siens sur la conduite des affaires, pas plus qu'il n'admet de désaccord sur les questions religieuses. La papauté s'est refusée à comprendre les principes rationnels de notre révolution; de ce qu'ils sortirent d'un mouvement philosophique, elle les repoussa et crut impossible le maintien de la foi sans le maintien de l'ancien système de gouvernement.

« Le pape Pie VII, rentré dans ses États en 1815, rétablit les tribunaux d'exception, l'inquisition, la vieille législation, les priviléges du clergé et des barons. Le pape Léon XII (élu en 1823), rétablit la juridiction épiscopale sur les affaires civiles, restitua aux églises le droit d'asile et poussa la répugnance pour le progrès jusqu'à abolir la commission de vaccine. L'esprit de réaction qui animait la cour pontificale, provoqua des sociétés secrètes et des soulèvements. Dans beaucoup de villes s'engagèrent des actions sanglantes, suivies de rigueurs et de supplices. Plusieurs cardinaux oublièrent leur caractère sacerdotal et ne parurent point comprendre qu'un gouvernement ecclésiastique doit avoir plus que les autres horreur du sang. Le successeur de Léon VII, Pie VIII, ne fit qu'apparaître sur le saint siége. Grégoire XVI (1831), qui le remplaça, était hostile à l'esprit du temps : une redoutable insurrection des Romagnes, qu'il dut faire réprimer par les Autrichiens, n'était pas de nature à le réconcilier avec cet esprit.

La France, l'Autriche, l'Angleterre, la Prusse et la Russie présentèrent au pape un mémorandum où les puissances conseillaient l'admissibilité des laïques aux fonctions administratives et judiciaires, le rétablissement des municipalités élues, l'organisation de conseils provinciaux, un réel contrôle des finances et la création d'une cour des comptes et d'une *junte* ou *consulte* administrative. Le pape refusa de s'engager envers les puissances. Cependant, il sentit la nécessité de chercher à satisfaire les aspirations libérales. Les édits des 5 juillet, 5 et 31 octobre, 4 et 5 novembre 1831 réformaient l'administration municipale, la justice civile et la justice criminelle, établissaient des conseils provinciaux; mais le souverain pontife n'avait point osé proclamer le grand principe de la sécularisation du gouvernement et n'assurait point aux conseils provinciaux une indépendance suffisante. Ces édits semblèrent aux Italiens une déception : les sociétés secrètes se reformèrent, l'agitation recommença, l'insurrection éclata de nouveau. Aussitôt Grégoire XVI rappela les Autrichiens qui se hâtèrent d'accourir. Casimir Périer, alors ministre de Louis-Philippe, s'opposa à cette seconde intervention des Autrichiens, et fit occuper Ancône par un de nos régiments.

L'occupation d'Ancône dura jusqu'en 1838. Si elle arrêta l'Autriche, elle n'améliora pas le sort des Italiens. La cour de Rome continua son système de réaction, laissa tomber une à une toutes les réformes déjà faites, licencia les gardes urbaines et prit à sa solde 5000 Suisses. Le pape Pie IX, à son avénement (1846), avait rompu, nous l'avons dit, avec la politique rigoureuse de Grégoire XVI, renvoyé les Suisses et signé

une amnistie. Mais les excès de la révolution de 1848 le rejetèrent dans le système opposé. Rétabli par les armes de la France, il ferma l'oreille à nos conseils, et les améliorations accordées par le *motu proprio* de 1849 changèrent peu de chose à un gouvernement qui avait besoin d'une transformation complète. »

M. de Rayneval, ambassadeur français et apologiste de la papauté, faisait en 1856 les aveux que voici : « *Naguère* les antiques traditions de la cour de Rome étaient fidèlement conservées. Toute modification aux usages établis, toute amélioration, même matérielle, était vue de mauvais œil et semblait pleine de dangers. Les affaires étaient exclusivement réservées aux prélats. Les emplois supérieurs de l'État étaient de droit interdits aux laïques. Dans la pratique, les différents pouvoirs étaient souvent confondus. Le principe de l'infaillibilité pontificale était appliqué aux questions administratives. On avait vu la décision personnelle du souverain réformer des sentences des tribunaux, même en matière civile. La gestion des finances publiques s'exerçait dans le plus profond secret. Aucune information n'était donnée à la nation sur l'emploi de ses deniers. Non-seulement le budget restait un mystère, mais on s'aperçut plus tard qu'on avait souvent omis de le dresser et de clore les comptes. Enfin, les libertés municipales, qui plus que toutes les autres sont appréciées par les populations italiennes et répondent à leurs véritables tendances, avaient été soumises aux mesures les plus restrictives. » Ce langage modéré en dit plus que toutes les déclamations.

On se ferait toutefois une idée fausse de ce gouvernement si on croyait qu'il pesait visiblement sur les classes inférieures. « Toutes les rigueurs, dit un écrivain qui l'a vu de près, sont pour les classes intelligentes, l'adversaire est l'homme qui lit ou qui a été à l'Université ; on épargne les autres. Sans doute un paysan peut être mis en prison pendant huit jours pour avoir fait gras un jour maigre; mais, comme il est superstitieux, il n'a pas envie de manquer aux rites. Il est obligé d'avoir son billet de confession; mais, à la ville, il y a des gens qui font métier de se confesser et de communier ; ils se procurent ainsi des billets qu'ils vendent deux pauls. En outre, l'impôt direct est léger, les droits féodaux ont été abolis par le cardinal Consalvi; il n'y a pas de conscription; la police, fort négligente, tolère les petites contraventions, le laissez-aller des rues. Si on donne un coup de couteau à son ennemi, on est vite gracié, et l'on n'a point à craindre l'échafaud, chose irrémédiable, horrible pour des imaginations méridionales. Enfin, toute l'année la chasse est permise; le port d'armes ne coûte presque rien ; nulle terre n'est réservée, sauf celles qui sont enceintes de mur. Il est bien commode de faire ce que l'on veut, à la seule condition de ne pas raisonner sur la chose politique, dont on ne se soucie pas et à laquelle on n'entend rien. Aussi, depuis l'entrée des Piémontais, trouve-t-on beaucoup de mécontents parmi les paysans de la Romagne; la conscription leur semble dure, l'impôt est plus fort; ils sont gênés par quantité de règlements : par exemple, on leur défend de sécher leur linge dans les rues, on les assujettit à la police exacte et aux charges du pays d'outre-monts. La vie moderne exige un travail assidu, des sacrifices nombreux, une attention active, une invention incessante; il faut vouloir faire un effort, s'enrichir, s'io-u struire et entreprendre. Une transformation comme celle-ci ne se fait point sans tiraillements ni répugnances.

« Pour l'argent, on n'a point à craindre les confiscations; mais elles sont remplacées par les tracasseries. Il faut être bien avec le gouvernement pour toucher son revenu, sinon, on court risque de voir son fermier faire la sourde oreille. Par ces mille petits liens d'intérêt personnel, le gouvernement tient ou maintient les propriétaires et la noblesse.

« Par suite les gens du *mezzo ceto*, avocats, médecins, sont serrés des mêmes entraves ; leur métier les met dans la dépendance de la grosse coterie populaire s'ils se montraient libéraux, ils perdraient leur meilleure clientèle. En outre tous les établissements d'instruction publique sont aux mains du clergé, Rome n'a pas un seul collége ou pension laïque. Enfin comptez tous les protégés, mendiants, petits employés, aspirants ou possesseurs de sinécures; tous ces gens-là obéissent et témoignent du zèle : leur pain quotidien en dépend. Voilà une hiérarchie de gens courbés, prudents, qui sourient d'un air discret et poussent des acclamations à volonté. Le comte G .. disait : « On

Mgr Dupanloup, évêque d'Orléans[1].

« fait ici comme en Chine; on ne coupe pas cruellement « les pieds, mais on les entortille et on les déforme si « bien sous des bandelettes, qu'on les rend incapa- « bles de marcher. »

1. Mgr Dupanloup est né en 1802 à Saint-Félix, en Savoie. Prêtre en 1825, il fut attaché à la maison royale pour l'éducation religieuse des princes et devint aumônier de Mme la Dauphine. En 1834 il prêchait à Notre-Dame et recevait quelques années plus tard le titre de vicaire général. En 1841 il professait à la Sorbonne l'éloquence sacrée. Son talent très-remarquable lui attirait de nombreux auditeurs, mais un tumulte, excité par ses jugements sur Voltaire, fit suspendre son cours. L'abbé Dupanloup fut nommé évêque d'Orléans le 6 avril 1849 et élu membre de l'Académie française en 1854 Profitant de la liberté d'enseignement, il a développé le petit séminaire de la ville épiscopale et fait une active concurrence aux établissements laïques. Mais aussi il a soutenu la cause des études classiques contre ceux qui prétendaient les proscrire au nom de la religion. Il a eu des luttes très-vives avec le journal l'*Univers*, luttes terminées par l'intervention de Rome. Les ouvrages de Mgr Dupanloup sont nombreux; le plus important est son livre *De l'Éducation* On peut reprocher à Mgr Dupanloup sa fougue belliqueuse: tout le monde reconnaît son rare talent d'écrivain

« Je tâche de me faire marquer nettement la limite et l'étendue de cette oppression. Elle n'est pas violente, atroce, comme celle des rois de Naples ; au sud l'ancienne tyrannie espagnole avait laissé des habitudes de cruauté ; il n'en est point de même à Rome. On n'y prend pas un homme tout d'un coup pour le mettre au fond d'une basse fosse, lui jeter tous les matins un seau d'eau glacée sur le corps, le torturer et l'hébêter ; mais s'il est libéral et mal noté, la police fait une descente chez lui, saisit ses papiers, fouille ses meubles et l'emmène. Au bout de cinq ou six jours, une sorte de juge d'instruction l'interroge ; d'autres interrogatoires suivent, les écritures font une liasse qui, après beaucoup de longueurs, est mise aux mains des juges proprement dits. Ceux-ci l'étudient non moins longuement ; l'un est resté trois mois prisonnier sur prévention, l'autre six mois. Le procès s'ouvre ; il est censé public, mais ne l'est pas ; le public reste à la porte, on admet trois ou quatre spectateurs, gens connus, éprouvés, et qui entrent avec des billets.

« Quant à l'administration, on reste autant que

Mgr Pie, évêque de Poitiers.

l'on peut dans la vieille ornière ; l'économie politique est une science malsaine, moderne, trop attachée au bien-être du corps. On laisse ou l'on met l'impôt sur les matières visiblement fructueuses, sans s'inquiéter de l'appauvrissement invisible qu'on étend par contre-coup sur le pays. Un cheval paye 5 pour 100 toutes les fois qu'il est vendu. Le bétail paye au pâturage, et en outre 28 francs par tête au marché, environ de 20 à 30 pour 100 de sa valeur ; le blé récolté dans l'*agro romano* paye à peu près 22 pour 100. En outre on emprunte. Tout cela est dans la tradition des finances des deux derniers siècles. Il s'agit de vivre, et l'on vit au jour le jour ; on tâche surtout de ne rien déranger à l'ordre établi ; les innovations font horreur à des gens vieux, alarmés par l'esprit moderne. Un de mes amis qui a voyagé au Mexique disait au pape : « Saint père, soutenez le nou-« vel empereur, ordonnez au clergé mexicain les trans-« actions et la soumission ; sinon, l'empire croulera, « les Américains protestants l'envahiront, le colonise-« ront et ce sera un grand pays perdu pour la foi ca-« tholique. » Le pape semblait comprendre, et voilà que le poids insurmontable des traditions vient de l'armer publiquement contre le seul établissement capable de prolonger dans l'Amérique du Nord le maintien de la religion dont il est le chef[1]. »

L'agriculture pourrait prospérer si la division de la propriété existait, si les impôts l'épargnaient et si le gouvernement l'encourageait. Les six dixièmes de *l'agro romano* sont propriété de main morte; trois dixièmes appartiennent aux princes et le reste à divers particuliers. En général, dans cette partie de l'Italie comme dans toutes les autres, ce n'est pas la nature qui est rebelle à l'homme. Presque partout sur les deux versants des Apennins du côté de la Méditerranée comme du côté de l'Adriatique, la plaine est d'une fertilité prodigieuse. « Plus d'un quart du pays peut être cultivé en blé. Le froment rend 15 pour 1 dans les bonnes terres; 13 dans les moyennes, 9 dans les plus médiocres. Les champs incultes se transforment spontanément en pâturages exquis. Le chanvre est admirable, lorsqu'on le cultive avec soin. La vigne et le mûrier prospèrent partout où on les plante. Les montagnes nourrissent les plus beaux oliviers et les meilleures olives de l'Europe. Un climat varié, mais généralement très-doux, fait mûrir les produits des latitudes les plus diverses. Le palmier et l'oranger réussissent dans une moitié du pays. Les plus riches troupeaux du monde encombrent la plaine en hiver, la montagne en été. Telle est la clémence du ciel que les chevaux, les vaches, les brebis vivent et se multiplient au grand air, sans connaître l'étable. Les buffles de l'Inde fourmillent dans les marais. Toutes les denrées nécessaires à la nourriture et à l'habillement de l'homme croissent facilement et comme avec joie sur cette terre privilégiée. »

Et cependant tout le monde a entendu parler de la tristesse et de l'abandon des environs de Rome! « De Civita-Vecchia jusqu'à Rome, sur un parcours d'environ seize lieues, la culture, continue l'auteur que nous citons, m'apparaissait comme un accident très-rare; auquel le sol n'était point accoutumé. Des prairies, des terres en friche, quelques broussailles et à de longs intervalles un champ labouré par des bœufs; voilà le spectacle que je promets à tous ceux qui feront le voyage en avril. Ils ne rencontreront pas même ce que l'on trouve dans les déserts les plus incultes de la Turquie : une forêt. On dirait que l'homme a passé par là pour tout détruire, et que les troupeaux ont pris possession du sol après lui.

« Les environs de Rome ressemblent à la route de Civita-Vecchia. Une ceinture de terrains incultes mais non stériles enveloppe cette capitale. Je me promenai dans tous les sens et quelquefois assez loin la ceinture me parut bien large. Cependant, à mesure que je m'éloignais de la ville, je trouvais les champs mieux cultivés. On aurait dit que les paysans travaillaient avec plus goût, à certaine distance de Saint-Pierre. Les routes, qui sont détestables autour de Rome, s'amélioraient peu à peu, on y rencontrait aussi plus de monde, et des visages plus riants. Les auberges devenaient plus habitables; au point que j'en fus étonné. Cependant, tant que je me tins sur le versant de la Méditerranée qui a Rome pour centre et qui subit plus directement son influence, l'aspect de la terre laissa toujours quelque chose à désirer.

« Mais quand une bonne fois j'eus franchi l'Apennin, quand je ne fus plus sous le vent de la capitale,

1. H. Taine. *Revue des Deux-Mondes.*

je respirai comme une atmosphère de travail et de bon vouloir qui me ragaillardit le cœur. Les champs étaient non-seulement piochés, mais fumés; et, qui plus est, plantés. L'odeur des engrais me surprit beaucoup : j'en avais perdu l'habitude, car on ne fume pas la terre sur le versant opposé. La vue des arbres et leur emploi me fit grand plaisir. Dans un champ semé de chanvre, ou de blé, ou de trèfle, de beaux ormes plantés en ligne se couronnaient d'une riche vendange. Quelquefois les ormes étaient remplacés par des mûriers. Que de biens à la fois, et que la terre est bonne fille[1]! »

Les provinces de l'Adriatique étaient en effet les plus riches des États du pape, et l'on conçoit que son gouvernement ait mis tant d'insistance à les réclamer. Mais aussi, et l'histoire est là pour le prouver, elles étaient les plus impatientes de la domination ecclésiastique. Pie IX, en refusant un sacrifice indispensable, compromit le reste de ses États.

§ 3. LETTRE DE NAPOLÉON III AU PAPE PIE IX; M. THOUVENEL MINISTRE DES AFFAIRES ÉTRANGÈRES ENTRÉE DE M. DE CAVOUR AU POUVOIR EN ITALIE.

La brochure *le Pape et le Congrès* eut pour effet presque immédiat de faire évanouir le congrès qu'elle réclamait précisément et dont la réunion d'ailleurs rencontrait bien des difficultés. Le pape, dans son allocution au général de Goyon, le 1er janvier 1860, n'eut pas de termes assez forts pour blâmer cette brochure qui, après tout, quelle que fût son origine, n'avait que le caractère d'un livre, d'une opinion personnelle, et ne devait pas intervenir dans les négociations. Pie IX priait le ciel d'accorder à l'Empereur des lumières suffisantes afin qu'il pût « marcher sûrement dans sa route difficile, et reconnaître la fausseté de certains principes produits dans un opuscule monument d'hypocrisie et tissu ignoble de contradiction. »

Pendant que Pie IX prononçait ces paroles peu mesurées, une lettre de l'Empereur était en route, datée du 31 décembre et posant la question romaine dans un sens différent de la fameuse brochure, sinon quant à l'esprit, du moins quant aux conclusions Le pape reçut le 2 janvier cette lettre que le *Moniteur* reproduisit quelques jours plus tard.

« Une de mes plus vives préoccupations, pendant comme après la guerre, disait Napoléon III, a été la situation des États de l'Église, et certes, parmi les raisons puissantes qui m'ont engagé à faire si promptement la paix, il faut compter la crainte de voir la révolution prendre tous les jours de plus grandes proportions. Les faits ont une logique inexorable, et malgré mon dévouement au saint-siége, malgré la présence de mes troupes à Rome, je ne pouvais échapper à une certaine solidarité avec les effets du mouvement national provoqué en Italie par la lutte contre l'Autriche.

« La paix une fois conclue, je m'empressai d'écrire à Votre Sainteté pour lui soumettre les idées les plus propres, selon moi, à amener la pacification des Romagnes, et je crois encore que si dès cette époque Votre Sainteté eût consenti à une séparation administrative de ces provinces et à la nomination d'un gouvernement laïque, elles seraient rentrées sous son

1. E. About. *La Question romaine.* Ce livre est un pamphlet, mais nous ne citons que les passages où l'auteur parle en voyageur

autorité. Malheureusement cela n'a pas eu lieu, et je me suis trouvé impuissant à arrêter l'établissement du nouveau régime. Mes efforts n'ont abouti qu'à empêcher l'insurrection de s'étendre, et la démission de Garibaldi a préservé les marches d'Ancône d'une invasion certaine.

« Aujourd'hui le congrès va se réunir. Les puissances ne sauraient méconnaître les droits incontestables du saint-siège sur les légations ; néanmoins il est probable qu'elles seront d'avis de ne pas recourir à la violence pour les soumettre, car, si cette soumission était obtenue à l'aide de forces étrangères, il faudrait encore occuper les légations militairement pendant longtemps. Cette occupation entretiendrait les haines et les murmures d'une grande portion du peuple italien, comme la jalousie des grandes puissances ; ce serait donc perpétuer un état d'irritation, de malaise et de crainte.

« Que reste-t-il donc à faire ? car enfin cette incertitude ne peut pas durer toujours. Après un examen sérieux des difficultés et des dangers que présentaient les diverses combinaisons, je le dis avec un regret sincère, et, quelque pénible que soit la solution, ce qui me paraîtrait le plus conforme aux véritables intérêts du saint-siège, ce serait de faire le sacrifice des provinces révoltées. Si le Saint-Père, pour le repos de l'Europe, renonçait à ces provinces qui, depuis cinquante ans suscitent tant d'embarras à son gouvernement, et qu'en échange il demandât aux puissances de lui garantir la possession du reste des États de l'Église, je ne doute pas du retour immédiat de l'ordre.

« Votre Sainteté, j'aime à le croire, ne se méprendra pas sur les sentiments qui m'animent ; elle comprendra la difficulté de ma situation ; elle interprétera avec bienveillance la franchise de mon langage, en se souvenant de tout ce que j'ai fait pour la religion catholique et pour son auguste chef. »

L'Empereur avait essayé jusque-là de maintenir les préliminaires de Villafranca. Il voyait cette politique rendue impossible par les événements accomplis dans l'Italie centrale ; la fédération également repoussée de l'Autriche et du Piémont, repoussée du chef même qu'il avait donné à cette fédération ; l'Angleterre exploitant à son profit la situation de l'Italie et substituant son influence à la nôtre. Il voulait d'ailleurs affermir la paix et lancer la France dans les travaux du commerce et de l'industrie. Il songeait à se rapprocher de Londres, dont il avait besoin pour inaugurer le régime de la liberté commerciale. Il sentait, à l'agitation religieuse qui s'était déjà produite, qu'on ne lui savait aucun gré de ce qu'il avait fait pour empêcher la séparation des Romagnes : il se regardait donc comme plus libre à l'égard de l'Autriche et du pape, et cherchait d'autres combinaisons que celles de Villafranca. M. le comte Walewski tenait à ces préliminaires : il se refusait à poursuivre un autre programme. Un décret du 4 janvier annonça sa démission et son remplacement par M. Thouvenel, ambassadeur à Constantinople.

Il y avait là plus qu'un changement de personnes, un changement de système qui alla toujours en s'affirmant. Le 5 janvier paraissait la célèbre lettre par laquelle l'Empereur promettait de graves réformes économiques et la conclusion d'un traité de commerce avec l'Angleterre. Évidemment, après un temps d'arrêt,

dans les six derniers mois de 1859, Napoléon III reprenait la politique de progrès inaugurée par nos dernières victoires : les réformes commerciales faisaient pressentir les réformes politiques ; on soupçonna que nous allions avoir une campagne d'Italie à l'intérieur, et on s'en réjouit. Le 20 janvier, M. de Cavour, qui s'était écarté après la paix de Villafranca, revenait au pouvoir à Turin, et achevait de montrer que la France se rapprochait du Piémont, comme le traité de commerce était une preuve du rapprochement avec l'Angleterre. Dès les premiers jours de l'année 1860, on put prévoir qu'elle serait fertile en événements. Ce fut en effet une des plus agitées et des plus émouvantes que l'Europe ait eues depuis longtemps, le point de départ d'un système nouveau qui aurait pu aboutir à de grands résultats, si, dans les dix années suivantes, le pouvoir avait été exercé avec une intelligence égale à celle qu'on avait remarquée dans la première période du règne.

Le nouveau ministre des affaires étrangères que l'Empereur était allé chercher si loin, se recommandait à l'estime de tous par l'élévation de son caractère autant que par ses talents. Jeune encore, M. Thouvenel avait donné des preuves d'une grande maturité de jugement et d'une vive pénétration. A peine âgé de vingt ans, il entreprit un voyage en Orient, et en rapporta d'intéressantes études qu'il fit entrer dans un remarquable travail, publié d'abord dans la *Revue des Deux Mondes*, et ensuite sous forme de volume. Peu de temps après son retour en France, il entra dans l'administration des affaires étrangères. M. Thouvenel signala dès lors sa vive intelligence, en appelant l'attention de l'Europe sur les empiétements de la Russie dans l'Asie Mineure, en dénonçant les conséquences préjudiciables à l'équilibre européen du traité d'Unkiar-Skélessi, conclu le 8 juin 1833 entre la Porte et la Russie. En 1844, il put étudier sur les lieux mêmes la question des principautés danubiennes qui devait plus tard occuper la diplomatie européenne, et l'on peut dire que les lumières qu'il a fournies sur la situation et les intérêts de ce pays n'ont pas manqué d'influer sur la politique particulière du gouvernement français dans les conférences de Paris, où le sort des Principautés Unies a été réglé. M. Thouvenel se rendit ensuite à Bruxelles, comme attaché de légation. Au mois de septembre 1845, il passa, en qualité de secrétaire, à la légation française à Athènes. Il fut ensuite nommé chargé d'affaires, puis ministre plénipotentiaire à la même résidence. Plus tard, M. Thouvenel envoyé à Munich comme ministre de France, fut rappelé de ce poste pour prendre la direction politique aux affaires étrangères, emploi dans lequel il donna des preuves de ses connaissances étendues et d'un tact remarquable dans la conduite des affaires. Lorsque M. Drouyn de Lhuys, alors ministre, fut appelé aux conférences qui se tinrent à Vienne en avril 1855, M. Thouvenel fut chargé de l'intérim du ministère. Pendant cette courte administration l'Empereur put juger par lui-même de la haute valeur personnelle de M. Thouvenel, et le nomma ambassadeur à Constantinople en juillet 1855. Depuis cette époque, M. Thouvenel avait rempli ses importantes et difficiles fonctions de manière à justifier l'estime singulière que son caractère et ses talents diplomatiques avaient fait généralement concevoir. Aussi Napoléon III songea-t-il à lui pour éclaircir la situation difficile dans laquelle on se trouvait en 1860.

M. Thouvenel montra, dès ses premières dépêches, une main ferme et habile. Le pape avait répondu par un refus à la lettre de l'Empereur (8 janvier) : il ne consentait à aucun sacrifice. De plus, dans une encyclique du 19 janvier, il transportait la question romaine sur le terrain brûlant de la religion. Le ministre des affaires étrangères maintint énergiquement la distinction entre ce qui est de la religion et ce qui est de la politique : il démontra que la France, loin d'être complice des événements qui m naçaient la souveraineté pontificale, avait tout fait pour les empêcher. Puis il adhéra, au nom de l'Empereur, au principe de non-intervention que posait l'Angleterre; principe qui devait avoir pour résultat de laisser les Italiens débattre eux-mêmes leurs affaires, et d'empêcher un nouveau conflit entre la France et l'Autriche. Il déclarait au cabinet de Vienne que, conformément à la politique du cabinet de Londres, il ne croyait pas qu'on dût s'opposer aux vœux des provinces centrales de l'Italie, si de nouvelles assemblées les formulaient encore. Il voyait

M. Thouvenel.

dans la constitution d'un royaume italien indépendant une barrière interposée entre la France et l'Autriche.

Pendant que M. Thouvenel affirmait ainsi la nouvelle politique extérieure, M. Rouland, à l'intérieur, rappelait aux évêques, comme ministre des cultes, nos vieilles maximes de droit public sur les relations de l'État et de l'Église. L'agitation religieuse avait en effet redoublé à la publication de l'encyclique, et le clergé s'élevait avec force contre le principe de non-intervention. M. Dupanloup avait déjà réfuté avec violence la brochure le Pape et le Congrès, et dans sa polémique avec les journaux, avait attaqué vivement un de ses prédécesseurs sur le siége d'Orléans, Mgr Rousseau, dont les descendants intentèrent un procès à son accusateur. L'attaque envers les morts n'était pas prévue par e Code; Mgr Dupanloup fut acquitté, mais le procès n'en fut pas moins affligeant, et M. Dupin en appela, sur la question de droit, à la Cour de cassation, afin de protéger la mémoire des morts.

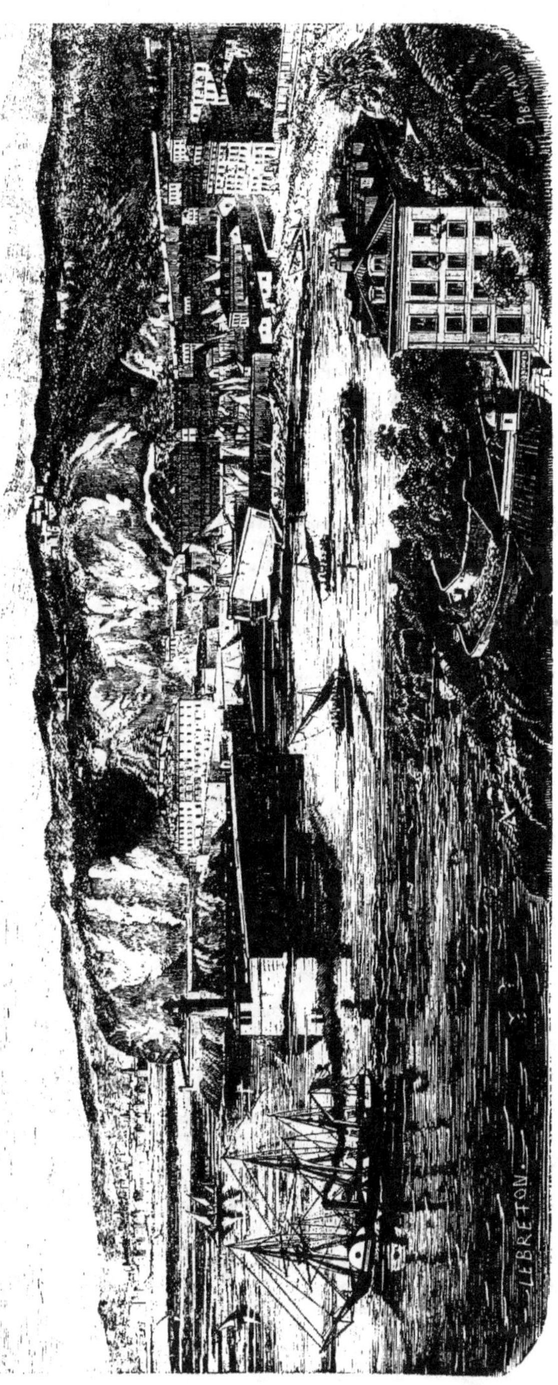

Nice.

Le 19 février le journal ultramontain que dirigeait
M. Veuillot, l'*Univers*, fut supprimé par décret impérial. Le journal *La Bretagne* eut le même sort pour avoir
reproduit une protestation peu mesurée de trois membres du Corps législatif contre la politique du gouvernement. Mais on ne pouvait frapper les évêques qui
continuaient dans leurs mandements à mêler les questions politiques à la religion et oubliaient leur caractère de conciliateurs. Ils trouvaient un appui chez
d'éminents écrivains autrefois leurs adversaires, mais
qui, par rancune contre un gouvernement qui n'était
pas de leur choix, se mettaient en contradiction avec
leur passé en soutenant le pouvoir temporel du pape.
M. Villemain, ancien ministre de Louis-Philippe, fut
un de ceux-là.

Le journal anglais, le *Morning-Post*, dans un article
du 18 janvier, caractérisa très-bien la nouvelle situation : « Au commencement de cette année, l'empereur
Napoléon III a rompu hardiment en visière avec
l'ultramontanisme religieux et la prohibition commerciale. Dans cette lutte avec ces deux adversaires, une
partie du clergé de France et les intérêts privés pourront lui opposer de puissants obstacles, mais s'il s'appuie sur la masse du peuple français et sur les hommes
éclairés et impartiaux, il peut compter sur une victoire
non pas prompte, peut-être, mais certaine. » L'agitation commerciale, soulevée par le traité conclu avec
l'Angleterre, n'était pas en effet moins vive que l'agitation religieuse, et nous en reparlerons lorsque
nous examinerons le traité ; beaucoup de gens croyaient
que, la liberté du commerce devant profiter à la masse
du peuple, les souffrances particulières ne devaient
pas être mises en balance avec le bien-être général.

§ 4. Annexion de l'Italie centrale au Piémont ; réunion de la Savoie a la France (mars-juin 1860.)

La France ne maintenait plus en Italie son programme de confédération. M. de Cavour, à peine
rentré au pouvoir, avait nettement établi dans une
circulaire que les derniers mois de 1859 avaient
prouvé l'impossibilité d'une restauration des souverains de l'Italie centrale. Mais la France ne l'encourageait pas dans son travail d'annexion que pressait
au contraire l'Angleterre. L'empereur Napoléon III
chercha plusieurs combinaisons, un royaume central
en Italie, puis l'annexion des duchés de Parme et de
Modène au Piémont, un vicariat de la Romagne exercé
par le roi de Sardaigne, le rétablissement du grand-
duché de Toscane. Il avait laissé entrevoir qu'il ne
pourrait consentir à l'agrandissement d'un royaume
voisin sans compensation. L'Angleterre se doutait bien
que nous allions réclamer la Savoie et on lui avait
même fait des ouvertures à cet égard. Mais elle ne
croyait pas cette annexion possible et se flattait de
l'idée que l'Europe s'y opposerait. Elle persista à soutenir la cause des provinces centrales et du Piémont.
Elle fut prise dans son propre piége, condamnée par
ses propres arguments. Si le cabinet britannique trouvait bon l'annexion au delà des Alpes, pourquoi la
blâmer en deçà. On ne pouvait contester à la Savoie
son caractère français ; on ne pouvait nier son importance au point de vue de la défense de nos frontières.

L'empereur, en ouvrant la session législative (2 mars
1860) posa hautement son programme. Il déclara qu'il
laisserait les provinces de l'Italie centrale, dès qu'elles
auraient par le suffrage universel manifesté encore
leurs désirs, se joindre au Piémont. Le Piémont de-
viendrait alors un royaume de plus de neuf millions
d'âmes. « En présence, dit-il, de cette transformation
de l'Italie du Nord, qui donne à un État puissant tous
les passages des Alpes, il était de mon devoir, pour
la sûreté de nos frontières, de réclamer les versants
français des montagnes. Cette revendication d'un territoire de peu d'étendue n'a rien qui doive alarmer
l'Europe et donner un démenti à la politique de désintéressement que j'ai proclamée plus d'une fois ; car
la France ne veut procéder à cet agrandissement, quelque faible qu'il soit, ni par une occupation militaire,
ni par une insurrection provoquée, ni par de sourdes
manœuvres, mais en exposant franchement la question
aux grandes puissances. Elles comprendront, sans
doute, dans leur équité, comme la France le com-
prendrait certainement pour chacune d'elles en pareille
circonstance, que l'important remaniement territorial
qui va avoir lieu nous donne droit à une garantie indiquée par la nature elle-même[1]. »

L'Angleterre jeta les hauts cris, mais au lendemain
d'un traité de commerce, elle pouvait difficilement
rompre avec nous. Elle chercha à exciter l'Europe
mais ne put trouver pour la soutenir que la Suisse.
M. Kinglake, dans le parlement anglais, se livra en
vain à toutes les fureurs de sa colère et de son excen-
trique déclamation. Il trouva un éloquent adversaire
dans M. Bright. « Nous sommes le parlement de l'Angleterre et non pas de l'Europe, dit-il, pourquoi nous
occuper de l'Europe ? Allons-nous encore garantir des
traités, des limites, protéger les uns, contenir les
autres ? Quant à la Savoie, elle désire l'annexion et
elle a pour cela une bonne raison, c'est que l'annexion
y doublerait la valeur des propriétés. Je ne garantirais
pas la fidélité à leur souverain de beaucoup de gens,
sans compter les Savoisiens, si en manquant à la fidélité
on augmentait du double la valeur de tous les biens du
royaume. Périsse la Savoie, plutôt que nous, représentants du peuple anglais, nous enveloppions notre pays
dans une querelle avec la France pour une affaire qui
ne regarde que le peuple de Sardaigne et celui de
Savoie ! » Sir Robert Peel demandait une coalition,
mais le cabinet savait cette coalition impossible. On
ne pouvait compter ni sur Vienne, ni sur Saint-Pétersbourg qui blâmaient la politique anglaise en Italie.
Lord John Russel dut donc demander aux orateurs
emportés par quel moyen on empêcherait l'annexion.

Le Piémont était décidé à sacrifier la Savoie pour
recueillir la belle moisson qui s'offrait à lui dans l'I-
talie centrale. Il gagnait à l'échange : au lieu d'une pro-

---

1. La Savoie est le pays assis sur la croupe occidentale des
Alpes, c'est-à-dire sur le versant qui regarde la France. Elle est
bornée au nord par le lac Léman et le canton suisse de Genève,
à l'est par le Valais, au sud-est par le Piémont, au sud par les
départements des Hautes-Alpes et de l'Isère, à l'ouest par le
Rhône qui la sépare du département de l'Ain. Ce pays, qui ne
renferme que 550 000 habitants, contient les sites les plus pittoresques et les montagnes les plus hautes d'Europe (Mont-Blanc,
Mont-Cenis, petit Saint-Bernard, Mont-Buet, Thabor). Il a plusieurs lacs admirables (Bourget, Annecy, Aiguebelle). La Haute-
Savoie mérite autant et plus que la Suisse la visite des touristes,
d'ailleurs de plus en plus nombreux.

vince petite et peu riche dont le séparait le rempart des Alpes, il s'agrandissait de la belle et opulente Toscane ; par les Romagnes il touchait à l'embouchure du Pô et tournait la Vénétie. Au mois de mars MM. Ricasoli et Farini convoquèrent les populations de l'Italie centrale, les invitant à se prononcer sur leurs désirs par le suffrage universel : annexion à la monarchie constitutionnelle, ou royaume séparé. Le vote eut lieu les 11 et 12 mars dans la Romagne, les 14 et 15 dans la Toscane. On peut dire qu'il fut unanime en faveur de l'annexion. C'est à peine si en Toscane il y eut 14 mille opposants et dans la Romagne 756 ! Des députations des deux provinces allèrent à Turin présenter au roi Victor-Emmanuel le résultat du vote. « Cette manifestation, dit le roi en les accueillant, met le comble aux preuves d'ordre, de persévérance, de patriotisme et de sagesse politique qui, en peu de mois, ont mérité à ces peuples la sympathie et l'estime de tout le monde civilisé. »

En recevant d'une main, Victor-Emmanuel donnait de l'autre : fidèle à ses engagements, il signait le 24 mars le traité de cession de Nice et de la Savoie à la France. Il se préparait en même temps à accomplir les formalités nécessaires pour consulter les populations. « Vous serez vous-mêmes appelés, leur dit-il, à choisir entre le Piémont, auquel vous unissent les liens d'une affection séculaire, et la nation qui, par les rapports d'intérêt que crée le voisinage et par les secours généreux qu'elle nous a donnés dans la dernière guerre, a tant de titres à nos sympathies. Le roi ne saurait se séparer des provinces qui ont été le berceau glorieux de la monarchie ou qui lui ont appartenu si longtemps, que par déférence à leurs désirs exprimés d'une façon pacifique et régulière. »

Les populations avaient dès longtemps manifesté leurs préférences. Avant même la signature du traité, une députation savoisienne, à la tête de laquelle se trouvait M. Greffié de Bellecombe, était venue présenter ses hommages à l'Empereur Napoléon III. L'archevêque de Chambéry, l'évêque de Nice se prononçaient publiquement en faveur de l'annexion. Les populations consultées le 15 et le 24 avril demandèrent par un vote enthousiaste leur réunion à la grande famille française. Mais le traité devait être ratifié par les députés italiens, et quelques-uns blâmèrent le sacrifice consenti par le gouvernement. Garibaldi, originaire de Nice, s'éleva avec force contre l'abandon qu'on faisait de sa patrie. S'il était animé par un sentiment louable, il ne pouvait donner aucune bonne raison pour empêcher un échange de territoire si justifié et accompli dans des conditions aussi équitables. M. de Cavour, d'ailleurs, alla franchement au vif de la question et donna le vrai motif de cet échange : « L'acte de cession, dit-il, se lie aux événements qui nous ont conduits à Milan, à Bologne, à Parme, à Modène et à Florence. C'est une conséquence de la politique générale que nous avons suivie et que vous avez adoptée. A ce titre, le traité s'impose à moi, au gouvernement, à vous, à nous tous. » Garibaldi ne tenait pas assez compte des services rendus par la France à l'Italie, et depuis l'annexion de Nice il manifesta plus vivement, à chaque occasion, son ressentiment contre notre pays : rancune mesquine et peu raisonnable. Le député Carutti, un des plus brillants orateurs du Parlement, s'éleva pour justifier l'annexion à la véritable éloquence.

« N'avons-nous pas, dit-il, applaudi avec ivresse les légions françaises qui, comme des torrents, sont descendues des Alpes pour nous apporter la victoire ! Ne l'oublions pas aujourd'hui : si nous parlons dans cette chambre au nom de onze millions d'Italiens, à qui le devons-nous si ce n'est à ces légions ? Sans doute le sacrifice est douloureux. Qui le sait mieux que nous, valeureux peuples de la Savoie, enfants de Nice tant aimés ? Placés au pied de nos montagnes, vous avez été pour nous une barrière, un rempart ; vous serez maintenant le gage de l'alliance scellée sur les champs de bataille entre la France et l'Italie. C'est avec des larmes, dit-il, mais sans paroles amères que s'opère cette séparation. C'est la condition douloureuse d'une révolution nécessaire et pleine d'avenir. Le vieux Piémont n'est plus. Nous sommes arrivés aux derniers jours de son existence de huit siècles ! Séparé de Nice, de la Savoie, je le répète avec larmes, le vieux Piémont n'est plus. *Finis Piede Monti....* Mais je sécherai mes larmes et je surmonterai mes douleurs si de ses cendres renaît l'Italie forte, l'Italie libre, l'Italie unie, l'Italie notre mère à tous. » Le traité de cession fut adopté le 29 mai par le parlement italien (229 voix contre 33).

Tandis que les soldats Piémontais entraient dans les provinces de l'Italie centrale, les régiments français qui occupaient encore la Lombardie, passaient les Alpes et entraient en Savoie où ils furent accueillis par les démonstrations de la plus vive sympathie.

Pie IX, l'empereur d'Autriche, les princes dépossédés protestèrent contre l'occupation de l'Italie centrale, mais leurs protestations demeurèrent sans écho. L'Angleterre protesta à sa manière contre l'annexion de la Savoie en encourageant les réclamations de la Suisse au sujet du Chablais et du Faucigny que celleci aurait bien voulu détacher du territoire savoisien. Les diplomates discutèrent longtemps sur la neutralité de quelques vallées : les hommes d'État anglais cherchèrent à soulever une tempête dans un verre d'eau, mais sans y réussir.

En France, le Sénat proclama, le 13 juin, l'incorporation des nouvelles provinces. « Le projet de Sénatusconsulte soumis à vos délibérations, dit M. le président Troplong, n'est pas de ceux dont on discute le principe ; il est de ceux que l'on vote avec transport. La France, en effet, s'accroît d'une population brave, honnête, intelligente, qu'elle aime et dont elle est aimée, elle voit les sommets des Alpes s'élever comme un rempart entre le sol étranger, et son territoire agrandi ; enfin elle franchit, non par force et par surprise, mais par de pacifiques accords, les limites tracées autour d'elle à l'époque de ses revers. Rendons grâce à l'Empereur d'un résultat national si beau, et ne craignons pas d'inquiéter l'Europe en accueillant avec joie ces nouveaux fils de l'Empire qui ont voulu se donner à nous. La France, libre de contracter avec ses voisins, a profité d'une circonstance où l'équité faisait entendre sa voix pour modifier les traités anciens par un traité particulier, réciproquement volontaire et amical. C'est là l'usage du droit commun ; ce n'est pas une menace. S'il est de l'honneur de la politique impériale de rester indépendante dans son action, il est de sa loyauté de rejeter les vaines et turbulentes excitations de l'ambition. Le sillon qu'elle trace dans l'histoire est celui de la justice et de la modération. Elle veut montrer qu'on peut être fort en restant l'ami de la bonne foi, du droit des gens et de la conciliation. »

Le Corps législatif, de son côté, vota avec enthousiasme les lois qui divisaient les nouvelles provinces en trois départements : *Savoie* chef-lieu Chambéry; *Haute-Savoie*, chef-lieu Annecy[1]; *Alpes maritimes*, chef-lieu Nice[2].

Le 14 juin les sénateurs Laity et Pietri, chargés, en qualité de commissaires extraordinaires, d'étudier les besoins des *nouveaux départements*, en prirent possession en présence des commissaires de Victor-Emmanuel. A midi, le drapeau français, salué par le canon, flotta sur tous les édifices publics. Toutes les maisons de Chambéry, de Nice, d'Annecy étaient pavoisées. Des guides hardis allèrent planter le drapeau français sur le Mont-Blanc. A Paris, les réjouissances répondirent aux réjouissances des Savoisiens. Le 14 juin, l'Empereur passa au champ de Mars une grande revue de l'armée et de la garde nationale. Ce fut une fête dont la pompe n'eut rien d'extraordinaire, mais dont le caractère frappa vivement les imaginations et exalta le sentiment national.

Chambéry[3].

§ 5. ROME; L'ARMÉE PONTIFICALE ET LE GÉNÉRAL LAMORICIÈRE.

Au moment où la France se réjouissait de recevoir la pauvre mais énergique famille savoisienne, tout était déjà changé en Italie où la révolution unitaire marchait à grand pas à son complet triomphe. L'annexion de l'Italie centrale au Piémont avait irrité l'Autriche et les autres gouvernements de la Péninsule. Le cabinet de Vienne avait retiré son ambassadeur de Turin, et fait

1. Annecy est une jolie ville de 10 000 âmes, très-bien située, près d'un lac ravissant. Le souvenir de saint François de Sales plane sur cette ville dont il fut évêque et qui conserve ses reliques. C'est une ville bien française : on y voit une statue du savant Berthollet, né près de là.

2. Nice, renommée pour son air pur et son climat tempéré, est située sur le bord de la Méditerranée, à 6 kil. de l'embouchure du Var. Elle compte 48 000 habitants. La vieille ville, appuyée sur le monticule que couronnait jadis un château fort, occupe une péninsule de forme triangulaire, inclinée en pente douce vers l'embouchure du Paillon. On voit ensuite la ville du port. La ville moderne s'étend sur une longueur de 3 kilomètres sur le bord de la Méditerranée : c'est le quartier des étrangers, c'est la vraie ville de Nice. Alphonse Karr fait de ce beau pays une charmante description : « La chaleur féconde du soleil, la mer immense, les beaux arbres, les prairies, les fleuves rapides, les ruisseaux fleuris et murmurants, la voix de la brise et de l'eau, le parfum des fleurs et des feuillages, le ciel profond et limpide, les splendeurs colorées du matin et du soir, tout vous remplit l'âme d'une ivresse sereine. »

3. Chambéry, antique capitale du duché de Savoie, est assise au milieu d'une riante et fertile vallée entourée de hautes montagnes. Elle compte une vingtaine de mille d'habitants. Vieille ville, elle a conservé ses rues étroites et tortueuses; elle possède quelques monuments dignes de remarque. A un kilomètre de Chambéry sont les Charmettes, tant célébrées par Rousseau. Chambéry est la patrie de Vaugelas, de Saint-Réal, des deux de Maistre, du général de Boigne.

Vote d'annexion des Romagnes. — Les électeurs se rendent aux comices. (14 et 15 mars 1860). (Page 99, col. 1.)

entendre un cliquetis d'armes dans la Vénétie. Pie IX lança, le 30 mars, l'excommunication contre tous les acteurs, promoteurs, coadjuteurs, conseillers ou adhérents de l'usurpation des Romagnes, et la bulle fut placardée dans Rome : mais comme elle ne désignait personne, elle ne porta point coup en voulant atteindre trop de monde. La publication de cette bulle fut interdite en France.

Les rapports du gouvernement impérial et du Saint-Siége devenaient de plus en plus délicats. M. Thouvenel, dans une dépêche du 12 février à notre ambassadeur, M. de Grammont, avait repris l'argumentation de la lettre impériale du 31 décembre et démontré la nécessité pour le gouvernement pontifical de se prêter à une conciliation avec le Piémont et à entreprendre des réformes. Le cardinal Antonelli répondit en rejetant la séparation des Romagnes sur les excitations étrangères. Il ne promit rien au sujet des réformes, et le ton de sa dépêche, en restant courtois, ne dissimulait pas la mauvaise humeur qui l'avait dictée. Dans une entrevue du 3 mars avec M. de Grammont, le cardinal Antonelli s'était nettement refusé à toute concession. Notre ambassadeur avait été obligé de lui dire : « Je commence à croire que vous désirez un cataclysme. Vous ne pouvez fermer les yeux à l'évidence, vous voyez le mouvement qui vous enlace, vous savez que la révolte des Marches et celle de l'Ombrie sont imminentes. Vous savez les dangers que court le royaume de Naples, et quand un mot de transaction pourrait encore conjurer l'orage, sauver le reste des États du pape, sauver Naples que vous sacrifiez sans pitié, sauver l'Italie peut-être d'un bouleversement général, vous refusez tous les tempéraments et vous appelez la tempête, comme si vous spéculiez sur les épaves du naufrage. » Il y avait beaucoup de vrai dans cette sorte de prophétie de notre ambassadeur. La tempête ne tarda pas à se déchaîner : mais le Saint-Siége fut trompé dans ses calculs, car il vit ses propres provinces en devenir les épaves.

« On croit à Rome que les Cours catholiques ne font que leur devoir quand elles favorisent la Cour de Rome ; et qu'elles y manquent quand elles n'obéissent pas aveuglément à tout ce qu'elle croit être en droit de décider. L'habitude de voir ces choses ne m'empêche pas d'en être souvent révolté. Je n'ai pas à me reprocher de ne l'avoir pas fait sentir en plus d'une occasion, *mais ce mal est incurable.* » — C'est le cardinal de Bernis qui écrivait cela au siècle dernier ; il aurait pu aussi bien l'écrire de nos jours. Le Saint-Siége pensait que le gouvernement impérial ne pouvait faire autrement que de le protéger, même lorsqu'il repoussait ses conseils. Loin de lui savoir gré de cette protection, il supportait avec peine les remontrances et les avis. Depuis la guerre d'Italie et la séparation des Romagnes dont il faisait retomber sur nous la responsabilité, il cherchait volontiers à se passer de nos régiments afin d'échapper à notre influence libérale. Le cardinal Antonelli déclara qu'il croyait pouvoir garder Rome avec les troupes pontificales, pourvu que le roi de Naples tînt garnison à Ancône et dans les Marches. Le cabinet de Turin et le cabinet des Tuileries acceptèrent l'intervention du roi de Naples : mais celui-ci refusa d'intervenir. Il n'avait pas trop de soldats pour contenir son royaume, déjà fort agité.

On conçut alors le projet d'appeler à Rome pour organiser l'armée pontificale un général célèbre, mais hostile au gouvernement de Napoléon III, le général Lamoricière ; celui-ci ne voulait même pas demander personnellement l'autorisation de prendre du service à l'étranger, autorisation qui lui était nécessaire pour ne pas perdre les droits de citoyen français. La Cour de Rome se chargea de la demander, mais eut soin de délivrer la commission de général en chef avant que l'autorisation fût arrivée. M. le duc de Grammont ne s'y trompa point et dit lui-même qu'on avait voulu nous donner un soufflet. Le gouvernement impérial se mit au-dessus de ces misères et n'en envoya pas moins l'autorisation.

Le général Lamoricière, à peine investi du commandement, adressa, le 8 avril, aux troupes pontificales l'ordre du jour suivant, qui excita un vif étonnement, venant d'un général ancien ministre de la république française : « Sa sainteté le pape Pie IX ayant daigné m'appeler à l'honneur de vous commander pour défendre ses droits méconnus et menacés, je n'ai point hésité à reprendre mon épée. — Aux accents de la grande voix qui naguère, du haut du Vatican, faisait connaître au monde les dangers du patrimoine de Saint-Pierre, les catholiques se sont émus, et leur émotion s'est bientôt répandue sur tous les points de la terre. — C'est que le christianisme n'est pas seulement la religion du monde civilisé, il est le principe de la vie même de la civilisation ; c'est que la papauté est la clef de voûte du christianisme, et toutes les nations chrétiennes semblent avoir aujourd'hui la conscience de ces grandes vérités, qui sont notre foi.

« La *révolution, comme autrefois l'islamisme*, menace aujourd'hui l'Europe, et, aujourd'hui comme autrefois, la cause du pape est celle de la civilisation et de la liberté dans le monde.

« Soldats, ayez confiance, et croyez que Dieu soutiendra notre courage à la hauteur de la cause dont il confie la défense à nos armes. »

Cette comparaison de la Révolution à l'Islamisme, était au moins étrange, pour ne pas dire autre chose. Le monde libéral tout entier cria à l'erreur. Lamoricière, disait-on, n'avait pas compris l'aventure dans laquelle il s'engageait et se posait en défenseur de la civilisation, tandis qu'il n'était que le soldat d'un gouvernement usé, et même l'instrument aveugle d'une coterie.

Alors commença ce mouvement qui porta l'aristocratie catholique, surtout celle de France, à Rome. M. de la Rochefoucauld, duc de Bisaccia, vint offrir 500 soldats, en se chargeant pour trois ans de toutes les dépenses nécessaires, à la condition de les commander en qualité de colonel. Ne pouvant faire accepter son offre, il donna du moins douze canons rayés au pape. Un Polonais, en entrant dans un de ces régiments étrangers, fit don à Pie IX de vingt mille écus. Pie IX institua un comité spécial pour recueillir les libéralités, mais comme il fallait pourvoir au plus pressé, tout en ouvrant une souscription de 50 millions dans le monde catholique, on contracta à grand'peine un emprunt à Bruxelles. Les besoins étaient pressants, car il régnait dans tout l'Etat un gaspillage dont on ne saurait se faire une idée, et où le général Lamoricière porta très-opportunément la lumière. Il trouva inscrits sur les rôles et régulièrement payés 2527 officiers et soldats qui n'avaient jamais existé. Il apprit, en outre, que les capitaines, dans leurs rapports, ne faisaient jamais mention des déserteurs, qui étaient nombreux, afin de ne pas troubler la bonne opinion que le pape avait de son armée, et surtout de ne point voir réduire la somme qui leur était comptée pour la solde des troupes. Les revenus d'ailleurs avaient considérablement diminué par la perte des Romagnes; les employés de ces provinces, réfugiés à Rome, réclamaient leurs traitements; le denier de Saint-Pierre mettait de longs mois à produire un million et demi, et ce qu'il y avait de plus net dans les finances pontificales, c'étaient les cinq millions prêtés sans intérêts par le roi de Naples. Il fallait organiser une armée de 20 mille hommes dont les cadres existaient, mais bien peu remplis. Le général Lamoricière s'y appliquait avec une grande activité. Il avait fait retirer au cardinal Antonelli l'intérim du ministère des armes, que le secrétaire d'État faisait depuis plusieurs années, et confier ce portefeuille à M. de Mérode, ancien officier d'infanterie en Belgique, devenu prélat romain. Bientôt M. de Lamoricière ne tarda pas à se trouver en opposition avec le cardinal, maître de la confiance du pape, représentant accrédité de tant d'intérêts, partisan déclaré de la résistance passive et du *statu quo* en toutes choses. Les nécessités militaires soutinrent le commandant en chef de l'armée dans cette lutte sourde; mais son indiscrète curiosité à pénétrer, à dévoiler tous les petits mystères de l'administration romaine, ses plaintes, ses accusations, ses brusqueries, tout contribua à lui faire des ennemis[1]. Le cardinal Antonelli voyait aussi à la tournure que prenaient les choses que cette armée attirerait au gouvernement bien des difficultés.

Dans l'état-major de Lamoricière on remarquait le colonel Pimodan, qui avait longtemps servi dans l'état-major du maréchal Radetzki. Le premier aide de camp du général était M. de Chevigné, auparavant aide de camp du duc de Modène; M. de Marmont, fils du duc de Raguse, commandait les guides; M. de Charette les volontaires français. Ces noms accusaient bien le caractère politique de la manifestation. Tous ces hommes, héritiers de noms fameux à divers titres, étaient sans doute venus par dévouement au pape, mais ils se flattaient que ce dévouement ne serait pas perdu pour leur cause, et on comprenait mieux en les voyant se réunir à Rome quel était l'adversaire désigné par le mot de révolution.

On a publié dans les pièces diplomatiques et lu au Sénat français une dépêche qui restera historique, c'est la dépêche de M. de Grammont (10 avril 1860): elle fait un tableau curieux du nouveau Coblentz romain, et notre ambassadeur, moitié en se moquant, moitié avec une juste indignation, y rend compte de ce qui se passait au Vatican même : « A peine M. de Lamoricière fut-il entré au service du pape, qu'on vit arriver à Rome de nombreuses députations françaises qui se présentèrent en corps et avec pompe devant Sa Sainteté, affectant tous les caractères de l'opposition dynastique la plus prononcée, et tenant, jusqu'aux pieds du trône pontifical, un langage dont la violence dénote une exaltation extrême. « Quelques camériers influents encouragent ces ma-

nifestations par tous les moyens dont ils disposent. Il y a quelques jours, un air de mystère régnait au Vatican, on arrêtait les visiteurs en leur demandant : « Êtes-vous Bretons ? » et on leur expliquait que les salles étaient momentanément fermées, parce que le saint-père y recevait l'hommage de la Bretagne, qui, par députations, venait protester contre l'Empereur.... Samedi dernier, c'était le tour des Lyonnais. Un Français qui, bien que catholique fervent, n'a pas cru devoir répudier des sentiments conformes à sa nationalité, fut interpellé vivement en ces termes : « Monsieur, on « est sujet du pape avant d'être sujet de son souverain; « si vous n'êtes pas dans ces idées, que venez-vous faire « ici?... »

« Le cardinal secrétaire d'État, dont l'esprit politique a parfaitement compris les dangers de cet état de choses, est loin d'encourager cette imprudente agitation. Je ne terminerai pas, monsieur le Ministre, sans revenir sur l'évacuation des États pontificaux par l'armée française. Comme Votre Excellence peut bien le penser, tout ce que je vois ne fait que confirmer mon opinion sur l'opportunité du départ de nos troupes. »

Le gouvernement français pensait là-dessus comme l'ambassadeur : on régla d'accord avec le Saint-Siège l'évacuation de Rome qui devait commencer dans la dernière quinzaine de mai et se terminer dans le courant du mois d'août. Mais une tentative de volontaires italiens contre le territoire pontifical, l'insurrection de Sicile firent ajourner ces dispositions.

§ 6. LE ROYAUME DE NAPLES; INSURRECTION DE SICILE
(AVRIL-MAI 1860).

Le royaume de Naples était gouverné, depuis le 22 mai 1859, par le jeune fils de Ferdinand II, François II. Ce prince, arrivé au trône dans les circonstances les plus difficiles, avait cru devoir suivre la politique de son père. Grâce à un grand déploiement de forces militaires, il avait contenu l'agitation napolitaine pendant la guerre, et il n'entendait point, en présence de l'ébranlement de la Péninsule, se départir de son système. Les conseils des cabinets de Paris et de Londres ne furent pas écoutés. Et cependant, le 16 janvier 1860, lord John Russell avertissait le roi qu'il courait à sa perte. « Les réformes à faire, disait lord John, n'exigent aucune organisation compliquée ni aucune profonde méditation. Que le gouvernement napolitain n'arrête aucun homme sans le mettre face à face avec ses accusateurs; qu'il ne soumette personne à d'autres grandes mesures, sans avoir la preuve de quelque crime ou de quelque offense contre l'ordre public; que la loi, telle qu'elle est, soit également appliquée à tout le monde. Avec ces simples, mais considérables changements, il y aurait le commencement d'un nouvel ordre de choses. »

Il n'y avait pas seulement à appliquer les premières notions de la justice, mais encore les premiers principes d'une bonne administration. Nous ne pouvons esquisser ici le portrait du gouvernement napolitain, mais voici du moins un aspect de Naples avant la révolution, qui suffira pour donner une idée de l'administration des Bourbons :

« La moitié de la population, raconte Maxime du Camp, dort dans les rues, se vautre sous les porches, se fait des alcôves avec des guérites, des matelas avec

1. *Annuaire des Deux-Mondes.*

les trottoirs, et des oreillers avec les bornes; la nuit, on marche à travers des paquets de haillons qui se remuent et grognent à votre approche; ce sont des hommes et des femmes qu'on dérange de leur sommeil ou de toute autre occupation. La mendicité est plus que tolérée, la mendicité est une fonction. A tout âge, et dans toute situation sociale, on mendie. Le jour, ce sont les malingreux, pauvres diables trop paresseux pour travailler et souvent serrés de près par la misère; ceux-là s'en vont hardiment, face découverte, et tendent la main avec une fierté tranquille qui prouve une conscience en repos. Ils appartiennent, pour la plupart, à des couvents ou à des hôpitaux qui les envoient mendier, afin que le soir ils rapportent à la bourse commune les aumônes recueillies dans la journée. Le soir, dès le coucher du soleil, ces malheureux rentrent dans leur gîte, et alors les petits rentiers ou plutôt les petites rentières sortent à leur tour; c'est la mendicité honteuse, paterne et déguisée. On voit apparaître des ombres timides, voilées de noir, qui vous suivent en poussant vers vous une main presque gantée, et en murmurant une plainte aigrelette où l'on distingue, à travers des sanglots sans larmes, qu'il est question de dix ou douze enfants mourant de faim.

Le colonel de Pimodan.

Naples serait capable de dégoûter pour toujours de la charité. Le gouvernement des Bourbons n'a jamais rien fait pour remédier à ce mal. Il en rougissait cependant, car lorsqu'un prince des familles souveraines d'Europe venait à Naples, bien vite on faisait disparaître les mendiants; on les fourrait dans les couvents, dans les hôpitaux, au besoin dans les prisons, afin que l'illustre personnage ne fût point offusqué de tant de misère; mais dès qu'il était parti, on relâchait tous ces francs-mitoux qui recommençaient à geindre sur la voie publique et à assaillir les passants. Malheureusement le droit de faire son lit dans la rue avec toutes les conséquences possibles, celui de demander l'aumône, ne sont pas les seules libertés contre lesquelles la nouvelle administration devra lutter; il en est une autre, plus terrible que ces deux premières, poussée ici à un degré qui constitue un danger réel pour la santé publique, et qui est tellement enracinée dans les mœurs qu'elle en fait partie intégrante. »

« Au point de vue moral, l'état des esprits est encore plus bas. La plus simple notion de la justice est ici radicalement inconnue. Rien n'est un droit, tout est une grâce. Le gouvernement du bon plaisir a brouillé toutes les cervelles de ce peuple; c'est tout au plus s'il a encore la notion du bien et du mal. Et cependant le recueil des lois napolitaines est excellent, supérieur à beaucoup de titres aux lois piémontaises, et le meilleur de toute l'Italie, incontestablement ; mais à quoi servent des lois, même parfaites, lorsqu'on ne les applique jamais ? Il faudra bien du temps pour élever ce peuple à la vie sociale, à la vie civile, à la vie politique. La bourgeoisie aura là un grand rôle à remplir, et elle est assez intelligente pour s'en tirer à son honneur. Le plus beau et le plus riche royaume de cette riche et belle Italie est celui-ci ; que l'âme de la nation s'élève, et il n'y aura point de patrie comparable[1]. »

Le gouvernement laissait au peuple une liberté matérielle et grossière, mais lui refusait toute liberté morale. Il prit prétexte de l'agitation du nord de la Péninsule pour procéder à de nombreuses arrestations. Le 31 décembre 1859 le ministre de la police, Ajossa, avait publié une circulaire qui excita une vive réprobation dans tout le monde civilisé. Cette circulaire ordonnait de « procéder, sans la moindre hésitation, à l'arrestation de quiconque offrirait des éléments de culpabilité et même de simples soupçons. » C'était la loi des suspects en pleine paix.

Le 6 mars 1860, notre ambassadeur à Naples, M. Brenier, écrivait : « Je profitai de la visite de M. Ajossa pour lui demander des éclaircissements sur

M. le baron Brenier, ministre plénipotentiaire de France à Naples.

la nature du complot que le Gouvernement poursuivait par des moyens plus nuisibles qu'utiles. M. Ajossa n'a pas voulu, ou n'a pu me donner des explications bien nettes ; mais il m'a déclaré qu'il était déterminé à continuer les arrestations et à délivrer le pays des libéraux qui y jettent le trouble. Les procédés violents et illégaux de M. Ajossa sont sévèrement blâmés par tout le corps diplomatique et par M. Carafa lui-même, qui semble réellement affligé de voir compromettre le Gouvernement, et le roi lui-même, par d'inexpli-

cables proscriptions. Il me disait ce matin qu'il se porterait personnellement caution pour la plupart de ceux qui ont été l'objet de poursuites de la police. »

Dans une autre dépêche, le baron Brenier disait : « Le roi déclare qu'il ne peut avoir à s'occuper des mesures que la police croit devoir prendre. » Les conséquences de cet état de choses ne tardèrent point à se faire sentir. La Sicile, toujours plus remuante et plus impatiente du joug que le royaume de Naples, se révolta. L'insurrection éclata le 4 avril, mercredi saint, au couvent de la Gancia, à Palerme : les troupes emportèrent d'assaut le couvent et la population fut con-

1. Maxime du Camp, _Revue des Deux-Mondes_ (1861).

tenue. A Messine se passèrent des scènes qui à elles seules suffiraient pour justifier la chute du roi de Naples.

Le vice-consul de France à Messine, M. Boulard, les raconte ainsi : « La population de Messine, bien que très-agitée par les nouvelles reçues de Palerme, était résolue cependant à ne faire encore aucun mouvement, et à ne donner lieu à aucune mesure répressive de la part d'une garnison avec laquelle elle se sentait hors d'état de lutter, la citadelle et les deux forts qui couronnent les hauteurs pouvant, au besoin, réduire la ville par le seul feu de leurs canons. Tous les efforts de la population, unanime à cet égard, n'avaient qu'un but : maintenir la tranquillité ; mais cette tâche, difficile déjà, est bientôt devenue impossible, lorsque la police, par une machination qu'on ne saurait trop sévèrement qualifier, a eu relâché les voleurs et les assassins qu'elle retenait dans les prisons. Ce sont, en effet, dit-on, ces misérables qui, dans la soirée du 8, ont donné lieu aux scènes déplorables qui sont venues ensanglanter la ville. Ce sont eux qui, pour provoquer un conflit dont ils entendaient profiter, ont commencé à siffler sur le passage des patrouilles, à insulter des officiers, et se sont même portés jusqu'à assassiner, dit-on, un ou deux malheureux soldats. Devant ces lâches insultes que la population, j'en suis témoin, a tout fait pour prévenir ou réprimer, la patience de la troupe a malheureusement failli, et des coups de feu ont été tirés sur une population désarmée et résolue à refuser le combat. Je me fais un devoir de rendre justice toutefois à la modération de la troupe et à celle des ordres qui lui avaient été donnés et qu'elle a suivis. J'ai vu les soldats, dans le premier moment, tirer en l'air ; en effet s'ils eussent dirigé leur feu sur les masses profondes qui dans le principe se trouvaient devant eux, le nombre des victimes eût été considérable, des centaines de morts et de blessés eussent couvert le pavé.

« Cette louable modération n'a point été imitée, malheureusement, par les sbires de la police, et c'est sous leurs balles que sont tombés les quelques infortunés frappés parmi la population, victimes dont le nombre est encore inconnu, mais qui doit s'élever à huit ou dix, autant que j'en puis juger par les rapports divers qui m'ont été faits. C'est un grave abus, ce me semble, de confier des fusils à ces individus d'une moralité douteuse, et recrutés dans les rangs les plus infimes de la population, et de les revêtir d'un uniforme militaire qu'ils ne sauraient décemment porter.

« La troupe a fait loyalement son devoir, et, j'ose ajouter, avec modération ; mais j'ajouterai également, que la population de Messine n'avait encore réellement donné lieu à aucune répression méritée.

« On ne peut, en effet, faire un crime à cette malheureuse population sicilienne de ses aspirations vers un ordre de choses plus supportable que le joug intolérable et dégradant que l'on fait peser sur elle. Tout symptôme d'un avenir meilleur doit nécessairement la faire palpiter.... Pour nous, étrangers, témoins de ce qu'elle souffre, de ce qu'elle vaut, de ce qu'elle devrait être pouvant apprécier ce qu'elle mérite et ce qu'on lui refuse, nous ne pouvons que la plaindre et gémir sur son sort[1]. »

1. Dépêche du 16 avril 1860.

Ces scènes étaient du 8 avril, jour de Pâques. Le lendemain on proclamait l'état de siége à Messine, et pendant plusieurs jours une profonde terreur régna dans la ville. « Le 10 avril, raconte encore M. Boulard, à neuf heures du soir, un feu terrible de mousqueterie, appuyé de coups de canon, est venu ébranler la ville et terrifier les habitants. Ce feu, accidenté comme celui d'une bataille, a duré jusqu'à deux heures du matin. Des balles ont pénétré par les fenêtres dans plusieurs maisons, de pauvres gens ont été tués dans leur lit par la mitraille. D'autres, surpris hors de leur domicile, ont succombé sur la voie publique, tandis que d'un autre côté un certain nombre de soldats, un officier même, auraient été tués ou blessés par ce ricochet des projectiles ou en tirant par mégarde les uns sur les autres. On a fait passer ainsi la population d'une ville inoffensive, pendant une nuit entière, par toutes les émotions, par toutes les angoisses d'un combat acharné qui semblait, à chaque instant, pouvoir la menacer elle-même. » C'est un singulier procédé, on l'avouera, en plein dix-neuvième siècle, de faire croire à une bataille qui n'existe pas. Les troupes napolitaines remportaient ainsi de faciles victoires.

Les consuls étrangers rédigèrent une protestation énergique qui devint, dès lors, une sauvegarde pour la malheureuse ville de Messine.

L'insurrection subsistait cependant, mais dans l'intérieur de l'île. Des bandes conduites par un homme intrépide, Rosolino Pilo, parcouraient le pays sans obtenir grand succès. Toutefois leur présence entretenait l'agitation et l'espoir. — « Les vivres et l'argent ne leur manquent pas, écrivait M. Brenier le 11 avril. Les vivres leur sont fournis par le pays, qui prend une certaine part à l'insurrection ; l'argent est le produit des versements faits par celles des familles riches qui se sont jetées dans le mouvement. Tel qu'il se révèle, ce mouvement est propre aux Siciliens. Il doit être attribué plus encore aux provocations causées par les mesures de répression inique et brutale dont la police s'est rendue coupable, et au système arbitraire qui prévaut en toutes choses, qu'aux suggestions venues de Turin. »

Les troupes napolitaines continuaient toujours d'exciter l'irritation par leurs cruautés que le gouvernement se voyait lui-même obligé de reconnaître comme très-réelles. — « Le prince de Cassaro (écrit M. Brenier le 23 avril) n'a pas cherché à excuser les excès commis par les troupes, et m'a assuré que le roi avait donné les ordres les plus formels pour que les chefs de corps fissent cesser des pillages et des cruautés déshonorants pour une armée régulière, et rendus encore plus odieux par la connivence des officiers. On sait, malheureusement par expérience, que l'appât du pillage est un des stimulants offerts à l'armée napolitaine, dans les circonstances critiques, pour raffermir son courage et sa fidélité. Que ces scènes sanglantes et honteuses soient actuellement désavouées ou au moins non justifiées par le gouvernement, cela se conçoit ; on veut éviter la réprobation qu'elles ne manqueront pas de soulever ; mais ce qui paraît certain, néanmoins, c'est que des ordres autorisaient le commandant des troupes dirigées contre la ville de Carini à *passer les habitants au fil de l'épée.* »

Le pays sentait que cette insurrection finirait par être écrasée comme les autres, si elle n'était pas soutenue par quelque appui du dehors. Il appelait des auxiliaires ; un homme qui exerce sur les imaginations italiennes un grand prestige, Garibaldi, comprit qu'on l'appelait : il arriva.

§ 7. GARIBALDI ; L'EXPÉDITION DES MILLE ; DÉBARQUE-MENT A MARSALA (15 MAI) ; BATAILLE DE CALAFATIMI ; PRISE DE PALERME.

Dans le Parlement de Turin un député a dit : « Il ne faut pas croire que Garibaldi soit un homme de génie, ni même un homme d'une grande intelligence ; c'est mieux que cela, c'est un homme de grands instincts. »

En effet, Garibaldi est un homme simple, au beau sens de ce mot. « Porté par un amour immense de sa patrie dit un écrivain qui l'a vu et étudié de près, il a accompli naïvement des œuvres énormes, ne tenant jamais compte des obstacles, ne voyant que le but auquel il marche droit, sans que la possibilité de fléchir lui soit même venue à l'esprit. Son instruction paraît médiocre, son intelligence est ordinaire, son esprit assez crédule ; mais il a un grand cœur. Il a la foi ; il croit à l'Italie, il croit à sa propre mission. L'illuminisme l'a-t-il parfois touché de ses ailes rêveuses? Je le croirais ; lui aussi, il a dû entendre des voix. Dans ces pampas sans limites de l'Amérique du Sud, qu'il a parcourues parfois en vainqueur, parfois en fugitif, mais toujours en héros ; dans ces longues nuits étoilées qu'il passait

Débarquement de volontaires garibaldiens (mai 1860). (Page 110, col. 2.)

solitaire sur l'immensité des flots, à la barre de son navire, il me semble qu'il a dû écouter des voix mystérieuses, mouillées de larmes, qui lui disaient : « La terre des aïeux est en proie aux étrangers ; une vieille prophétie a dit qu'elle serait libre un jour ; cette prophétie d'espérance, c'est toi qui dois l'accomplir ; lève-toi et marche! » Et il s'est fait alors à lui-même le serment qu'il tiendra jusqu'au bout, vrai serment d'Annibal.

« J'ai pu le contempler à mon aise et admirer la vigueur que la nature a mise en lui. Il est d'une taille moyenne, large des épaules et porté sur des jambes solides. Sa main est forte, dure comme si elle avait subi jadis d'âpres fatigues ; le cou est musculeux, et la nuque charnue est cachée par de longs cheveux blonds où se mêlent quelques fils d'argent. Le front naturellement très-haut et qui paraît d'autant plus élevé qu'il est dégarni, donne à tout le visage une sérénité colossale et pleine de charme. Les sourcils, très-abondants, abritent des yeux bleus qui sont d'une inconcevable douceur. Le nez, large, droit, ouvert de narines mobiles et puissantes, s'abaisse sur une grosse moustache qui couvre à demi la bouche bienveillante, un peu épaisse et légèrement sensuelle ; la barbe fauve, rejointe aux moustaches, couvre une partie des joues et le menton. Dans ses instants d'abandon, et ils sont fréquents chez cette forte nature, il a d'inconcevables douceurs et comme des coquetteries d'aménité ; dans la colère, il a des soubresauts terribles, à son approche on sent qu'une force va passer, et l'on s'incline. Quand il parle, il subjugue, car sa voix, la plus belle que j'aie jamais entendue, contient dans ses notes, à la fois pro-

Sicile. — Marsala.

fondes et vibrantes, une puissance dominatrice à laquelle il est difficile de se soustraire. Qu'il parle dans la familiarité d'une conversation amicale ou qu'il adresse aux foules rassemblées un discours solennel, il sait émouvoir, entraîner, convaincre. En outre, il a ce don précieux de dire précisément ce qu'il faut dire[1]. »

Palerme.

Garibaldi avait été, on le pense, très-mécontent de la paix de Villafranca : l'abandon que le roi de Sardaigne faisait de Nice et de la Savoie achevait de l'irriter. Homme du sabre, il ne comprenait rien aux ménagements de M. de Cavour, homme de la diplomatie

1. Maxime du Camp, *Revue des Deux-Mondes* (1861).

Bivouac de volontaires garibaldiens.

Combat de Milazzo (20 juillet 1860). (Page 112, col. 1.)

Il ne comptait pour rien le temps et l'habileté. Ce qu'il lui fallait c'était l'unité immédiate de l'Italie : il voulait la réaliser au risque de la compromettre à jamais. L'insurrection de Sicile lui parut une occasion propice pour mettre ses projets à exécution Un mot de sa bouche, et ses anciens soldats accouraient autour de lui. Il se décida à le prononcer.

Le gouvernement piémontais se trouvait très-embarrassé. Il ne pouvait favoriser ouvertement une expédition contre un autre État : il ne pouvait ouvertement prêter son appui à une insurrection dont il ne connaissait pas l'étendue réelle. La France le retenait dans la voie du droit public, et cependant il ne pouvait voir de trop mauvais œil une aventure capable peut-être de lui donner l'Italie. Il ne pouvait surtout heurter violemment le parti de l'action, très-puissant. M. de Cavour se sentait débordé. Il prit officiellement toutes les mesures de précaution que lui dictaient les circonstances ; mais ces précautions n'empêchèrent point 1200 à 1500 volontaires de se réunir dans la populeuse ville de Gênes Garibaldi avait ouvert une souscription pour un million de fusils, le gouvernement l'interdit ; ce qui n'empêcha pas Garibaldi de trouver de l'argent. Celui-ci d'ailleurs vint en quelque sorte à son aide en prévenant la désertion des soldats de l'armée piémontaise : « Soldats italiens, dit-il dans une proclamation, c'est la discorde et l'indiscipline qui, pendant des siècles, ont causé tant de malheurs à notre pays. Je recommande donc, au nom de la patrie reconnaissante, à la jeunesse qui forme les rangs de notre brave armée, de ne pas les abandonner, mais de se serrer de plus en plus autour de leurs vaillants officiers et de notre Victor dont la bravoure peut être contenue un moment par de pusillanimes conseillers, mais ne tardera pas à vous conduire à une victoire définitive. »

Toute la ville de Gênes conspirait en faveur de Garibaldi et le gouvernement piémontais n'aurait pu arrêter l'expédition qu'en s'emparant de la personne du général, ce qu'il ne pouvait faire. Notre ambassadeur à Turin, le baron de Talleyrand, écrivait : « Les membres du corps diplomatique inclinent à penser que c'eût été une dangereuse expérience pour M. de Cavour d'entamer à Gênes une lutte sérieuse pour empêcher l'embarquement des volontaires. » Garibaldi sauva d'ailleurs les apparences en prenant ses mesures pour rendre l'embarquement le plus secret possible. Dans la nuit du 5 au 6 mai, Garibaldi et quelques hommes prirent possession de deux navires marchands arrivés de la veille ; le Lombardo et le Piemonte sortirent du port, embarquèrent dans la rivière de Gênes les volontaires et les munitions, et partirent. Des commissions pour Malte mettaient les deux navires en règle à l'égard des autres puissances. Garibaldi laissait une lettre pour la compagnie dont il avait pris les bâtiments et qu'il promettait de rembourser ; une lettre pour le roi dans laquelle il s'excusait de son départ, et proclamait son cri de guerre : *l'unité de l'Italie et Victor-Emmanuel!* enfin une lettre au docteur Bertani, son agent recruteur et son banquier, lettre qui demandait la formation d'une armée de 500 000 hommes.

Les deux navires ne firent point voile directement vers la Sicile : quelques volontaires descendirent près de la frontière des États de l'Église ; mais le gouvernement sarde les désarma. Le 11 du mois de mai, Garibaldi touchait à Cagliari, puis échappant aux croisières napolitaines, mettait le cap sur Tunis pour débarquer à l'extrémité sud-ouest de la Sicile, à Marsala.

Comme les deux navires approchaient de cette ville, ils furent aperçus par trois vaisseaux napolitains qui se mirent à leur poursuite, gagnèrent de vitesse et arrivèrent juste comme les volontaires débarquaient. Mais là se trouvaient deux navires anglais, derrière lesquels le Piemonte et le Lombardo se mirent à l'abri. Les capitaines anglais, invités à se retirer, ne demandèrent pas mieux, et rappelèrent leurs équipages dispersés à terre. Mais pendant ces pourparlers les volontaires achevèrent leur débarquement, obligés seulement d'abandonner leurs canons. Les Napolitains saisirent le Piemonte et coulèrent le Lombardo. Garibaldi ne s'en trouvait pas moins dans l'île avec ses amis le Hongrois Türr, Nina Bixio, Crispi, Georges Manin, fils de l'illustre défenseur de Venise, etc. Accueilli avec enthousiasme par les habitants de Marsala, il vit bientôt à ses *mille* compagnons se joindre trois mille Siciliens. Lorsqu'il eut remis un peu d'ordre dans sa petite armée, qui devait aller sans cesse en grossissant, il se rapprocha de Palerme où se concentraient les Napolitains. Une première rencontre eut lieu à *Calafatimi* (15 mai), entre un corps de garibaldiens, fort tout au plus de 700 hommes et 4000 Napolitains. Ceux-ci furent battus, tinrent la campagne quelques jours et rejoignirent l'armée dans Palerme.

« Une suite de marches admirablement étudiées amena l'armée libératrice sur le sommet des montagnes qui environnent Palerme. Le 24 mai, une forte colonne de troupes royales marchait à la rencontre de Garibaldi ; par un de ces stratagèmes qui n'appartiennent qu'à lui, le général, feignant de battre en retraite, laissa poursuivre par les Napolitains, dans la direction de Corleone, un petit corps de paysans siciliens ; et, pendant que le général Lanza, commandant militaire de Palerme, annonçait promptement autour de lui que, « les flibustiers » étaient battus à plate couture et en fuite, Garibaldi, avec son corps expéditionnaire, bien diminué, et suivi des *squadres* siciliennes (paysans armés), sous le commandement du général la Masa, se présentait devant Palerme, le 27 mai, à trois heures du matin. Environ 600 chasseurs des Alpes, tête baissée, la baïonnette en avant, se précipitaient à travers cette grande ville, défendue par 27 000 hommes de troupes régulières, et placée sous le feu de la formidable artillerie des forts de mer.

« Pour expliquer en deux mots l'entreprise, ses difficultés et sa réussite, on peut comparer Palerme à une sphère dont le Palais-Royal et ses alentours occupent le sommet, les forts de mer la base et qui est coupée transversalement par une longue ligne droite, qui s'appelle la rue de Macqueda, avec une porte à chacune de ses extrémités. C'est par l'une d'elles, la porte de Termini, que Garibaldi pénétra dans Palerme, en chassant devant lui le poste qui l'occupait. Tout aussitôt, occupant la rue Macqueda dans toute sa longueur, et coupant la ville par d'immenses barricades que les habitants, réveillés en sursaut, se mirent à construire avec ardeur, il isola parfaitement le Palais-Royal des forts de mer, pendant qu'au dehors les paysans armés, tenant la campagne à droite et à gauche, interceptaient également toute communication, et bloquaient Palerme.

« Un affreux bombardement commença à l'instant même des forts de mer et de la flotte, embossée devant la marine. 7 à 8000 Napolitains campés sur la place du Lanza, se lancent à l'attaque des barricades et mettent à feu et à sang les quartiers voisins. Mais malgré les bombes, l'incendie, la mitraille et l'assaut corps à corps, soldats de Garibaldi et Palermitains, s'animant les uns les autres, ne cédèrent pas un pouce de terrain, et d'attaqués devinrent bientôt assaillants.

« Ce fut une bataille indescriptible de trois jours et de trois nuits. Les forts de mer et la flotte, parfaitement à l'abri, tiraient toujours, accumulaient ruines sur ruines, cadavres sur cadavres. Mais les défenseurs du Palais-Royal avec leur chef, sans vivres, sans eau, vigoureusement pressés, en arrivèrent à l'extrémité. Il leur fallut céder et demander grâce. Des parlementaires napolitains, généraux et colonels, vinrent de la part du général Lanza, solliciter de l'humanité de Garibaldi une capitulation que celui-ci s'empressa d'accorder. Les troupes royales devaient cesser le bombardement, évacuer Palerme, et se retirer par mer, à Messine ou à Naples. En trois jours, Garibaldi avait délivré la capitale, et avec elle l'île tout entière.

« Dès les premières heures de l'attaque, les royaux avaient laissé libres les portes des prisons, comblées de détenus politiques, aussitôt libérés; mais, dans un cachot de la citadelle même (*Castellamare*), huit gentilshommes des premières familles se trouvaient renfermés, attendant la mort par la main du bourreau. Ce fut pour leur sauver la vie que Garibaldi accorda à la garnison de Palerme de se retirer avec armes et bagages, et le matériel des forteresses. — « Ces messieurs nous coûtent six millions, » disait-il en riant le 19 juin, alors que, délivrés après l'embarquement du dernier soldat napolitain, ces gentilshommes venaient, escortés par les acclamations enthousiastes du peuple, rendre grâce à leur libérateur. » Le lendemain de la capitulation, les Palermitains, moines en tête, se mirent à détruire le fort de *Castellamare*, qui si longtemps avait braqué sur eux ses canons.

§ 8. ESSAI DE GOUVERNEMENT CONSTITUTIONNEL A NAPLES: BATAILLE DE MILAZZO (20 JUILLET) EN SICILE; PRISE DE MESSINE.

La révolution sicilienne, la chute de Palerme firent réfléchir le roi de Naples, François II. Il s'adressa aux puissances, espérant que celles-ci arrêteraient Garibaldi. Mais la France et l'Angleterre, après avoir proclamé le principe de non-intervention, ne pouvaient pas s'en départir et laisser d'autres souverains intervenir. L'Angleterre applaudissait à cette révolution qui embarrassait la politique française et elle la secondait comme on l'a pu voir. François II promit de donner une constitution et envoya M. de Martino à Fontainebleau auprès de l'empereur Napoléon III. M. de Martino put voir combien on était indigné du bombardement de Palerme qui avait détruit un tiers de la ville : on engagea cependant le gouvernement napolitain à entrer dans la voie constitutionnelle, quoiqu'il fût un peu tard, et à s'allier avec le Piémont. Celui-ci, influencé par les puissances, empêcherait peut-être Garibaldi de passer sur la terre ferme. M. de Martino

ne crut pas devoir achever sa mission et aller à Londres. Le 12 juin, lord Palmerston avait annoncé son intention de faire à l'envoyé napolitain les plus énergiques représentations sur le bombardement de Palerme. L'Autriche elle-même paraissait abandonner le roi de Naples, et ses journaux le raillaient d'avoir appelé Garibaldi *excellence*. De sérieux désordres éclataient déjà à Naples où le ministre de France, M. Brenier, était frappé violemment dans sa voiture. Deux navires sardes portant des renforts à Garibaldi furent pris par la marine napolitaine. Le gouvernement piémontais protesta, se plaignant qu'on eût pris ces vaisseaux en abusant du pavillon sarde et qu'on les avait saisis hors des eaux napolitaines. Il fallut rendre navires, équipages et passagers.

Le 1er juillet, la constitution de 1812, déjà ressuscitée en 1848, fut remise en vigueur. Mais le revirement constitutionnel trouva tout le monde indifférent : à l'étranger, on en profita pour battre en brèche le gouvernement. On vendait dans les rues le portrait de Garibaldi et ses proclamations. Le parti absolutiste réagit, souleva les soldats, et des émeutes eurent lieu aux cris de : A bas la constitution ! Le 22 juillet les défections commencèrent. Le général Nunziante donna sa démission. M. Liborio Romano, ministre de l'intérieur, travaillait pour Garibaldi. L'oncle du roi, le comte d'Aquila, était accusé de vouloir détrôner son neveu. « Le trouble, l'impuissance, l'abandon, étaient au comble, et chacun pouvait produire son plan de salut. Ce fut alors qu'un certain la Cécilia obtint des ministres une somme de 1200 ducats avec l'autorisation de faire à Garibaldi la proposition suivante : 1° on lui accorderait le passage par les Pouilles et les Abruzzes pour aller attaquer les Marches et l'Ombrie ; 2° il lui serait permis de recruter des volontaires dans le royaume ; 3° on lui donnerait des transports et des vivres ; 4° cinquante mille soldats et la flotte napolitaine seraient mis à sa disposition pour délivrer Venise ; 5° il recevrait cinq millions de ducats s'il voulait s'engager à ne pas attaquer les provinces de terre ferme[1]. »

Pendant ce temps Garibaldi était retenu en Sicile par les difficultés inhérentes à l'organisation du gouvernement. Il s'était proclamé dictateur, mais il lui fallait lever des contributions, refaire son armée, pourvoir à l'administration du pays. Diverses influences se disputaient la direction des affaires, et Garibaldi changeait lui aussi presque toutes les semaines de ministère. On lui demandait l'annexion immédiate au Piémont, mais il voulait auparavant achever sa conquête. Il se brouillait dans les intrigues qui se croisaient autour de lui. M. de la Farina, qu'il soupçonna d'accord avec M. de Cavour, essayait de retarder l'expédition de Naples. Garibaldi le fit arrêter et embarquer pour Gênes. Enfin, las de cette inaction et de ces tracasseries, il se remit en campagne le 18 juillet et rejoignit le général Medici avec trois mille hommes pour marcher sur Messine.

Messine était défendue par le général napolitain Clary qui disposait de vingt-quatre mille hommes, s'appuyait à une forteresse redoutable et gardait les communications avec la terre ferme à l'aide de la flotte. De plus ils occupaient la petite ville de Milazzo, située sur une

1 *Annuaire des Deux-Mondes* (1860).

presqu'île et avant-poste de Messine. Garibaldi ayant divisé ses troupes en trois colonnes, s'élança, le 20 juillet, sur les batteries qui protégeaient Milazzo. Le terrain était difficile, l'ennemi supérieur en nombre. Un escadron de cavalerie napolitaine tomba sur les volontaires. Garibaldi fut entouré : il dut renverser plusieurs ennemis pour se délivrer. Voyant qu'il ne gagnerait rien du côté où il avait engagé l'action, il se dirige vers le rivage, monte sur un de ses navires et va attaquer la porte opposée de la ville, redescend, pénètre enfin dans les rues où les autres colonnes le rejoignirent. Le général napolitain Bosco se défend avec acharnement : il ne cède le terrain que pied à pied, mais chaque maison est emportée par les chemises rouges et Bosco se retire dans la citadelle.

Abattu par cette nouvelle défaite, François II envoya à ses généraux l'ordre de traiter de l'évacuation de la Sicile, moins la citadelle de Messine, place de guerre qui pouvait défier longtemps les forces irrégulières de Garibaldi. François II espérait, au prix de la Sicile, sauver le reste de son royaume, et même la conservation de la citadelle de Messine lui donnait un point d'appui dans le cas où il voudrait reprendre l'offensive. Garibaldi, qui ne pouvait s'attarder à des sièges et qui était bien résolu de passer le détroit, laissa le général Bosco sortir de la citadelle de Milazzo avec les honneurs de la guerre, occupa la ville de Messine et signa avec le commandant de la citadelle un armistice. Le commandant s'engageait, en quelque éventualité que ce soit, à ne causer aucun dommage à la ville,

Flottille de Garibaldi préparée au phare de Messine pour la descente en Calabre.

si ce n'est dans le cas où des travaux d'approche seraient faits contre la forteresse dans la ville même. Le Phare ou détroit demeurait en dehors des conventions. Mais ni les canons de la citadelle, ni ceux des vaisseaux ne devaient empêcher Garibaldi et son armée de franchir le bras de mer qui les séparait des autres provinces du royaume de Naples. Garibaldi mit le temps qui lui était laissé à profit, et comprenant que la besogne serait plus rude de l'autre côté du détroit, ne négligea rien pour réorganiser son armée.

« A ce moment, l'armée méridionale pouvait compter 15 000 hommes sous les armes, répartis en trois divisions commandées par les généraux Türr, Medici et Cosenz. Plus tard, lorsque les renforts envoyés par le comité de Gênes et les recrues des Calabres eurent

augmenté nos troupes, deux nouvelles divisions furent créées sous les ordres de Sirtori et de Nino-Bixio. Le principal noyau de cette armée, exclusivement composée de volontaires, était représenté par les Italiens du nord. Tous les jeunes gens de la Vénétie qui avaient pu échapper à la surveillance excessive de la police autrichienne étaient parmi nous ; la ville de Milan avait envoyé un très-beau corps de *bersaglieri* qui rivalisaient de valeur et d'entrain avec les bersaglieri génois, si admirés aux combats de Calatafimi et de Milazzo. Les deux villes guerrières de la Lombardie, Bergame et Brescia, n'avaient point démenti leur glorieuse renommée, et les meilleurs parmi leurs fils étaient près de Garibaldi. Les habitants des États romains étaient accourus aussi se ranger sous la bannière verte, blanche et rouge; on les reconnaissait à la sonorité de leur langage et à la façon vraiment héroïque dont ils supportaient la fatigue. Nous avions encore beaucoup de Toscans, très-jeunes pour la majeure partie et d'une admirable fermeté dans l'action. Modène et Parme n'avaient point fait défaut non plus, et l'on peut dire que la patrie italienne tout entière avait tenu à honneur d'envoyer ses enfants affranchir la portion d'elle-même qui attendait sa délivrance. L'élément étranger n'était pas absent; nous comptions sous la chemise rouge beaucoup de Hongrois, quelques Allemands, une centaine de Français, des Russes et des Anglais, nombreux surtout parmi les officiers. Quant à la légion anglaise, forte de douze cents hommes, équipés et armés par les souscriptions de l'Angleterre, et dont on a beaucoup parlé, elle ne nous rejoignit que plus tard à Naples, vers le milieu du mois d'octobre.

« On avait essayé d'éveiller l'esprit militaire parmi

La colonne du général Medici. (Page 114, col. 1.)

les populations siciliennes; mais c'était une tâche difficile, et l'on échoua. On eut beau s'appuyer sur le sentiment national, faire sonner à tous les cœurs les grands mots de patrie et de liberté, la Sicile fut sourde. Et comment aurait-elle entendu? Depuis des siècles elle a été tant battue et tant torturée qu'elle n'était plus pour ainsi dire qu'un cadavre. Il faut donner à ce Lazare le temps de sortir de son tombeau avant de lui demander de faire acte de vie. En l'absence de cet enthousiasme qui, à certains moments de l'histoire des peuples, les pousse vers le danger comme vers un devoir impérieux, on décréta l'enrôlement forcé, et l'on se recruta ainsi d'une troupe qui, si elle ne fut pas toujours très-brillante dans le combat, donna du moins de grandes preuves d'énergie et de résignation dans la fatigue [1]. »

1. Maxime du Camp, Expédition de Garibaldi (Revue des Deux-Mondes, 1861).

§ 9. DÉBARQUEMENT DE GARIBALDI DANS LES CALABRES; CONQUÊTE DES PROVINCES MÉRIDIONALES.

En Europe, on eût bien voulu arrêter la révolution à la conquête de la Sicile. Des amis même de l'Italie pensaient qu'il serait plus prudent de ne point précipiter les choses. La France invita Victor-Emmanuel à user de son influence sur Garibaldi, mais le dictateur répondit au roi par un refus formel d'obéissance. « La situation actuelle de l'Italie, disait-il, ne me permet pas d'hésiter : les populations m'appellent. Je manquerais à mon devoir et je compromettrais la cause italienne si je n'écoutais pas leur voix. » La France chercha à s'entendre avec l'Angleterre pour faire occuper le détroit par leurs escadres. L'Angleterre ne voulut pas, s'appuyant toujours sur le principe de non-intervention. Garibaldi resta maître d'exécuter ses projets.

« Deux petits lacs, situés à la base de cette langue de terre dont le phare occupe l'extrémité, avaient été réunis entre eux et ensuite joints à la mer par un canal que Garibaldi avait fait creuser. De la sorte, il avait, à l'abri de toute attaque et exposé seulement au hasard des projectiles perdus, un bon port qui contenait toutes les barques dont il comptait se servir pour faire passer son armée sur le continent. Ces barques étaient peu rassurantes, au nombre de deux cent cinquante environ, petites, pouvant contenir une trentaine d'hommes chacune, et si faibles de bordage qu'il leur eût été impossible de résister à l'artillerie. Quelques-unes, garnies sur trois côtés d'une balustrade de planches et pontonnées, étaient destinées à transporter les chevaux et au besoin les pièces de canon. »

Malgré ce peu de ressources, Garibaldi lança dès le 8 août quelques centaines d'hommes sur la côte de Calabre avec Missori qui se jeta dans les montagnes et gagna une forte position, l'Aspromonte, où des bandes calabraises vinrent le rejoindre. En dépit des croisières napolitaines qui d'ailleurs ne manifestaient pas un grand zèle, de petites expéditions traversaient sans cesse le détroit. Le 10 au soir, la brigade Bixio, forte de 4000 hommes, débarqua près de Villa-San-Giovanni-Medici et Cosenz amenèrent 11 000 hommes au cap dell'Armi, entre Reggio et Mileto. Garibaldi veillait à tout, allait sans cesse d'un endroit à l'autre : le télégraphe annonçait presque toujours sur lui des nouvelles contradictoires, et l'Europe attentive ne savait pas si le hardi aventurier avait oui ou non franchi le détroit. Mais bientôt la vérité se fit jour et les nouvelles se succédèrent coup sur coup, relatant des faits vraiment extraordinaires.

« Le 19 août, dans la nuit, Garibaldi avait quitté Taormina avec une brigade embarquée à bord des bateaux à vapeur *le Franklin* et *le Torino*; toute la nuit on avait navigué par une mer assez dure, et vers le point du jour on était arrivé en vue de l'extrémité de l'Italie méridionale, près de la petite ville de Mileto, au cap dell'Armi. Monté à bord du *Franklin*, qu'il commandait lui-même, à côté de son vieux compagnon Origoni, Garibaldi avait fait signal au *Torino* d'accélérer sa marche et d'atterrir au plus vite, car la croisière napolitaine pouvait apparaître d'un instant à l'autre. *Le Torino* chauffa à outrance, jusqu'à se jeter sottement à la côte qui est sablonneuse et basse. Six heures furent inutilement perdues à tâcher de relever le navire; *le Franklin* y rompit toutes ses amarres, et faillit y compromettre sa machine. Voyant l'impuissance de ses efforts, et comprenant qu'une plus longue tentative l'exposerait lui-même à un très-sérieux danger, il reprit la mer, hissa le pavillon américain, et, grâce à ce subterfuge, passa sans encombre à travers les navires du roi de Naples. On hâta le débarquement, et le dernier homme avait pris terre, quand les frégates royales, arrivant à toute hélice, mais trop tard, comme à Marsala, ouvrirent le feu contre le pyroscaphe échoué, et le coulèrent bas. Les soldats, d'après l'ordre de Garibaldi, prirent le pas de course et gravirent la montagne pour se mettre hors de la portée du feu des frégates qui commençaient à les canonner.

La journée du 20 fut employée par Garibaldi en ces marches et contre-marches auxquelles il excelle, et qui avaient pour but de dérouter les recherches et l'attention de l'ennemi. La nuit vint qu'on ne savait encore vers quel point on allait se diriger. Voulait-il attaquer Reggio, ou bien le tourner? Voulait-il aller se jeter à revers sur Scylla? Voulait-il gagner la montagne et y attirer la guerre? Les royaux l'attendaient partout, et il se glissait à travers leurs colonnes éparpillées, comme une anguille se glisse à travers les racines des vieux saules qui baignent leurs pieds dans l'eau. Vers minuit, les guides de Missori apparurent et annoncèrent la prochaine arrivée du jeune chef de partisans. Seul, il avait eu connaissance du plan de Garibaldi. En conséquence, et à la vue d'un signal dont il avait le secret, il avait quitté son inexpugnable position au sommet de l'Aspromonte, et il venait, pas une marche des plus difficiles dans un pays boisé, qui n'est que ravins et montagnes, faire sa jonction avec son général en chef. Sur la terre nue et à la clarté des étoiles, on tint un rapide conseil. La petite troupe fut divisée en trois détachements : l'un, commandé par Bixio, avait pour mission d'attaquer de front la ville de Reggio; les deux autres, sous les ordres immédiats de Garibaldi et de Missori, tournant les forts, devaient prendre les Napolitains entre deux feux. Vers trois heures et demie du matin (21 août 1860), l'avant-garde des chemises rouges tomba sur les vedettes royales. « Halte-là! qui vive? — Italie et Victor-Emmanuel! — Passez au large! — Vive Garibaldi! — Vive le roi! » L'action s'engagea.

« L'armée napolitaine, massée à l'entrée principale de la ville, faisait un feu terrible, devant lequel nos soldats reculèrent pendant quelques instants. Garibaldi arriva seul pour voir ce qui se passait. « Eh bien! mes « enfants, cela ne va donc pas bien par ici? vous êtes « fatigués, je le comprends, après les marches de la jour- « née d'hier; allons, reposez-vous un peu. » On s'arrête, on se groupe, on reprend haleine. Au bout de quelques minutes, il parle, toujours avec sa voix incomparablement douce : « Allons, cela va mieux, n'est-ce pas? Ce « n'était que la fatigue, je le savais bien; mais vous avez « tiré assez de coups de fusil pour aujourd'hui; il faut « ménager nos munitions, nous n'en aurons pas d'autres « pour arriver jusqu'à Naples. Allez me bousculer tous « ces drôles-là à coups de baïonnette! » Il les lance, et lui-même va retrouver son corps, qui, dans ce moment, tournait la ville en silence et parmi les ténèbres. La charge à la baïonnette fut décisive; les royaux, ouverts et repoussés, allèrent chercher refuge dans la citadelle. Un petit fort s'élève au bas de la ville; Bixio le prit[1]. »

1 Maxime du Camp.

En même temps les derniers débarquements s'achevaient sous la direction de M. de Flotte, ancien officier de la marine française et ancien représentant du peuple en 1848. De Flotte avait présidé à l'heureuse navigation de presque toutes les expéditions : à peine entré dans l'intérieur du pays, il tomba frappé à mort dans un combat près de Solano (12 août). « Les Napolitains commençaient à faiblir, et de Flotte, toujours à la tête de ses hommes, comme d'habitude, les lançait sur l'ennemi, la baïonnette en avant. Au plus fort de cette charge impétueuse, de Flotte, atteint déjà d'une légère égratignure à la main, s'élança sur un gros de Napolitains, suivi de quelques hommes, entre autres son lieutenant Daugam, un Français, Girard, et un volontaire de la compagnie anglaise. Un soldat le couchait en joue, mais, saisi d'un sentiment de respect involontaire, il n'osa pas tirer. De Flotte écarte le fusil avec son sabre ; le soldat se rend prisonnier. Au même instant un coup de feu part à quelques pas, presque à bout portant, et notre héroïque commandant tombe mort, la face contre terre, sans pousser un cri, sans faire un mouvement. La balle lui avait traversé la tête et était allée frapper le volontaire anglais près de lui. On court, on s'empresse ; pendant que les uns s'efforcent de le relever, les autres vont à l'endroit d'où le coup était parti, mais on ne trouve qu'un fusil sur le sol ; l'homme qui avait tiré s'était enfui[1]. » On enterra de Flotte dans l'église du village.

Cependant les 20 000 hommes que François II avait envoyés pour défendre les Calabres commençaient à être singulièrement réduits. De nouvelles troupes garibaldiennes débarquaient sans cesse plus au nord, menaçant de couper les communications avec Naples. A Soveria des généraux capitulèrent, abandonnant à Garibaldi deux batteries d'artillerie, les chevaux et les mulets dont la pauvre armée des volontaires avait grand besoin. Cette capitulation de Soveria ouvrait la route de Cosenza. Le général qui commandait dans cette ville capitula lui-même, entre les mains du Comité formé sous le nom de Comité central de la Calabre. Isolés, coupés, ces généraux napolitains ne comprenaient rien à la guerre que leur faisait l'agile Garibaldi. Leur armée était démoralisée, et une sombre tragédie qui venait de se passer à Mileto le 25 août n'était point faite pour les rassurer.

« Le 15e régiment de ligne napolitain, revenant de Villa-San-Giovanni, avait campé sur la place et dans les rues ; ses officiers le conduisaient, mais les troupes indisciplinées murmuraient, voyant avec terreur s'allonger devant elles les fatigantes étapes, dont la dernière ne devait être que Naples, et, répudiant le métier de soldat, demandaient sourdement à être renvoyées libres, en congé illimité. Les officiers découragés ne répondaient rien, ou répondaient qu'ils étaient eux-mêmes contraints d'obéir à des ordres supérieurs. Le général Briganti arriva sur ces entrefaites, à cheval, suivi d'un seul domestique. Les soldats, en le reconnaissant, crièrent : « A mort ! à mort ! chez nous ! chez nous ! » Briganti passa outre, sans s'arrêter à ces clameurs. Il avait déjà franchi le village et se trouvait sur la route de Monteleone, quand il tourna bride et revint sur ses pas. Qui le ramenait ? La volonté de faire tête à l'orage et de calmer une sédition militaire qui pouvait, en éclatant, amener le pillage de la ville ? ou plutôt cette invisible et invincible main qui pousse les hommes vers les destinées qu'ils doivent accomplir ? Je ne sais, mais il revint. Dès qu'il parut, les cris recommencèrent, et les menaces aussi, plus violentes encore. Il était sur la place devant un grand hangar qui sert d'écurie à la poste. Il s'arrêta et voulut parler ; deux coups de feu abattirent son cheval, qui roula dans la poussière. Le domestique épouvanté prit la fuite. Les officiers impassibles n'essayaient même pas de calmer leurs hommes. Le général Briganti se releva et alla droit aux mutins, avec courage et une grande sérénité. Il parla de son âge, leur rappela les soins paternels qu'il avait toujours eus pour eux ; il invoqua la discipline, sans laquelle les soldats ne sont plus que des bandits armés. La révolte hésitait et semblait près de s'apaiser, lorsqu'un sous-officier, s'approchant du général, lui dit : « Mes souliers sont usés, je vais presque pieds nus, toi, tu as de trop belles bottes ! » et lui tira un coup de fusil à bout portant. Plus de cinquante balles lui furent encore envoyées. Le sous-officier l'avait déchaussé, et toute la troupe, enivrée du meurtre, se jeta à coups de baïonnette sur son ancien général et le mit en pièces. On ne put qu'à grand'peine arracher à ces sauvages le corps mutilé pour le cacher dans l'église[1]. »

L'armée garibaldienne offrait un spectacle bien différent. « On aurait grand tort de s'imaginer que nous marchions en colonnes, dit un volontaire, chefs et musique en tête, fourgons et ambulance en arrière ; rien ne ressemblerait moins à la vérité. A part l'élite de quelques divisions dont la marche était à peu près régulière, le reste allait à la débandade dans un pays sauvage, à travers des ravins et des défilés où quelques centaines d'hommes déterminés auraient pu nous arrêter à chaque pas. L'armée ne marchait pas, elle se précipitait comme un torrent. Figurez-vous une avalanche de quinze à vingt mille hommes obéissant à une irrésistible force d'impulsion, roulant, bondissant, franchissant tous les obstacles. Dans cette furie de marche, nous avions oublié la faim, la soif, le repos, le sommeil, tous les besoins de la nature. Nous allions toujours, n'ayant qu'un seul cri : « Naples ! » Les vêtements tombaient en lambeaux, la chaussure restait en route : les armes seules étaient en bon état. La plupart d'entre nous n'avaient pas même de giberne et mettaient les cartouches dans leurs chapeaux. Les plus rapides distançaient les autres et les laissaient en arrière ; ceux-ci, débandés, se reformaient au hasard par groupes, ou bien, épuisés, se couchaient le long des routes, puis se relevaient par un élan furieux, se jetaient dans la montagne, découvraient des sentiers de traverse, et de la queue se retrouvaient tout à coup portés à l'avant-garde.

« Quelle misère, mais aussi quel dévouement ! De solde, il n'en était pas question, et quant aux distributions de vivres, il n'en fallait pas parler, au milieu de ces souffrances, lorsqu'en traversant un pauvre village les paysans nous serraient les mains en nous remerciant de les avoir délivrés des Bourbons et des soldats royaux. Quand je dis que nous manquions presque toujours de vivres, je n'entends pas faire le procès de l'intendance de l'armée, mais c'étaient les moyens de transport qui manquaient. Nous n'avions à

<hr>

1. Clément Caraguel, Souvenirs d'un volontaire de Garibaldi.

1. Maxime du Camp.

notre disposition que ces lourds et primitifs chariots calabrais dont le modèle exact se trouve dans le tableau de la *bataille des Cimbres*. Ces vénérables véhicules étaient traînés par des bœufs; aussi, malgré la bonne volonté des conducteurs, les provisions étaient-elles généralement en retard de deux jours sur la colonne. Il restait bien la ressource des réquisitions sur la route, mais les royaux qui nous précédaient avaient dévasté le pays comme une nuée de sauterelles, sans rien laisser après eux.

mais, voilà ce que nous rencontrions fréquemment dans les montagnes[1]. »

Garibaldi voyageait avec une rapidité sans égale. « Après avoir reçu à Soveria la capitulation du général Ghio, il s'était rendu à Cosenza, où ses officiers les plus intimes croyaient qu'il fe ait une halte prolongée; mais Garibaldi se donna à peine le temps de se reposer, et repartit en hâte. Obéissait-il à un appel venu de Naples ou à la conviction que sa présence seule désarmerait la monarchie? Je ne sais; il traversa

Vue de Naples.

« Nous traversions ainsi de gros villages et même des villes où il était littéralement impossible de trouver un morceau de viande ou un verre de vin. Dans certains cantons même, ces deux choses étaient complétement inconnues; les habitants ne se nourrissaient que de maïs grillé ou bouilli. La misère de quelques villages offrait un spectacle impossible à décrire. De méchantes huttes en terre recouvertes de chaume, et dans ces huttes toute une famille, hommes, femmes, enfants, étendus pêle-mêle sur une litière de paille de

Tursia, Castrovillari, Lagonegro, s'arrêtant une heure ici ou là pour jeter des paroles d'encouragement et appeler aux armes ceux qu'il espérait alors pouvoir mener à travers les États du pape jusqu'aux confins de la Vénétie. Partout on accourait; du haut des montagnes, les paysans armés venaient au devant de lui et l'entouraient; les villes se pavoisaient à son approche, et les habitants restaient debout, éveillés pendant des

1. Clément Cazajac, *Souvenirs d'un volontaire garibaldien*.

nuits entières, suspendus par l'attente de cet homme, qui passait plus rapide et plus fort que le tonnerre. Il allait si vite, que ses officiers d'ordonnance le perdaient quelquefois; l'un d'eux le chercha pendant cinq jours. Il n'y avait que des cris de joie autour de lui et nul péril, car les troupes napolitaines, dispersées et débandées, laissaient la route libre; à peine, çà et là, comme nous, rencontrait-il quelques groupes de royaux découragés qui tendaient la main au passant. Quelquefois, toujours courant, il ramassait ces hommes au hasard du chemin. « Qui voulez-vous servir? — « L'Italie! » Il les confiait alors à quelque officier qui les conduisait à la brigade la plus voisine; ils quittaient la veste bleue, prenaient la chemise rouge et criaient: *Vive Garibaldi!* avec plus de confiance qu'ils n'avaient crié vive le roi! Ainsi dans cette course frénétique il trouvait moyen d'augmenter son armée et d'amoindrir celle de François II. Quant aux habitants des villes qu'il traversait, ils restaient comme en extase pour l'avoir aperçu. Ceux à qui il avait parlé devenaient un objet de curiosité pour les autres; de ce qu'il avait touché, on faisait des reliques. Traversant un village, j'entrai dans une maison pour boire; je vis un verre sur une planche et je le pris; le propriétaire me le retira des mains. « Garibaldi a bu dans « ce verre, me dit-il; nul ne doit plus s'en servir! » Il courait donc à son but, pendant que nous marchions à sa poursuite, ignorant ce qu'il devenait et espérant toujours finir par le rejoindre[1]. Le gouvernement de Naples n'attendit même pas l'arrivée de Garibaldi pour se dissoudre.

§ 10. ENTRÉE DE GARIBALDI A NAPLES (7 SEPTEMBRE); RETRAITE DE FRANÇOIS II A GAËTE.

François II ne savait plus à quelle branche se rattacher. Il négociait avec le Piémont une alliance qu'on ne repoussait pas, mais qu'on ajournait jusqu'à la réunion du Parlement napolitain, et l'insurrection empêchait toute réunion de ce Parlement. Il n'était plus obéi par ses ministres, et, faute d'en trouver d'autres, se voyait obligé de les garder. Les journaux, rédigés par les émigrés qui étaient revenus, prêchaient ouvertement la révolte. On avait dû exiler un oncle du roi, le comte d'Aquila. Un autre oncle de François II, le comte de Syracuse, écrivait à son neveu, le 24 août, une lettre publique pour l'engager à renoncer à son autorité. Le comte de Syracuse se vit aussitôt l'objet de la faveur populaire, mais quelques jours après il partit pour Turin. Le comte de Trapani travaillait, au contraire, dans le sens réactionnaire et absolutiste: à mesure que l'insurrection se rapprochait de Naples, la position devenait de moins en moins tenable. Les troupes envoyées contre le dictateur fondaient pour ainsi dire devant lui. Les généraux refusaient de commander, les soldats de marcher, quand ils ne se rendaient pas à Garibaldi. François II résolut enfin de quitter Naples où il n'était entouré que de trahisons. Il pouvait encore se défendre dans les places fortes de Capoue et de Gaëte avec ce qui lui restait de son armée. Il prit ce parti. Le 6 septembre, laissant aux ministres et à la garde nationale le soin de maintenir l'ordre à Naples, il s'embarqua pour Gaëte. Il avait eu auparavant la douleur de voir arriver en masse la démission d'un grand nombre

d'officiers supérieurs et de commandants de la marine. Il adressa à l'Europe une protestation contre les derniers événements et à son peuple une proclamation très-digne. Le lendemain, 7, Garibaldi entrait à Naples.

Seul, sans ses soldats, à peine suivi par quelques-uns de ses officiers, Garibaldi, toujours revêtu de son costume presque légendaire, entrait à Naples dans une voiture de louage, au milieu d'une population en délire. — « Un flot diapré et hurlant montait et descendait la rue de Tolède; tous ceux qui avaient pu trouver une loque rouge, casaque, châle ou rideau, s'en étaient affublés, et, levant les bras, vociférant, agitant des bannières, s'embrassant, riant, pleurant, s'en allaient acclamer le dictateur, qui, brisé de fatigue, rompu d'émotion, énervé de ce triomphe brutal, demandait du repos. Les têtes les plus solides tournaient dans cette enivrante atmosphère que remuait tant de bruit. Les voitures renonçaient à ouvrir la foule, qu'elles suivaient au pas, s'arrêtant là où elle s'arrêtait, et bien vite escaladées par les curieux qui grimpaient sur les roues, sur la capote, sur les brancards. Pour ce monde en fièvre d'enthousiasme, il n'y avait qu'un cri: *Vive l'Italie Une!* et, ajoutant le geste à la parole, chacun levait en l'air l'index de la main droite. Descendu du ciel dont il est après Dieu l'hôte le plus puissant, saint Janvier n'eût pas été mieux reçu que Garibaldi, si, comme lui, il fût entré à Naples.... Les promenades enthousiastes de la journée recommençaient le soir avec accompagnement de torches, de lampions et de boîtes qu'on tirait à tous les coins de rues. C'était odieux de rumeur et de fracas. Les Calabrais en chapeaux pointus, nos soldats déguenillés se mêlaient à la population endimanchée; de tous les trous il sortait des patriotes qui criaient d'autant plus haut qu'ils avaient fait moindre besogne; le peuple et la bourgeoisie fraternisaient dans une joie sans bornes. ..

« Les forts qui commandent Naples tenaient encore pour le roi, lorsque Garibaldi entra dans la ville. Par leur position vraiment formidable, ils la dominent de telle sorte qu'ils peuvent la réduire en moins de deux heures. Il y avait là un danger terrible; malgré l'explosion de sa joie, ses promenades et ses cris, la population le sentait et était inquiète. Les grilles du palais, les portes des forteresses étaient closes, les sentinelles posées, les armes prêtes; dans les embrasures les canons allongeaient leur cou noir, derrière lequel apparaissait un artilleur debout. Que se passat-il entre les chefs du mouvement national et les officiers supérieurs qui commandaient la garnison des forts? Je ne le sais; mais vers cinq heures, le 9 septembre, Garibaldi monta au fort Saint-Elme, qui s'ouvrit devant lui et sa suite; il le reçut des mains du commandant et licencia les soldats. Une heure après, le Palais-Royal, le fort de l'Œuf et le Château-Neuf avaient fait leur soumission et appartenaient à la cause de l'unité italienne[1]. »

Garibaldi, excité par des victoires aussi faciles, songeait à marcher tout de suite sur Rome: autour de lui quelques conseillers imprudents disaient: « A notre approche, le pape se retirera et l'armée française avec lui. » Mais les hommes sensés le retenaient. D'ailleurs il n'avait pas fini sa besogne dans le royaume de Naples. Il ne possédait ni Capoue ni Gaëte. Or s'éloi-

---

1. Maxime du Camp, *Expédition des Deux Siciles.*

1. Maxime du Camp, *Expédition des Deux Siciles.*

gner de la capitale sans être maître de ces deux places, c'était s'exposer à un retour offensif des royaux. Garibaldi songea à attaquer Capoue. Les Napolitains avaient bien d'autres préoccupations. La fête de saint Janvier approchait.

« C'était un grand émoi dans la ville de Naples : pour qui le saint infaillible prendrait-il son parti? Était-il Italien? était-il bourbonnien? Grave question qu'on se posait partout et que nul n'osait résoudre par avance. Saint Janvier est l'idole des Napolitains, et ils sont fermement persuadés que Dieu ne règne aux cieux que par sa permission. Une fois cependant, pris de colère subite contre leur saint bien-aimé, ils le détrônèrent, et à sa place choisirent saint Antoine pour patron de Naples. C'était en 1799, saint Janvier s'était fait démocrate; son sang s'était liquéfié aux cris de : *Vive la république!* et quand la réaction, conduite à main armée par le cardinal Ruffo, vint à Naples se livrer à des massacres, dont le souvenir n'est pas encore effacé aujourd'hui, on se rappela l'attitude républicaine de saint Janvier, et on le destitua comme un simple préfet; on parla même de le jeter à la mer, et devant sa statue on cria : « A bas le jacobin! » Mais trop de liens intimes, tenant aux fibres les plus tendres du cœur, attachaient les lazzaroni à leur patron; cette séparation était trop pénible pour des âmes si unies. Les uns se repentaient de leur violence; l'autre promit de n'être jamais qu'un bon royaliste, et la paix fut faite. On renvoya saint Antoine, et l'on remit saint Janvier en possession de tous ses honneurs, titres et privilèges. — On sait en quoi consiste le miracle. Recueilli après le martyre du saint, son sang, renfermé dans une ampoule et desséché, se liquéfie et bouillonne. Le saint fait attendre plus ou moins longtemps ce prodige, selon qu'il est plus ou moins content de la politique et du gouvernement; mais il n'y a pas d'exemple qu'il l'ait jamais refusé, même au général Championnet, qui ne lui donnait que dix minutes pour l'accomplir. En présence des graves événements qui avaient remué le royaume des Deux-Siciles, quelle allait être l'attitude de saint Janvier?

« Le jour de sa fête (19 septembre), vers dix heures du matin, je me rendis à la cathédrale; c'est une grande église restaurée dans le lourd goût italien de la décadence, où l'art est absolument remplacé par la valeur et la rareté de la matière première. Il y a là un régiment de statues en argent, dont tout le prix est dans le poids. Dans la chapelle de saint Janvier, qui est à droite, la foule s'entasse et se presse; il fait très-chaud; une fade odeur de sueur plane au-dessus de toutes les têtes agitées; vers la balustrade qui protège le maître-autel, on se bat pour avoir les meilleures places. Les femmes me paraissent être en majorité, quelques-unes portent de petits enfants qui pleurent, et qu'elles font danser sur leurs bras pour les apaiser. On dit la messe; mais qui l'écoute? Personne. On est haletant. Quelquefois un chant suraigu éclate au milieu de la foule : c'est quelque femme déjà possédée, qui, par un cantique, espère hâter l'arrivée du saint. On amène plusieurs hommes de la garde nationale et on les distribue, ici pour maintenir la circulation auprès des portes, là pour empêcher la foule de se précipiter dans la sacristie, plus loin pour défendre le chanceau de l'autel contre ceux qui tenteraient de l'escalader. La porte de la sacristie s'ouvre enfin, et un cri de joie éclate sous les voûtes. En grande pompe, on apportait l'image de saint Janvier couvert d'un voile rouge brodé d'or; on s'écarta pour le laisser passer. Porté par un chanoine, précédé de deux gardes qui écartaient le peuple, le saint s'ouvrit un chemin à travers ses adorateurs, qui furtivement tâchaient de toucher le voile de leur main qu'ensuite ils baisaient; la précieuse idole put enfin franchir les trois marches de l'autel, et sur la nappe blanche on l'exposa. On enleva le voile, et le buste d'argent apparut, éclatant comme un poêlon fraîchement étamé. Ce que je vis alors est fait pour rendre modestes ceux qui, dans leur vie, se sont crus aimés, car jamais être humain n'inspira l'amour qu'on témoignait à cette tête immobile. Les femmes criaient : « O saint Janvier, mon petit saint Janvier, saint Janvier de mon âme, saint Janvier, saint Janvier! » Vers lui elles tendaient leurs mains crispées, des larmes coulaient de leurs yeux renversés par l'extase, leurs lèvres tremblantes jetaient des mots confus et lui envoyaient des baisers; les tendons de leur cou, saillis comme de grosses cordes, remuaient aux battements précipités des artères; quelques-unes, plus enivrées que les autres, avaient écarté leur fichu et se frappaient la poitrine à coups de poing en poussant les appels lamentables....

« Un chanoine, vieillard courbé, couvert de vêtements splendides, enleva un voile qui cachait l'ostensoir contenant la précieuse relique. Cet ostensoir est en argent, garni de deux glaces qui facilitent la vue de l'ampoule qu'il renferme; un prolongement arrondi permet de le placer sur un piédestal d'argent. Je demande pardon pour ma triviale mais très-juste comparaison, cet ostensoir ressemble à une lanterne de cabriolet. Le chanoine le tient par la douille et par le sommet, qui est enrubanné de rouge; il le baise dévotement, le regarde avec soin, l'élève entre ses mains et s'écrie : *Il sangue è duro!* Puis le montrant d'aussi près que l'on veut aux assistants, mais n'y laissant jamais toucher, il l'agite de haut en bas en y tenant les yeux attachés, afin de déterminer l'instant précis où le sang coagulé commence à se liquéfier. Derrière lui, un prêtre éclaire la relique à l'aide d'un cierge, de façon qu'on puisse la voir aussi par transparence. Pendant ce temps, on chante des hymnes, on récite certaines prières spéciales, dont le tumulte qui régnait dans la chapelle m'empêche de saisir un seul mot. Des femmes du peuple, qui sont dites « parentes de saint Janvier, » c'est-à-dire qui prétendent descendre de la vieille mendiante à qui le saint apparut après son martyre pour indiquer l'endroit où son corps avait été déposé, sont rangées aux places d'honneur, près de la balustrade. Elles interpellent familièrement le saint, sans plus se gêner que pour se gourmander entre elles; les unes lui parlent en suppliant, les autres lui adressent des injonctions violentes qui contrastent singulièrement avec tant d'adoration. Je les ai entendues : « Ah! saint Janvier chéri, disaient les premières, ne « nous fait point languir, et dis-nous par ton sang « bouillonnant que tu es heureux, que tu es content « de nous, et que toujours tu nous protégeras! »

« Tout à coup le chanoine leva l'ostensoir en prononçant des paroles que je n'entendis pas, et je vis le sang qui bouillonnait lentement dans l'ampoule. Trois minutes, montre en main, avaient suffi pour obtenir le miracle. Une clameur de joie ébranla les murs; on se jeta la face contre terre avec des sanglots et des cris de reconnaissance; on lâcha une volée d'oiseaux épouvantés qui ne savaient où battre de l'aile au-dessus de ce tumulte; les orgues éclatèrent, mêlant leurs notes triomphales aux chants d'allégresse qui s'élancèrent de toutes les poitrines. Chacun se précipitait vers la relique bénie pour y poser ses lèvres; des fleurs étaient jetées à pleines mains sur le buste, des encensoirs poussaient devant lui leurs fumées odorantes, et cent un coups de canon tonnant dans les forts apprirent à la ville de Naples que le patron de son choix veillait toujours sur elle avec la même sollicitude. Naples fut

Le palais Angri Doria à Naples, résidence de Garibaldi.

ravie de la rapidité exceptionnelle du miracle, et chacun y trouva son compte, les bourbonniens en y voyant la preuve que le roi François II reviendrait bientôt, les libéraux en y découvrant que saint Janvier favorisait l'entreprise de Garibaldi[1]. »

Garibaldi, avant de remettre ses troupes en campagne, avait composé un ministère dans lequel on fut scandalisé de voir un ministre de François II, M. Liborio Romano. Il avait été aussi obligé d'aller faire une visite à Palerme. La discorde régnait en Sicile; les habitants demandaient l'annexion immédiate au Piémont, et Garibaldi se refusait à la proclamer. Sa

1. Maxime du Camp, *Expédition des Deux-Siciles* (*Revue des Deux-Mondes*, 1861).

présence ramena la tranquillité, mais l'agitation ne tarda pas à recommencer. A Naples, Garibaldi lançait décrets sur décrets sur l'expulsion des jésuites, sur les biens du clergé, ordonnant la fondation d'asiles, établissant le jury, prohibant l'inhumation des nobles dans les églises, supprimant les douanes entre Naples et la Sicile, abolissant la loterie, nommant M. Alexandre Dumas directeur des musées et des fouilles, avec le palais royal de Chiatamone pour résidence. Cette rénovation du gouvernement, inspirée de généreuses idées, ne pouvait être sérieuse, parce qu'il n'y avait pas de gouvernement. Garibaldi était dictateur, mais n'était pas le maître; autour de lui régnait la confusion; aussi laissa-t-il bientôt là la politique, nommant le général Sirtori prodictateur, et courut-il à Caserte, près de son armée. L'anarchie continua de régner à Naples. M. Bertani, qui avait si activement enrôlé les volontaires, blessait les autres ministres par son despotisme, jetait l'argent à pleines mains, et compromettait, comme administrateur, Garibaldi, qu'il avait si bien servi

La rue de Tolède, à Naples, après l'entrée de Garibaldi (août 1860).

comme recruteur. Il souleva une vive réprobation en donnant une pension de 30 ducats par mois à la mère de Milano, qui avait attenté aux jours de Ferdinand II dans une revue; une dot de 200 ducats fut également accordée aux deux sœurs de l'assassin. Mazzini était à Naples et refusait d'en sortir; Garibaldi le ménageait. Cette anarchie servait à merveille les plans de M. de Cavour. Celui-ci, après avoir longtemps suivi la révolution malgré lui, s'était décidé, depuis l'entrée de Garibaldi à Naples, à précipiter le mouvement et à porter dans la balance les forces régulières du Piémont, afin de hâter l'annexion de l'Italie méridionale, annexion qu'une plus longue inaction aurait compromise.

§ 11. INVASION DES ÉTATS DE L'ÉGLISE PAR L'ARMÉE SARDE (11 SEPTEMBRE); BATAILLE DE CASTELFIDARDO (18 SEPTEMBRE 1860).

On pouvait penser que le général de Lamoricière, avec les troupes pontificales, se joindrait aux troupes restées fidèles à François II pour arrêter Garibaldi. La défaite de ce dernier retomberait sur le Piémont, qu'on accuserait de trahison. Si Garibaldi demeurait vainqueur, il embarrasserait le Piémont bien davantage en marchant sur Rome. Il fallait donc intervenir pour consolider les résultats de l'audacieuse expédition du général, et en même temps pour résister à ses entraînements. Il fallait prendre part à la révolution pour la diriger. Garibaldi, d'ailleurs, malgré ses ressentiments contre M. de Cavour, sentait bien que pour achever son œuvre il lui fallait l'appui du Piémont ; il savait qu'il aurait une rude besogne à accomplir sur les bords du Vulturne et devant Gaëte. M. de Cavour profita, à la fin d'août, du passage de l'empereur Napoléon à Chambéry pour lui faire exposer par MM. Farini et Cialdini, chargés de le complimenter, la fausse position dans laquelle l'avait mis l'expédition de Garibaldi. L'Empereur reconnut les difficultés de la situation du Piémont. Désirant que Garibaldi n'allât point se heurter contre Venise ou contre Rome, il laissa entendre que, dans le cas d'une insurrection dans les Marches et dans l'Ombrie, il ne s'opposerait point à l'intervention du Piémont pour le rétablissement de l'ordre, mais que rien ne serait préjugé sur l'organisation de la Péninsule ; l'Europe seule pourrait déterminer cette organisation.

M. de Cavour alla plus loin. Il faut l'avouer, il sauta par-dessus le droit des gens, et lorsqu'il vit Garibaldi à Naples, il ne songea plus qu'à entrer le plus tôt possible dans les États de l'Église, afin d'aller lui donner la main. Des insurrections avaient réellement éclaté sur plusieurs points dans les Marches et dans l'Ombrie, car, on le pense bien, un frisson électrique avait parcouru du sud au nord la Péninsule entière sitôt que le hardi soldat de l'Italie avait pris pied dans le royaume de Naples. Des troubles avaient commencé à Pesaro, à Urbino, à Sinigaglia. Des députations avaient été envoyées à Victor-Emmanuel pour solliciter sa protection. Ces mouvements furent sévèrement réprimés. La province et la ville de Pérouse qui s'agitaient furent mises en état de siége par le général Lamoricière. M. de Cavour se hâta. Il chercha quel prétexte mettre en avant pour amener une déclaration de guerre au saint-siége. Il choisit celui de la présence d'étrangers dans l'armée pontificale. Le 7 septembre le président du conseil sarde adressa au cardinal Antonelli un *ultimatum* dans lequel il disait en parlant des étrangers : « L'organisation de pareils corps non composés, à l'instar de tous les gouvernements civilisés, de citoyens du pays, mais d'individus de tout langage, de toutes nations et de toutes religions, offense profondément la conscience publique de l'Italie et de l'Europe. L'indiscipline inhérente à ce genre de troupes, la conduite imprudente de leurs chefs, les menaces provocatrices qu'ils affichent dans leurs proclamations engendrent et entretiennent un ferment extrêmement dangereux. Les habitants des Marches et de l'Ombrie conservent vivant le souvenir douloureux des massacres et du sac de Pérouse. Cet état de choses, déjà funeste par lui-même, le devient plus encore après les événements arrivés en Sicile et dans le royaume de Naples.... Les rapports intimes qui unissent les habitants des Marches et de l'Ombrie à ceux des provinces annexées aux États du roi, et les raisons de l'ordre et de la sûreté de ses propres États imposent au gouvernement de Sa Majesté d'opposer, autant que cela dépend de lui, un remède immédiat à ces maux. La conscience du roi Victor-Emmanuel ne lui permet pas de rester témoin impassible des répressions sanglantes par lesquelles les armes de mercenaires étrangers étoufferaient dans le sang italien toute manifestation du sentiment national. Nul gouvernement n'a le droit d'abandonner au caprice d'une bande de soldats d'aventure les biens, l'honneur, la vie des habitants d'un pays civilisé. » M. de Cavour annonçait que les troupes piémontaises étaient chargées d'empêcher, au nom des droits de l'humanité, que les corps mercenaires pontificaux réprimassent par la violence l'expression des sentiments des populations des Marches et de l'Ombrie. Il demandait la dissolution immédiate des corps étrangers.

M. de Cavour ne trompa personne. Il n'avait nullement le droit de se mêler des affaires intérieures du gouvernement pontifical : il donnait de mauvais arguments pour déguiser une véritable invasion. Mais aussi le saint-siége par ses rapports difficiles avec la France, par sa téméraire confiance dans les auxiliaires accourus à sa défense, avait fourni ces arguments à M. de Cavour, qui, en d'autres circonstances, aurait été fort embarrassé. La France se considérait comme hors de cause : on lui avait dit qu'on saurait se passer de ses soldats, on avait même réglé avec elle l'évacuation de Rome, on avait choisi un général en dehors du gouvernement français et presque contre lui. La France n'était plus engagée comme elle l'aurait été si on se fût toujours confié à elle et si on eût suivi ses conseils. L'empereur Napoléon cependant avait laissé nos troupes à Rome à cause de l'agitation de l'Italie. Il entendait toujours protéger le souverain pontife, mais sans se charger de couvrir tous ses États. Il fit tous ses efforts pour retenir M. de Cavour, le menaça de rompre ses relations avec lui s'il attaquait les États de l'Église. Mais M. de Cavour connaissait à fond la situation. Il sentait que la France ne voudrait pas, à un an de distance, faire la guerre au Piémont avec lequel elle avait combattu en Lombardie. L'intervention de l'armée française eût en effet tout remis en question et bouleversé encore davantage l'Italie. M. de Cavour brusqua les choses, et le 11 septembre les généraux Fanti et Cialdini entrèrent dans les États pontificaux.

Le saint-siége, malgré tous ses efforts envers l'empereur Napoléon, s'était jusqu'à la fin bercé de l'illusion que ce souverain le défendrait contre le Piémont : il avait entretenu dans cette illusion le général Lamoricière en lui envoyant dénaturée une dépêche adressée à notre ambassadeur, qu'il avait surprise dans les bureaux du télégraphe. M. de Mérode, ministre des armes, envoyait le 10 septembre au général Lamoricière une dépêche lui annonçant que l'ambassade de France avait reçu la nouvelle « que l'Empereur avait écrit au roi de Piémont pour lui déclarer que, s'il attaquait les États du pape, il s'y *opposerait par la force*. » La dépêche reçue par l'ambassade n'avait nullement cette importance. Elle disait, que dans le cas d'une agression du roi de Sardaigne, l'Empereur serait *forcé de s'y opposer ;* mais rien n'impliquait qu'on dût faire la guerre au Piémont. Notre ambassadeur, M. de Grammont, protesta contre l'abus qui avait été fait de sa dépêche. « J'aurais le droit, dit-il dans une lettre au cardinal Antonelli, de me plaindre que le *Journal de Rome* ait été autorisé à publier une dépêche du gouvernement de l'Empereur dont je n'avais pas donné copie à Votre Éminence ; je m'abstiens de dire quelle a été mon impression en constatant que le texte en avait été falsifié. Je voudrais pouvoir, monsieur le cardinal, ne rien ajouter aux pénibles observations que je viens de vous adresser ; mais il m'est impossible de ne pas protester contre l'abus en vertu duquel, saisissant dans les bureaux de l'administration des télégraphes pontificaux une dépêche privée que j'ai adressée à un des agents *placés sous mes ordres*, le gouvernement pontifical se permet de la divulguer d'une manière qui blesse autant les convenances que les lois réciproques de la correspondance télégraphique. »

Le général de Lamoricière se trouva dans une position critique. Il comptait sur l'appui de nos soldats et se trouvait seul, non pas devant les forces irrégulières de Garibaldi, mais devant l'excellente armée piémontaise. L'empereur Napoléon se contentait de retirer son ambassadeur de Turin pour manifester son mécontentement et dégager sa responsabilité. L'armée pontificale, dont on avait fait tant de bruit, était évidemment perdue.

Le général Cialdini, en pénétrant dans les États de l'Église, avait lancé un violent ordre du jour que tout le monde blâma : il faisait appel aux passions lorsque l'armée piémontaise semblait venir au contraire pour pacifier le pays. Il entra bientôt à Urbino, à Pesaro, où il fit prisonnière une garnison de 1200 Allemands, à Fano, Sinigaglia, se dirigeant ainsi le long de l'Adriatique sur Ancône. Les généraux Fanti et della Roca pénétraient dans la vallée du Tibre et entraient à Pérouse après un vif combat contre les volontaires pontificaux. La garnison dut capituler avec le général Schmidt, qui avait acquis une si triste célébrité par la prise de la ville l'année précédente.

Lamoricière ne pouvait guère disposer que de 8000 hommes. Se sentant hors d'état de lutter contre une armée bien supérieure en nombre, il voulut se jeter dans Ancône, mais il fallait rompre les lignes piémontaises. Il partit de Lorette, résolu à livrer bataille (18 septembre). Le général Pimodan, qui commandait l'avant-garde, suivit le rivage, marcha à la rencontre des Piémontais sur le point où ils étaient le plus faibles, les repoussa et les força à se replier sur la colline de Castelfidardo, placée en regard de celle de Lorette et à 3 kilomètres. Mais l'armée sarde, appuyée de son artillerie, ne tarda pas à reprendre l'avantage. Les Suisses, les Bavarois, les Italiens du général Pimodan se débandèrent. En voulant ramener ses bataillons au combat, le général Pimodan tomba blessé à mort. Le général de Lamoricière essaya de rétablir la lutte, mais la garnison d'Ancône sur laquelle il comptait ne paraissait point. Cialdini ferma toutes les issues, la déroute gagnait le corps principal de l'armée. Lamoricière ne trouva que 400 volontaires, la plupart Français, déterminés à se frayer un passage. Il passa et courut s'enfermer dans Ancône. Cialdini fit 4000 prisonniers.

A Ancône Lamoricière ne trouva point de ressources. Bientôt la flotte sarde arriva, et la place bloquée par mer et par terre ne put résister. Le général capitula le 28 septembre : il sortit avec tous les honneurs de la guerre, mais demeura prisonnier. Le gouvernement piémontais ne tarda pas à lui rendre la liberté. Lamoricière, depuis, n'est pas sorti de sa retraite : il vient de mourir au mois de septembre 1865.

La prise d'Ancône livrait aux Piémontais plus de 7000 prisonniers et achevait la ruine de la petite armée pontificale. Cependant le gouvernement français voulut limiter les conquêtes faites par les Piémontais. Il n'entendait point que le gouvernement temporel du pape fût mis en question. Garibaldi avait annoncé qu'il proclamerait l'unité italienne du haut du Quirinal. L'empereur Napoléon III, en réponse, envoya à Rome une nouvelle division d'infanterie, deux escadrons de cavalerie, et une batterie d'artillerie. En même temps, le général de Goyon était autorisé « à étendre son action aussi loin que les conditions militaires auxquelles elle était subordonnée pouvaient le lui permettre. » C'est-à-dire qu'il avait l'ordre d'occuper tous les points nécessaires pour la défense de Rome et de garder les gouvernements de Rome, de Viterbe, de Civita-Vecchia, qui forment le patrimoine de Saint-Pierre proprement dit. Plusieurs villes de ce patrimoine, entre autres Viterbe, durent être abandonnées par les Piémontais. Les Marches et l'Ombrie restaient à ces derniers, libres de communiquer avec le royaume de Naples. « A chaque instant, les communes, dès qu'elles sentaient les Français ou les pontificaux un peu éloignés, se soulevaient, arboraient le drapeau italien, proclamaient Victor-Emmanuel. Des mouvements éclatèrent sur la frontière. A Rome on était dans une profonde détresse. Le commissaire de Victor-Emmanuel dans l'Ombrie, M. Pepoli, avait établi une forte ligne de douanes autour du territoire de Saint-Pierre. Il ne faut pas s'étonner qu'une situation si critique fît naître des dissensions dans le sacré Collége. On y comptait deux partis : l'un, à la tête duquel était le cardinal Antonelli, voulait que la papauté restât puissance italienne, et que Pie IX ne s'éloignât de Rome sous aucun prétexte, à aucun prix ; l'autre, dont le chef véritable était le ministre des armes, M. de Mérode, tenait moins à la ville éternelle, et, tout en désirant y rester pour ne point rompre avec les traditions de l'Eglise, n'aurait pas cru tout perdre si Pie IX avait été dans l'obligation de se retirer à Munich ou à Madrid. C'était amener le sacrifice complet du pouvoir temporel, puisqu'en y renonçant provisoirement on n'eût plus compté pour le recouvrer que sur les chances d'une guerre européenne. Jusqu'à ce jour, Pie IX est resté Italien, et docile aux conseils du cardinal Antonelli [1]. »

§ 12. BATAILLE DU VULTURNE ENTRE L'ARMÉE NAPOLITAINE ET LES GARIBALDIENS (1er OCTOBRE 1860).

Lorsque les Piémontais avaient envahi les États de l'Église, la France avait retiré son ambassadeur de Turin. La Russie avait également protesté en rappelant son ministre ; la Prusse avait adressé à M. de Cavour une note sévère sur la violation du droit des gens. M. de Cavour avait persisté : il n'écouta pas davantage la diplomatie lorsqu'il voulut pénétrer dans le royaume de Naples. Cette fois il n'avait aucune raison à donner, sinon qu'il voulait achever la révolution et sauver l'œuvre de Garibaldi en substituant un gouvernement régulier à un provisoire qui menaçait de dégénérer en anarchie.

Garibaldi, d'ailleurs, se trouvait dans une position critique. Il rencontra à Capoue une vive résistance. François II avait réuni entre Capoue et Gaëte 40 000 hommes, et défendait obstinément la ligne du Vul-

1. *Annuaire des Deux-Mondes.*

turne. Voyant les États de l'Église conquis, sachant que les Piémontais allaient chercher à opérer leur jonction avec Garibaldi, François II voulait écraser celui-ci avant l'arrivée de l'armée sarde. Il résolut de

Combat de Castelfidardo (18 septembre 1860). (Page 123, col. 1.)

prendre l'offensive, de percer les lignes garibaldiennes. et de rentrer dans Naples. Dirigeant deux colonnes contre les généraux Bixio à Maddaloni et Medici à Caserte, il en porta une troisième pour couper par le centre l'armée de Garibaldi. Le 1er octobre, à la | fense qui nous intéresse davantage, car l'honneur en

pointe du jour, les royaux sortirent de Capoue et attaquèrent.

Garibaldi pouvait leur opposer 15 000 hommes. Le général Bixio à Maddaloni et le général Milbitz à Santa Maria soutinrent énergiquement la lutte. Au centre la bataille fut très-vive : les deux armées se disputaient la forte position de Saint-Jean d'Angelo. Les Napolitains réussirent à tourner la montagne, enclouèrent cinq canons après avoir tué les artilleurs sur leurs pièces. Garibaldi, suivi de Medici, ramassa tous les hommes qui se trouvèrent sous sa main: « Allons mourir ! leur cria-t-il, mais il faut que les Italiens gagnent la journée : nous sommes vainqueurs partout d'ailleurs. » C'étaient des Hongrois qu'il conduisait : ils culbutèrent l'ennemi à la baïonnette, Garibaldi était partout. Il avait au hasard pris le premier cheval rencontré ; dans une des fontes de la selle apparaissait une paire de pantoufles en tapisserie, dans l'autre une bouteille en osier ; en guise de portemanteau, une vieille couverture était roulée. Le maître du cheval, un guide, courait ruisselant, essoufflé, mais arrivait toujours à temps pour saisir la bride au moment opportun. Quant à Garibaldi, coiffé de son petit chapeau noir hongrois, vêtu de la chemise rouge et du pantalon gris si connus. Il excitait à son passage de tels cris d'enthousiasme, qu'ils faisaient trembler la terre et couvraient le bruit du canon.

Un des épisodes les plus émouvants de cette lutte acharnée fut la défense de la ferme de la Paille, dé- | revient à des Français. « La ferme de la Paille, ainsi

Bataille de Volturne

nommée à cause des nombreuses meules de paille qui l'entouraient, était un point stratégique des plus importants entre Santa Maria et Capoue. Pour cette raison la défense en avait été confiée à la compagnie française, autrement dite compagnie de Flotte, qui faisait partie de la brigade Milbitz, comprise elle-même dans la division du général Cosenz. Cette ferme se composait d'un vaste corps de bâtiment avec une grande cour carrée à l'entrée. Derrière la cour se trouvait le jardin, immense rectangle entouré de murs. La compagnie française installée en ce lieu était commandée par Paugam, et parmi ses officiers on remarquait particulièrement un autre Français, M. Martigny, et le capitaine hongrois Scheider.

« Dès leur arrivée à la ferme, nos hommes, qui craignaient avec raison que ces meules de paille ne servissent un beau jour à les enfumer dans leur retraite, prirent le parti le plus sage, qui consistait à faire eux-mêmes la part du feu, c'est-à-dire à transporter cette paille aussi loin que possible de l'habitation et à la brûler : c'était autant de peine épargnée aux Napolitains.

« Cela fait, on s'occupa de fortifier la ferme. Tout ce qu'il y avait à l'intérieur de charrues, de pelles, de fourches, de tables, de chaises, de lits, de gros meubles, servit à barricader les portes. On perça ensuite les murs avec des pieux pour établir des meurtrières. Il restait à fortifier les abords. Des fossés de dix pieds de large furent creusés, et en arrière de ces fossés s'élevaient des murs en terre pour protéger les tirailleurs. Tout cela ne demanda que quelques heures. On a dit, un peu légèrement peut-être, que chacun de nos soldats avait un bâton de maréchal dans son sac ; ce qu'il y a de certain, c'est qu'il y porte un brevet d'ingénieur.

« Le 1er octobre, de bon matin, à l'heure même où nous étions attaqués à Maddaloni, des coups de feu tirés par les sentinelles avancées avertirent la ferme de l'approche de l'ennemi. C'était un régiment de grenadiers de la garde royale qui s'en allait tranquillement prendre Santa Maria. Une vive fusillade partie de la ferme les avertit qu'il y avait là quelque chose à faire avant d'aller plus loin. Seulement ce quelque chose à faire occupa les Napolitains toute la journée, et si bien que le soir ils n'en étaient pas encore venus à bout. Il faut dire d'abord que ce poste de la ferme, qui ne demandait pas moins de deux cents hommes pour être défendu rationnellement selon les règles de l'art militaire, n'était guère occupé que par une cinquantaine d'hommes, dont une quinzaine d'Italiens, d'Anglais et de Hongrois, le reste se composait de Français.

« Arrêtés court dans leur marche, les Napolitains s'étaient donc retournés sur la ferme pour l'emporter en passant. Il va sans dire que la petite garnison était prête au combat ; les volontaires s'étaient établis derrière les meurtrières du jardin, sur les toits, partout où l'on pouvait faire face à l'ennemi : « Laissez-les « arriver, » dit Paugam. Ils arrivèrent en effet à une distance de trente pas. Alors éclata un feu roulant qui les décima ; ils reculèrent, foudroyés en même temps par une batterie établie auprès d'un ancien arc de triomphe sur la gauche de la position. Bientôt les Napolitains ralliés reviennent au combat, soutenus par un second régiment de la garde composé de vieux soldats, d'hommes d'élite. Cette force imposante s'avan-

çait silencieusement, formant un large et majestueux front de bataille. Le premier rang marchait la baïonnette croisée, le second rang se tenait prêt à tirer, le fusil à l'épaule. Derrière étincelait au soleil un front de baïonnettes drues et serrées comme les épis dans un champ. Terrible spectacle que ces soldats de haute taille, à l'air martial, développés en un long ruban brun coupé par les raies blanches des buffleteries, et marchant au pas de charge dans un sombre silence précurseur de l'orage ! Les tirailleurs siciliens, postés à la droite de la ferme auprès d'un amphithéâtre en ruine, s'étaient élancés en avant. C'étaient des enfants pour la plupart ; beaucoup n'avaient pas plus de quinze à seize ans ; le courage ne leur manquait pas, mais ils ne savaient pas bien encore leur métier de tirailleurs. Ils allèrent se briser contre cette muraille de fer, et reculèrent ; puis revenant à la charge et devinant par instinct la tactique commandée par la circonstance, ils luttèrent intrépidement, se glissant dans les fossés, s'abritant derrière les arbres, mais pourtant perdant du terrain et toujours repoussés vers l'amphithéâtre. Cette fois encore les royaux ne purent dépasser la redoute française, ils furent arrêtés court.

« Les Napolitains exaspérés concentrent de nouveau leurs efforts sur ce poste inébranlable qui leur barrait si obstinément le passage. Les volontaires attendaient ; ils n'avaient qu'un cri de guerre : « De Flotte et Garibaldi ! » La mémoire de leur chef tué à Solano était présente à la pensée de tous, et sa grande âme semblait inspirer et diriger le combat. En un instant, la ferme est entourée et assaillie avec fureur par les royaux. Une douzaine d'excellents tireurs s'embusquent aux meurtrières du jardin, passent rapidement de l'une à l'autre pour faire croire qu'elles sont toutes occupées, et ne perdent pas un coup de carabine. Derrière eux, quelques enfants italiens et la cantinière de la compagnie leur passent les armes toutes chargées. Ces tireurs intrépides se multiplient, font feu par toutes les meurtrières, et tout ce qui approche tombe foudroyé. Pendant ce temps une fusillade générale part de la terrasse, des fenêtres, de tous les points fortifiés, tandis que le capitaine Paugam, établi sur le toit à demi effondré de la ferme comme un capitaine de vaisseau sur son banc de quart, suit le combat d'un œil attentif et envoie ses ordres de tous côtés.

« Cette lutte acharnée dura près de deux heures. La ferme, complétement débordée, s'émiettait sous un ouragan de fer. Les royaux se consumaient en efforts désespérés sur ces murs de terre qui vomissaient des flammes. Un officier napolitain, qui se faisait remarquer par son intrépidité, saisit un de ses soldats au collet, le pousse en avant, et de l'autre main agitant son sabre, s'élance entraînant à sa suite toute une compagnie électrisée par son exemple. Arrivés dans le courant des balles, ils sont décimés, rompus, rejetés violemment en arrière. L'officier les rallie, les enlève de nouveau, et cette fois l'attaque est si rapide qu'une trentaine d'hommes parviennent à escalader le mur. Ils n'ont pas touché terre qu'une douzaine de volontaires tombent sur eux, à la baïonnette, au cri de : « De « Flotte, en avant ! » et les culbutent dans le fossé. L'officier, désespéré, brise son sabre et se jette sur les baïonnettes pour se faire tuer. « Non, lui dit un « volontaire en abaissant son arme, vous êtes trop « crâne, vous ! allez rejoindre vos hommes, et au re-

« voir ! » Un des vaillants qui assistaient à cette scène me disait : « Pour rien au monde nous ne lui aurions « fait de mal ; par son courage il nous avait rappelé « de Flotte. »

« Ce fut le dernier effort de cette lutte terrible. Un épais nuage de fumée enveloppait la ferme, et l'on ne voyait pas à vingt pas devant soi. Les tirailleurs siciliens revenaient à la charge sur la droite, et bientôt cette belle ligne de gardes royaux n'offrit plus que des tronçons brisés et dispersés dans le plus grand désordre. Il y eut alors un moment de trêve dont on profita pour enlever les blessés des deux partis, non-seulement à la ferme, mais sur tout l'espace du champ de bataille, et particulièrement dans la direction de l'amphithéâtre, où ils étaient le plus nombreux. Un baril de cartouches fut apporté et défoncé dans la cour de la ferme, chacun remplit sa giberne, et l'on mangea un morceau de pain arrosé de larges rasades d'un petit vin blanc italien qui ne poussait pas à la mélancolie. Il y avait aussi un tonneau de rhum venu on ne sait d'où, mais qui fut certainement le bienvenu. Cette légère collation n'était pas encore terminée, que les Napolitains revenaient à la charge.

« La garde royale était cette fois escortée de plusieurs pièces de canon qui ne venaient pas toutes pour faire honneur à la ferme. Leur feu était dirigé impartialement sur les diverses positions de notre armée ; il faut dire cependant que la ferme en eut sa bonne part. La compagnie française n'avait pas jugé néanmoins à propos d'interrompre son déjeuner. Le premier boulet qui porta pulvérisa un pan du mur et fit voler un nuage de plâtre qui poudra à blanc trois ou quatre volontaires. Trois nouveaux régiments de la garde appuyaient l'artillerie, dont le tir était gêné et masqué par les arbres qui couvraient la campagne en grand nombre. Sur la droite et sur la gauche de la ferme, nos tirailleurs se multipliaient, tantôt gagnant et tantôt perdant du terrain ; les positions étaient alternativement abandonnées et reprises ; trois fois la ferme fut enveloppée et attaquée avec furie, et trois fois l'armée napolitaine, coupée en deux, recula sans pouvoir passer outre.

« Il y eut une nouvelle trêve, pendant laquelle la ferme reçut un renfort d'une trentaine d'hommes. Quelques volontaires, épuisés de fatigue, profitèrent de ce moment de calme pour s'étendre sur la paille. Ils dormaient depuis une demi-heure, quand ils furent réveillés par un bruit formidable. C'était le régiment des carabiniers de la garde qui exécutait une charge à fond de train sur les positions des Siciliens retranchés à l'amphithéâtre. Ce régiment de carabiniers, l'élite de l'armée, équipé avec un soin et un luxe dont le bel escadron de nos cent-gardes peut à peine donner une idée, était le corps favori et le dernier espoir de François II, qui risquait ainsi son enjeu suprême. Lancés au galop sur leurs chevaux noirs pleins de feu, le corps penché en avant, le sabre au poing, les crosières des casques flottant au vent, ces beaux cavaliers aux armes éclatantes passèrent comme un tourbillon étincelant d'éclairs, avec un cliquetis de fer et d'acier. Les défenseurs de la ferme restèrent un instant immobiles d'admiration à cette vue. Puis, avec cette courtoisie chevaleresque si naturelle au caractère français, ils éclatèrent en applaudissements enthousiastes. Cet hommage rendu à la fière allure de leurs ennemis, ils

prirent leurs carabines et les saluèrent au passage d'une décharge générale. En même temps, notre artillerie leur envoyait en flanc une volée de mitraille, pendant que les Siciliens les fusillaient de front. Au milieu de ces feux croisés, ce beau régiment, aveuglé, étourdi par les balles, hésita, perdit la tête, tourna bride après avoir déchargé ses pistolets au hasard.

« Cette fois, un hourra ironique les accueillit au moment où ils repassaient au galop sous le feu de la ferme. Un petit Parisien de seize ans, debout sur le mur du jardin, battait des mains et s'écriait en rappelant le titre d'une pièce jouée sur le théâtre du Vaudeville : *Trop beau pour ne rien faire !* Cette saillie provoqua un éclat de rire universel. Ce n'était pourtant pas fini. Un second régiment de cavalerie s'ébranla pour soutenir les carabiniers royaux, et il y eut encore deux autres charges qui n'eurent pas plus de succès que la première, et furent repoussées à peu près de la même façon avec l'aide des Hongrois[1]. »

La bataille du Volturne dura treize heures : 49 000 hommes y prirent part : 14 000 du côté des garibaldiens, 36 000 du côté des royaux, de leur propre aveu. En tués, blessés, prisonniers, l'armée garibaldienne avait 1800 hommes hors de combat ; les Napolitains en avaient environ 4000. On a dit que la victoire avait été achevée avec l'aide de quelques bataillons piémontais envoyés en toute hâte de Naples où ils tenaient garnison dans les forts. La vérité, paraît-il, est que le lendemain seulement Garibaldi appela à lui quatre compagnies piémontaises pour mieux garder ses lignes.

§ 13. ENTRÉE DES PIÉMONTAIS DANS LE ROYAUME DE NAPLES ; GARIBALDI ET VICTOR-EMMANUEL ; RÉUNION DES PROVINCES MÉRIDIONALES DU PIÉMONT.

Cette rude victoire démontrait amplement à Garibaldi qu'il n'obtiendrait pas facilement raison des forteresses de François II. Repoussant les conseils des exaltés, il résolut d'attendre les Piémontais. L'invasion des États de l'Église l'avait, on le pense, rempli de joie, et s'il n'était pas réconcilié avec M. de Cavour, il cessait de l'accuser. Celui-ci, pour se donner plus d'autorité, avait convoqué le parlement à Turin le 2 octobre. Il avait démontré aux députés qu'il fallait se hâter de régler le sort des provinces conquises par Garibaldi. Il acceptait maintenant les résultats de cette entreprise hardie qu'à son début il avait blâmée. Il vanta « la généreuse initiative des peuples, l'audace magnanime du général Garibaldi. » Mais il déclara qu'on ne pouvait songer à poursuivre jusqu'au bout son programme, c'est-à-dire se heurter contre Rome et Venise. Il fit donner au ministère un vote de confiance. On décida que les populations de l'Italie méridionale seraient consultées le plus tôt possible sur l'annexion. Le roi reçut les pouvoirs nécessaires pour décréter l'annexion dès que le suffrage universel aurait prononcé.

Fort de l'appui du parlement, M. de Cavour se hâta d'enlever à Garibaldi le beau royaume de Naples. Il envoya par mer des bataillons piémontais sur les côtes, tandis que l'armée conduite par Victor-Emmanuel arrivait par terre. Le 21 octobre Garibaldi, qui renon-

1. Clém. Caraguel, *Souvenirs et aventures d'un volontaire garibaldien.*

çait décidément à sa dictature, fit voter le royaume de Naples et de la Sicile sur l'annexion au Piémont. Ce vote ne fut guère libre; mais si les populations ne manifestaient pas une très-grande sympathie pour le

Les Napolitains repoussés à l'entrée de Caserte (septembre 1860)

Piémont, si les hommes du midi n'acceptaient pas avec joie la domination des hommes du nord, s'il leur en coûtait de perdre leur autonomie, toujours est-il qu'ils préféraient l'annexion au retour des Bourbons. Entre l'annexion et ce retour, il n'y avait place que pour l'anarchie; ils choisirent l'annexion.

François II, à l'approche des troupes piémontaises, avait renfermé dans Gaëte les débris de son armée.

Les Sardes et les garibaldiens purent opérer leur jonction. Le 26 octobre, Garibaldi et Victor-Emmanuel se rencontrèrent à Teano. « Quand Garibaldi arriva, marchant au-devant du roi, les bataillons piémontais

Le roi François II visitant une batterie de Gaëte. (Page 130, col. 1.)

s'ouvrirent et présentèrent les armes. Le général Cialdini et le général Garibaldi se jetèrent dans les bras l'un de l'autre. Après quelques mots, Garibaldi remonta à cheval et alla au-devant du roi. Victor-Emma-

nuel arriva peu après, à cheval, à la tête de sa division. A l'aspect des chemises rouges, Sa Majesté prit une lorgnette; ayant reconnu Garibaldi, Elle donna un coup d'éperon à son cheval et courut à sa rencontre.

Garibaldi courut de son côté. A dix pas de distance, les officiers du roi et ceux de Garibaldi crièrent: « Vive Victor-Emmanuel! » — « Roi d'Italie! » ajouta à haute voix le dictateur. Victor-Emmanuel porta la main à son képi; il tendit ensuite la main à Garibaldi, et, d'une voix aussi émue que la sienne, répondit : « Merci! » au milieu de cris frénétiques[1]. »

Le 1er novembre, les Piémontais, qui avaient pris devant Capoue la place des garibaldiens, commencèrent le bombardement. Le 2, à dix heures, les généraux napolitains capitulèrent avec 9,000 hommes Ce succès ranima l'enthousiasme des habitants de Naples, et le 7 novembre ils accueillirent avec les plus vives démonstrations le roi Victor-Emmanuel qui fit son entrée en voiture, ayant à ses côtés le général Garibaldi. Celui-ci présenta au roi le plébiscite qui lui donnait les provinces méridionales et achevait, pour ainsi dire, l'Italie. Garibaldi, avec son noble désintéressement, se retira ensuite sur son rocher de Caprera.

§ 14. SIÉGE DE GAETE; LE PREMIER PARLEMENT ITALIEN.

Victor-Emmanuel acceptait décidément la fortune nouvelle qui s'offrait à lui; il en acceptait aussi les périls. La résistance continuait à Gaëte, où le jeune roi, avec douze mille hommes, tentait encore de sauver sa couronne. Il relevait par son courage l'espérance de ses partisans, et devait au moins tomber noblement. La défense de Capoue avait duré quarante-huit jours. La citadelle de Gaëte, une des plus fortes places de l'Europe, devait tenir plus longtemps encore.

Le général Cialdini dirigeait le siége avec le général du génie Menabrea. On ne pouvait attaquer que par terre. L'amiral français le Barbier de Tinan, sur les ordres de l'empereur Napoléon III qui voulait donner un témoignage de sympathie au courage de François II, déclara que la mer resterait libre. Le blocus ne pouvait être établi et la place conservait les moyens de se ravitailler. Le roi de Naples s'était délivré de la reine douairière, qui lui donnait de déplorables conseils. Soutenu par sa jeune femme la reine Marie, qui ne lui inspirait que de viriles résolutions, plus sûr de ses soldats dont un grand nombre étaient étrangers, il résista honorablement. Les sorties de la garnison étaient toujours repoussées, mais les luttes étaient sérieuses. La flotte française demeurait toujours en vue, malgré les réclamations de l'Angleterre qui nous accusait de violer le principe de non-intervention. Cette attitude ne pouvait, en effet, se prolonger sans violer ce principe, et bientôt on comprit qu'elle ne serait que prolonger la guerre sans résultat. Aussi l'amiral français annonça-t-il au roi François II qu'il avait reçu l'ordre de se retirer le 19 janvier (1861). La France désirait un armistice, qui fut consenti du 8 au 9 janvier. Des négociations s'engagèrent, mais n'aboutirent

pas. Le 19 janvier, la flotte française qui était restée quatre mois devant Gaëte, se retira.

On tint conseil dans la place, où bien des résolutions étaient ébranlées et où le roi avait vu bien des défections. Comprenant que la place, bloquée de tous côtés, ne pourrait tenir longtemps, François II opinait pour la capitulation. Le corps diplomatique qui l'avait suivi, à l'exception des représentants de France et d'Angleterre, demanda au contraire la continuation de la défense. François II fit alors preuve d'esprit, il répondit : « J'étais disposé, en vous appelant à ce conseil, à rendre la place ; mais je cède à vos avis. Seulement, vous si énergiques à me donner vos conseils, j'espère que vous ne marchanderez pas votre énergie dans l'action ; je vous le demande et je mets à votre disposition une énorme casemate; vous pouvez y rester » Alors il se passa une scène comique : l'un était malade, l'autre avait oublié ses habits et ses chemises, le troisième veut partir, mais pour revenir avec une flotte formidable. Tout compte fait, il ne resta du corps diplomatique que l'Espagnol, obligé par ses rapports de parenté, l'Autrichien et le Saxon[1].

Les opérations du siége recommencèrent . le roi François II lutta tant que son artillerie et ses troupes le lui permirent. Il allait lui-même avec sa jeune femme, relever le courage de ses soldats et quelquefois ramener les artilleurs à leurs pièces. Mais le général piémontais Menabrea, usant de la supériorité de ses canons, établit des batteries de l'autre côté du golfe de Gaëte à 3000 mètres. Le 21 et le 22 janvier ce fut un bombardement terrible : 170 pièces de canon tonnèrent contre Gaëte. La flotte de l'amiral Persano prit part à l'attaque. Les murs de la citadelle s'écroulèrent: des poudrières sautèrent. Enfin le 13 février, lorsque la position n'était plus tenable, le roi capitula. La garnison sortit avec les honneurs de la guerre et François II monta sur un bâtiment français, la Mouette. Il se retira à Rome, d'où il continua à protester contre les événements qui l'avaient privé de son royaume.

Pendant ce temps, M. de Cavour avait dissous le parlement qui ne représentait qu'une moitié de l'Italie. De nouvelles élections s'étaient accomplies et un parlement véritablement italien s'était réuni à Turin le 21 février 1861. Ce parlement, le 14 mars, décerna à Victor-Emmanuel II le titre de roi d'Italie.

La révolution qui de la Péninsule fractionnée en divers États avait fait un royaume de 22 millions d'habitants, se trouvait terminée. Toutefois la question de Rome et de Venise rendait l'existence de ce royaume difficile. L'opposition religieuse, l'agitation des provinces méridionales où les mécontents et les partisans de François II organisèrent le brigandage, étaient de graves embarras. Nous aurons plus d'une fois à reparler de l'Italie, mais il est temps de retourner sur nos pas et de raconter les événements considérables qui avaient encore marqué l'année 1860.

<hr>

1. J. Zeller, Année historique, 1860.

1. Discours du prince Napoléon au Sénat, 1er mars 1861.

CHAPITRE XXI.

EXPÉDITION DE SYRIE (1860-61).

§ 1. LES MARONITES ET LES DRUSES; LES MASSACRES (JUIN-JUILLET 1860).

La question d'Orient, la plus grave assurément de celles qui occupent notre siècle, a cela de périlleux qu'elle se rattache à l'existence d'un grand nombre de pays et qu'elle peut s'engager aussi bien sur les bords du Danube que dans les montagnes de Syrie. On en fit la lamentable expérience en 1860.

La Syrie, convoitée par le vice-roi d'Égypte, avait été, on le sait, rendue à la Turquie en 1840, et cette question avait réuni les autres puissances contre nous. La France cependant avait raison en 1840, et M. Guizot prévoyait les dangers d'une nouvelle réunion de la Syrie à l'empire ottoman. La faiblesse bien connue du gouvernement turc lui paraissait compromettante pour les populations chrétiennes, nombreuses en Syrie et objet de la haine des musulmans. Les événements ne réalisèrent que trop les craintes de la France. Jamais la paix ne se rétablit entièrement en Syrie, et en 1860 d'affreux massacres nécessitèrent l'intervention européenne.

La Syrie est occupée par deux populations rivales, les Maronites et les Druses, la première chrétienne, la seconde musulmane ou plutôt païenne : l'une pacifique, agricole ; l'autre errante, guerrière et même féroce.

« Les Maronites, disciples de saint Maroun, apôtre de la contrée dans le quatrième siècle, sont des chrétiens soumis à l'autorité pontificale de Rome, pleins de foi et de modestie ; ils aiment le calme de leurs montagnes et ne connaissent que les fêtes de leur église ; la culture du mûrier et le travail de la soie ont pour eux plus d'attraits que le maniement des armes. Imbus encore des idées féodales, ils sont pleins de dévouement et de respect pour les familles princières qui gouvernèrent autrefois leur pays. Le patriarche est aujourd'hui la première puissance à laquelle ils obéissent ; leur clergé est très-nombreux, et tout gouvernement qui sera soutenu, patronné par lui, peut compter sur l'obéissance aveugle de tous. Ces chrétiens d'Asie ont conservé les vertus patriarcales des anciens temps : ils guidèrent les premiers croisés français et combattirent avec eux sous les murs de Jérusalem ; la France, reconnaissante, s'est toujours fait, depuis, un devoir de les protéger. Autour d'eux se groupent au jour du danger les Grecs catholiques et les Grecs orthodoxes de l'Église russe, que les ennemis de la Croix enveloppent de la même haine et persécutent cruellement.

« Les Druses ont une religion monstrueuse à laquelle sont initiés quatre ou cinq mille d'entre eux tout au plus, et tirent leur nom de Duruzi, le premier disciple de Hakem, calife fatimite de l'Égypte au onzième siècle, qu'ils adorent comme l'incarnation de la Divinité. La vie de Hakem ne fut qu'un tissu de vices et d'extravagances, et la doctrine qu'il prêcha ne la démentit pas. Il admit l'inceste, le divorce, la ruse, la tourberie, et posa en principe que tout ce qui était caché était permis. Les Druses n'ont pas, comme les musulmans, des jours d'abstinence et des viandes prohibées ; mais ils ont juré, comme eux, l'extermination des chrétiens et n'en parlent qu'avec une rage féroce. Le silence est toute leur politique, et en voyant pour la première fois leur physionomie fière, intelligente, on ne soupçonne pas leurs instincts sauvages. Ils aiment la guerre, le bruit, le sang, obéissant aveuglément à leurs chefs, qui sont en même temps leurs pontifes ; l'odeur de la poudre les enivre et suffit pour les pousser à la lutte. Ils se distinguent des autres tribus par leur turban blanc. Lorsque le protectorat de la France était exclusif en Orient, ils se disaient originaires français, et descendants d'un comte de Dreux ; mais cette étymologie de leur nom n'a jamais été sérieusement acceptée. A côté des Druses, les Métualis et les Ansariés forment encore des sectes séparées de l'orthodoxie musulmane et entachées d'idolâtrie aux yeux des vrais croyants, mais les Métualis seuls s'associèrent à leurs conspirations contre les chrétiens.

« Tous ces peuples avaient vécu en paix, sous l'autorité d'un prince, jusqu'en 1840, l'influence française n'ayant jamais cherché qu'à les réconcilier ; l'intervention anglaise les souleva l'un contre l'autre : des luttes partielles qui eurent lieu en 1842, en 1845, en 1859, agrandirent les inimitiés en les éternisant ; et lorsqu'en 1860 quelques représentants du gouvernement turc, oubliant que leur premier devoir était de protéger tous les sujets du sultan, à quelque communion qu'ils appartinssent, firent cause commune avec les Druses contre les Maronites, ce fut une explosion générale. Quinze cents Druses conduits par Ismael-el-Atrache, de Haouran, massacraient les populations chrétiennes de Hasbeya le 8 juin, de Bacheya le 13, et de Zahlé le 18. Deux mille autres ayant à leur tête Assain-Talbouck, Hamoud-Naked, Saïd-Djomblatt et Kattar-Bey, égorgeaient, sous les yeux des soldats du sultan, les malheureux chrétiens de Deïr-el-Kamar, de Djjezin et des environs, jusqu'aux portes de Saïda. Partout la trahison des Turcs avait désarmé à l'avance les victimes qui n'eurent plus qu'à se laisser tuer comme des moutons. Partout le pillage et l'incendie succédèrent aux massacres, et dans toute cette contrée, naguère si pittoresque, on ne rencontrait plus que des cadavres, des ruines et la dévastation la plus complète[1]. »

« Partout les mêmes excès se reproduisaient avec une effrayante uniformité. Toutes les églises dévastées, les maisons pillées et incendiées, les hommes sans défense assommés à coups de hache ou de massue ; les femmes, les religieuses soumises en pleine rue aux plus violents outrages les rues jonchées de cadavres et inondées de sang ; ceux qui échappaient au massacre

1. E. Lonet, *Expédition de Syrie*.

Vue de Damas.

di-, sés dans la montagne où une horrible misère les attend.

« A Damas, du 9 au 16 juillet, le pillage, le massacre, l'incendie ne cessent pas un instant ; le quartier chrétien, composé d'environ trois mille maisons, es entièrement détruit. Les églises, le patriarcat grec, le patriarcat melkite, les consulats sont livrés aux flammes. Huit franciscains de terre sainte sont massacrés dans leur couvent. On n'évalue pas à moins de 8000 le nombre des chrétiens qui ont péri ; 13 000 environ

ne durent la vie qu'à l'émir Abd-el-Kader, qui fut pendant ces scènes de carnage, le seul centre et le seul organisateur des mesures de protection et de salut. Les Algériens, par groupes de trente et quarante, parcouraient les rues, disputaient les victimes à la mort et les ramenaient à l'émir, qui les abritait dans sa maison, dans son quartier et dans la citadelle, où il contraignait le gouverneur de les recevoir. Cette noble conduite dont la France a quelque droit d'être fière, a fait plus gravement ressortir l'inertie criminelle du gou

Porte orientale de Damas. — Patrouille de cavaliers arabes sous les ordres d'Abd-el-Kader. (Page 134, col. 2.)

verneur Ahmet-Pacha et des troupes placées sous ses ordres[1]. »

En résumé, d'après un document anglais, il y eut 150 villes ou villages brûlés, 16 000 chrétiens assassinés, torturés, mis à mort sous les yeux de leurs familles ; 2000 femmes chrétiennes vendues dans les harems ; 70 000 à 80 000 personnes environ, dont 1000 veuves et orphelines, réduites à la misère.

1. Rapport de M. de Royer sur les pétitions relatives aux chrétiens de Syrie. (Séance du Sénat, 7 mai 1861.)

§ 2. LETTRE DE NAPOLÉON III A M. DE PERSIGNY ; EXPÉDITION FRANÇAISE EN SYRIE (AOUT 1860).

Ces nouvelles excitèrent en France et en Europe une vive indignation. La Turquie envoyait en vain de nouvelles troupes sous les ordres de Fuad-Pacha : personne ne croyait à l'efficacité de la répression au moyen de troupes hostiles aux chrétiens. Aussi n'y eut-il qu'un cri pour demander l'intervention européenne.

L'Empereur la proposa. Il ne pouvait, sans l'agrément du sultan et des autres puissances, envoyer des troupes en Syrie. Il chercha donc à les réunir dans une | action commune, et rencontra de sérieux obstacles, la

Types et costumes druses.

politique s'efforça de faire taire l'humanité. L'An- | gleterre, jalouse de la France qui venait de gagner a

Savoie, et plus soucieuse de l'intégrité de la Tur- | quie que touchée des souffrances des chrétiens, vou-

Types et costumes maronites.

lut empêcher les négociations entamées. Elle les fit | traîner pendant quinze jours, tandis que le sang couait! Il fallut, pour dissiper les puériles inquiétu es des ministres anglais, une lettre de l'empereur Napoléon III à M. le comte de Persigny, notre ambassadeur à Londres :

« Mon cher Persigny, disait l'Empereur, les choses me semblent si embrouillées, grâce à la défiance semée partout depuis la guerre d'Italie, que je vous écris dans l'espoir qu'une conversation à cœur ouvert avec lord Palmerston remédiera au mal actuel. Lord Palmerston me connaî, et quand j'affirme une chose, il me croira. Eh bien! vous pouvez lui dire de ma part, de la manière la plus formelle, que, depuis la paix de Villa-franca, je n'ai eu qu'une pensée, qu'un but: c'était d'inaugurer une nouvelle ère de paix, et de vivre en bonne intelligence avec tous mes voisins, et principalement avec l'Angleterre. J'avais renon é à la Savoie et à Nice; l'accroissement extraordinaire du Piémont me fit seul revenir sur le désir de voir réunies à la France des provinces essentiellement françaises. Mais, objectera-t-on, vous voulez la paix, et vous augmentez démesurément les forces militaires de la France. Je nie le fait de tous points. Mon armée et ma flotte n'ont rien de menaçant pour personne. Ma marine à vapeur est loin de pourvoir même à nos besoins, et le chiffre

S. E. Fuad-Pacha, commissaire extraordinaire de la Porte, en Syrie.

des navires à vapeur n'égale pas, à beaucoup près, le nombre de bâtiments à voile jugés nécessaires au temps du roi Louis-Philippe. J'ai 400 000 hommes sous les armes; mais ôtez de ce nombre 60 000 hommes en Algérie, 6000 à Rome, 8000 en Chine, 20 000 gendarmes, les malades, les conscrits, et vous avouerez, ce qui est vrai, que mes régiments ont un effectif plus réduit que sous le règne précédent. Le seul accroissement de cadres a été la création de la garde impériale.

« D'ailleurs tout en voulant la paix, je désire aussi organiser les forces du pays sur le meilleur pied possible; car, si des dernières guerres les étrangers n'ont vu que le côté brillant, moi, j'ai vu de près les côtés défectueux, et je veux y remédier. Cela dit, je n'ai, depuis Villafranca, rien fait ni même rien pensé qui pût alarmer personne. Quand la Valette est parti pour Constantinople, les instructions que je lui ai données se bornaient à ceci : « Faites tous vos efforts pour maintenir le *statu quo.* » L'intérêt de la France est que la Turquie vive le plus longtemps possible.

« Maintenant arrivent les massacres de Syrie, et l'on écrit que je suis bien aise de trouver une nouvelle occasion de faire une petite guerre ou de jouer un nouveau rôle. En vérité, on me prête bien peu de sens commun. Si j'ai immédiatement proposé une expédition, c'est que je sens comme le peuple qui m'a mis à sa tête, et que les nouvelles de Syrie m'ont transporté d'indignation. Ma première pensée n'en a pas moins été de m'entendre avec l'Angleterre.

« Quel intérêt autre que celui de l'humanité m'engagerait à envoyer des troupes dans cette contrée ? Est-ce que, par hasard, la possession de ce pays accroîtrait mes forces ? Puis-je me dissimuler que l'Algérie, malgré ses avantages pour l'avenir, est une cause d'affaiblissement pour la France, qui, depuis trente ans, lui donne le plus pur de son sang et de son or ? Je l'ai dit en 1852, à Bordeaux, et mon opinion est aujourd'hui la même, j'ai de grandes conquêtes à faire, mais en France. Son organisation intérieure, son développement moral, l'accroissement de ses ressources ont encore d'immenses progrès à faire. Il y a là un assez vaste champ ouvert à mon ambition, et il suffit pour la satisfaire.

« Il m'a été difficile de m'entendre avec l'Angleterre au sujet de l'Italie du centre, parce que j'étais engagé par la paix de Villafranca : quant à l'Italie du sud, je suis libre d'engagement, et ne demande pas mieux de me concerter avec l'Angleterre sur ce point comme sur les autres ; mais, au nom du ciel, que les hommes éminents placés à la tête du gouvernement anglais laissent de côté des jalousies mesquines et des défiances injustes ! Entendons-nous loyalement comme d'honnêtes gens que nous sommes, et non comme des larrons qui veulent se duper réciproquement. En résumé, voici le fond de ma pensée : Je désire que l'Italie se pacifie, n'importe comment, mais sans intervention étrangère, et que mes troupes puissent quitter Rome sans compromettre la sécurité du pape.

« Je souhaiterais beaucoup ne pas être obligé de faire l'expédition, et, dans tous les cas, ne pas la faire seul ; d'abord parce que ce sera une grosse dépense, ensuite parce que je crains que cette intervention n'engage la question d'Orient, mais, d'un autre côté, je ne vois pas comment résister à l'opinion publique de mon pays, qui ne comprendra jamais qu'on laisse impunis non-seulement le meurtre des chrétiens, mais l'incendie de nos consulats, le déchirement de notre drapeau, le pillage des monastères qui étaient sous notre protection.

« Je vous ai dit toute ma pensée sans rien déguiser et sans rien omettre. Faites de ma lettre l'usage que vous jugerez convenable. Croyez à ma sincère amitié. » (Saint-Cloud, le 29 juillet 1860.)

Cette lettre produisit en Europe une vive impression. Sa forme, qui contrastait avec les pièces diplomatiques, la rendait plus persuasive. « Nous connaissions l'Empereur, dit le journal anglais le *Times*, comme un orateur accompli, sachant écrire des proclamations qui remuent l'âme et inspirant des brochures qui annoncent des changements et qui font trembler des monarques sur leurs trônes. Il s'est révélé à nous sous un nouveau jour, comme un correspondant franc et familier. On voit qu'il a profité du long séjour qu'il a fait au milieu de notre pays. Il a compris que le plus court chemin pour arriver à nos cœurs était d'agir ouvertement et simplement, et qu'il atteindrait plus aisément le but qu'il a en vue en dépouillant tout artifice étudié et en usant d'une habile simplicité, qu'en employant les figures de rhétorique auxquelles le grand fondateur de sa famille commandait d'une manière aussi absolue qu'à ses troupes le jour d'une bataille. »

Un protocole signé le 3 août par les représentants de la France, de l'Angleterre, de la Prusse, de l'Autriche et de la Russie, stipula l'envoi en Syrie, pour rétablir la tranquillité, d'un corps de troupes européennes de 12 000 hommes, dont la France fournirait immédiatement la moitié. Ce protocole fut transformé en convention le 5 septembre. Le sultan, qui avait cherché tous les moyens d'écarter l'intervention, fut obligé de l'accepter : on fixa la durée de l'occupation à six mois.

Aussitôt l'empereur Napoléon forma le corps expéditionnaire dont il confia le commandement au général de Beaufort d'Hautpoul. Il lui adressa, le 8 août, au camp de Châlons, ces belles paroles : « Soldats, vous partez pour la Syrie, et la France salue avec bonheur une expédition qui n'a qu'un but, celui de faire triompher les droits de la justice et de l'humanité. Vous n'allez pas faire la guerre à une puissance quelconque, mais vous allez aider le sultan à faire rentrer dans l'obéissance des sujets aveuglés par un fanatisme d'un autre siècle.

« Sur cette terre lointaine, riche en grands souvenirs, vous ferez votre devoir et vous vous montrerez les dignes enfants de ces héros qui ont porté glorieusement dans ce pays la bannière du Christ. Vous ne partez pas en grand nombre, mais votre courage et votre prestige y suppléeront, *car partout aujourd'hui où l'on voit passer le drapeau de la France, les nations savent qu'il y a une grande cause qui le précède, un grand peuple qui le suit !* »

§ 3. DÉBARQUEMENT DES FRANÇAIS A BEYROUTH (16 AOUT); CHATIMENT DES DRUSES.

En même temps que nos troupes s'embarquaient, une immense souscription s'ouvrait pour le soulagement des affreuses misères de la Syrie ; car nos soldats eurent à donner au monde un autre spectacle que celui de leur brillante valeur, celui de leur généreux dévouement.

L'annonce de l'arrivée des troupes françaises excita le zèle du général ottoman Fuad-Pacha. Entré dès le 29 juillet à Damas avec 3000 hommes de troupes régulières, il fit opérer immédiatement 700 arrestations. Mais on eut soin de laisser libres les coupables d'un rang élevé. Le 16 août, les navires qui portaient nos troupes paraissaient devant Beyrouth : « Autour de nous, dit un témoin oculaire, le spectacle de la rade était magnifique : nous y comptions jusqu'à dix-huit bâtiments de guerre et un bien plus grand nombre de bricks et de navires de commerce. Tous les pavillons de l'Europe sont là : la France est représentée par deux vaisseaux de 90 canons chacun, et trois frégates ou corvettes : l'Angleterre a trois vaisseaux, dont un de 130 canons, et deux frégates ; plus loin apparaissent un vaisseau turc, une frégate du même pavillon, deux frégates russes, un bâtiment espagnol, une frégate autrichienne et deux bâtiments grecs.

« Lorsqu'après huit jours de traversée le voyageur s'arrête en face du panorama de Beyrouth, devant les sommets altiers du Liban qui se découpent si nettement dans l'air limpide, et lui empruntent successivement, selon la marche du soleil, les différentes couleurs de l'arc-en-ciel, il ne peut qu'être saisi d'enthousiasme et d'admiration ; il n'a pas rêvé autrement cette terre d'Orient où Dieu avait placé le paradis terrestre. Beyrouth, la tête appuyée sur la montagne, semble couchée sur le rivage comme une sultane, et baigner éternellement ses pieds dans la mer. A droite et à gauche on aperçoit les divers pavillons des consulats d'Europe, des dômes, des minarets; plus haut, une grande construction carrée, qu'on prendrait pour le sérail, et qui n'est que la caserne turque. Autour de la ville des arceaux à ogives, des maisons arabes se dressent au milieu de buissons d'arbres et de verdure,

Embarquement à Toulon du corps expéditionnaire se rendant en Syrie. (Page 138, col. 2.)

entre des palmiers, des mûriers, des orangers et des cactus aux proportions gigantesques. Au-dessus, la chaine du Liban, qui, selon l'expression orientale, porte l'hiver sur sa tête, le printemps sur ses épaules, l'automne dans son sein, tandis que l'été dort nonchalamment à ses pieds; image exacte de la fertilité décroissante des terres, à mesure qu'on s'avance davantage dans la montagne; et il est facile de constater de loin l'exactitude de ces divisions.

« Les canots de tous les bâtiments étrangers mouillés dans la rade viennent se joindre gracieusement aux canots français pour opérer plus vite le débarquement de nos troupes, qui commence à deux heures de l'après-midi. Nous mettons pied à terre sur la pointe appelée Baz Beyrouth, à côté de la demeure du consul de Hollande. Mais déjà l'illusion tombe, le prestige qui nous montrait l'Orient comme un pays enchanté s'évanouit; ce n'était qu'un effet d'optique. Cette rade, dans laquelle

Ville et port de Beyrouth.

se croisent nos embarcations, est la plus vaste, la plus sûre qu'ait ménagée la nature sur ces côtes d'Orient si visitées par le commerce européen : ni le gouvernement égyptien, ni le gouvernement turc qui lui a suc-

Débarquement à Beyrouth des troupes françaises (29 juillet).

cédé n'ont songé à la creuser, à la rendre accessible aux navires ou seulement facile pour les débarquements. Il n'y a pas de port, il n'y a pas même de quais sur le bord de la mer. Les vagues viennent se briser contre les rochers informes dont on n'a pas seulement aplani les aspérités. Une voiture ne peut pas venir prendre nos bagages à l'endroit où nous débarquons, il faut les transporter à dos de mulet jusqu'au milieu de la ville.

« A part les trois artères principales récemment percées en ligne droite, ce qu'on appelle rue dans cette agglomération de 55 000 âmes environ, n'est qu'un étroit passage, dont le dallage, fort avarié, est un casse-cou perpétuel : les maisons, dont l'aspect misérable mérite à peine ce nom, n'y gardent aucun alignement. Les étages supérieurs, qui surplombent la voie publique, et les toiles ou paillassons qui sont tendus d'un côté à l'autre, de façon à la rendre impénétrable aux rayons du soleil, forment un misérable ensemble. Les indigènes musulmans sont avares, et ceux qui se livrent à quelque commerce trouvent toujours assez convenable la petite échoppe dans laquelle ils se tiennent assis, les jambes croisées sous eux, au milieu des produits qu'ils ont à vendre, mais qu'ils ne s'occupent nullement de faire valoir comme les Européens. Cette partie de la ville, qui est l'ancienne Beyrouth, porte aujourd'hui le nom général de Bazar, et est encore limitée à l'est et au nord par un vieux mur d'enceinte crénelé. Les Européens, pour la plupart, n'habitent que ces constructions modernes, d'assez belle apparence, qui sont éparses au dehors et deviendront peu à peu le centre d'une ville neuve.

« A mesure que nous nous engageons à travers le

Exécution à Damas. (Page 142, col. 2.)

Bazar, apparaissent autour de nous ces musulmans pour lesquels l'oisiveté semble un état normal : si vous exceptez les porte-faix, qui se disputent ici comme en Europe le bagage que vous venez de débarquer avec vous, bien peu d'entre eux travaillent; nonchalamment étendus à terre là où il y a un peu d'ombre, ils ont en face de nous un regard impassible qui révèle beaucoup plus la crainte que la sympathie. Les cafés, ou du moins les misérables chambres malpropres qu'on ose décorer de ce nom, sont remplis d'hommes de tout âge qui fument silencieusement le narghilé. La barbe est le signe extérieur des sectateurs du Coran, tout aussi bien que le turban.

Mane portent que la moustache, se désignent d'eux-mêmes à nos regards par l'expression vive et joyeuse de leur physionomie : aucun cri ne trahit leurs sympathies; ils sont sous les yeux des tyrans de la veille, qu'ils n'osent pas encore braver; mais ils accourent sur notre passage, nous saluent en portant successivement la main droite sur le cœur, sur la bouche et sur le front, geste oriental dont la traduction libre est celle-ci : Mon cœur pour vous aimer, ma bouche pour vous le dire, ma mémoire pour s'en souvenir. Les plus jeunes viennent décharger nos soldats de leur sac, de leur fusil, pour les porter en cheminant avec eux, et cette prévenance a quelque chose de touchant.

« Les femmes maronites, les émigrées de Deïr-el-Kamar et de la montagne, toutes veuves ou orphelines, se montrent en tremblant à travers les cactus et les mûriers; elles font le signe de la croix pour nous faire comprendre qu'elles sont chrétiennes; les unes ont peine à retenir leurs sanglots, les autres se frappent violemment la poitrine en levant les yeux au ciel, et cet élan comprimé chez ces malheureuses victimes, qui n'espèrent qu'en nous, fait mal à voir.

« Leur bizarre costume attire beaucoup notre attention : les femmes de l'Orient, musulmanes et chrétiennes, ne se montrent dans les rues que le visage voilé d'un morceau de soie ou de gaze de couleur sombre qui contraste singulièrement avec la grande pièce de calicot blanc dont elles s'enveloppent du sommet de la tête jusqu'aux pieds, comme des spectres sortant du tombeau. Le moindre mouvement des bras laisse apercevoir sous ce voile blanc un corsage fort échancré sur le devant; ce corsage n'a pas de jupe : elle est remplacée par un large pantalon flottant appelé shérouel, qui se serre autour de la taille et dans le bas à la cheville du pied. L'étoffe de ces vêtements varie selon la fortune : la plupart de ceux que nous rencontrons sont en indienne anglaise; les plus riches sont en soie ou en drap surchargé de broderies d'or. Beaucoup de femmes maronites portent des bottines ou des petits souliers à l'européenne, les autres en sont encore aux pantoufles orientales sans talons.

« Ce qu'aiment surtout les femmes d'Orient, ce sont les bracelets, les colliers, les bijoux d'or, les pierreries et les fleurs artificielles dans les cheveux : toutes celles de Beyrouth, toutes celles du rivage qui n'ont point été inquiétées pendant les derniers massacres, se reconnaissent à ce superflu de la coquetterie. Elles font grande parure de leurs cheveux et les laissent tomber sur leurs épaules en petites nattes minces dont le nombre est tel qu'on ne peut les compter, et auxquelles sont mêlés plusieurs centaines de sequins d'or. Une jeune fille qui se marie n'a souvent d'autre dot que cet amas de bijoux dont elle fait ostentation.

« Les hommes portent aussi ce pantalon sans entre-jambes qui s'attache à la cheville et que nous remarquions tout à l'heure aux femmes, mais il est toujours en drap; ils ont en outre un gilet à manches boutonné du haut en bas, et par-dessus une veste droite de couleur sombre, assez semblable pour la forme à celle de nos zouaves. Entre cette veste qui ne se boutonne pas et le gilet, on aperçoit une ceinture d'étoffe dont la couleur vive fait contraste avec le reste du costume. La coiffure des Maronites est le tarbousch turc, qui a la forme d'un cône tronqué. Les musulmans ont toujours le turban aux couleurs variées du cachemire; ceux d'entre eux qui ont fait le pèlerinage de la Mecque ou qui prétendent descendre de la famille de Mahomet, portent comme signe distinctif un turban vert.

« Nous rencontrons encore un autre costume étrange : quelques hommes, dont le type de physionomie est à la fois énergique et régulier, portent sur une culotte collante une petite jupe blanche très-ample et qui ne descend que jusqu'à moitié de la cuisse; ils sont armés jusqu'aux dents : deux gros pistolets à la ceinture, un sabre recourbé au côté, poignard, cartouchière, un arsenal complet en un mot; ce sont des Albanais, que la Turquie a enrôlés comme gendarmes; ils font la police des rues et on les retrouve partout. Les soldats turcs, aujourd'hui vêtus à l'européenne, ne sortent guère de leur caserne, et d'ailleurs ne font que le service militaire.

« Une de leurs compagnies vint cependant, avec la musique de la garnison, au devant de nos soldats, pour les reconduire courtoisement jusqu'à l'emplacement que le colonel Osmont, chef d'état-major, a choisi à l'avance pour le camp français[1]. »

Fuad Pacha, craignant de voir les Français venir à Damas, se hâta de témoigner de son zèle : 57 musulmans furent pendus et 110 soldats turcs furent fusillés pour avoir pris part aux massacres; 400 autres furent condamnés aux travaux forcés. Mais ce n'était pas des exécutions en masse que demandait la commission européenne établie à Beyrouth : on ne voulait que la punition des chefs. Fuad-Pacha se décida enfin à faire juger et fusiller Achmet-Pacha, le gouverneur de Damas, les colonels turcs Aly-Bey et Osman-Bey. Un des principaux coupables, Abd-Allah-el-Halebi, ne fut cependant condamné qu'à la détention perpétuelle. Le gouverneur de Beyrouth, Kurchid, fut également envoyé prisonnier à Constantinople.

Mais on ne tenait pas les chefs druses. Le général de Beaufort, las de son inaction, déclara sa ferme intention de pénétrer dans le Liban pour ramener les Maronites chez eux et punir les Druses. Fuad-Pacha dut s'incliner et prendre part aux opérations.

Le général de Beaufort d'Hautpoul partit de Beyrouth le 25 septembre à la tête de 2500 hommes, tandis qu'un interprète, M. Scheffer, allait offrir, de la part de l'Empereur, à Abd-el-Kader, les insignes de grand-croix de la Légion d'honneur. Nos troupes sont à peine en mouvement que des feux de joie s'allument partout sur les montagnes. Sous la protection des colonnes françaises, les Maronites déblayent les ruines de leurs villages, relèvent leurs maisons, ensemencent leurs champs. Mais à Deïr el-Kamar un horrible tableau s'offre à elles.

« Pas une maison qui n'ait été complétement incendiée; les murs seuls sont debout, couverts de ces sinistres traces noires que le feu y a laissées. Les cadavres de dix-huit cents victimes gisent encore à la place même où elles tombèrent sous le fer des Druses, il y a trois mois; les chiens et les oiseaux de proie en ont déchiqueté une grande partie; la putréfaction a rendu les autres presque méconnaissables. A mesure que nous avançons vers la place du Sérail, une odeur pestilentielle nous soulève le cœur et fait reculer d'épouvante. A l'endroit où étaient autrefois les boutiques du bazar, nous ne voyons que des monceaux de cadavres tombés l'un sur l'autre dans la lutte du désespoir contre la férocité. Les chevaux eux-mêmes refusent d'avancer au milieu de ces traces de carnage; ils dressent les oreilles en entendant voler les éperviers et les vautours que dérange notre arrivée. Nous mettons pied à terre à la porte du sérail.

« Quand nous avons franchi le seuil, le courage nous manque : c'est là qu'a eu lieu la grande boucherie, et tout ce que les journaux ont publié nous semble au-dessous de la hideuse vérité; partout des mares de sang que le soleil seul a pu sécher; partout des cadavres, des débris humains, des têtes séparées du tronc; çà et là des tronçons d'armes usées, brisées dans cette rude tâche d'extermination. L'imagination la plus sanguinaire ne pourrait rêver un spectacle aussi épouvantable. Deux chambres basses, qui servaient autre-

1. E. Louet, *Expédition de Syrie.*

sons de corps de garde, sont remplies de corps entassés les uns sur les autres. Quelques-uns se présentent encore dans l'attitude de la lutte contre leurs meurtriers ; d'autres se cramponnent à la muraille dans un dernier effort d'agonie. Dans une autre pièce, une ouverture de la dimension d'une embouchure de canon a été pratiquée, à hauteur d'homme, à travers le mur qui forme façade sur la place : de ses bords, des flots de sang caillé tombent en pendentifs. Nous nous interrogeons d'abord pour comprendre quel raffinement de cruauté a pu laisser ces traces ; mais au dehors nous trouvons au pied du mur un amas de poignets coupés qui livre le secret de la torture inventée par les bourreaux ; ils obligeaient leurs victimes à passer la main droite par cette ouverture, et quelques Druses, placés de l'autre côté, se faisaient un jeu de l'abattre d'un seul coup de sabre ; on achevait ensuite le supplice de ces malheureux dans l'intérieur du sérail, et on jetait leurs cadavres du côté de la campagne, au bas de la terrasse qui regarde les hauteurs de Beit-Eddin.

« L'église maronite et l'église grecque, qui sont un peu plus bas dans la ville, eurent aussi leurs scènes de carnage. Beaucoup de chrétiens, surtout les enfants, avaient cru trouver un asile inviolable au pied des autels dans la maison de Dieu. Ils n'avaient fait que s'offrir plus vite à leurs assassins ; les églises furent envahies, les autels profanés, et tous ceux qui les entouraient massacrés. Dans l'une, nous trouvons plus de soixante cadavres d'enfants de cinq à huit ans. Les chrétiens qui nous suivent ajoutent encore à l'émotion qui nous saisit : des mères, des femmes reconnaissent le cadavre d'un des leurs, se jettent dessus en poussant des cris déchirants, et couvrent de baisers ses restes chéris que les vers leur disputent déjà.

« C'est un spectacle navrant : le général de Beaufort en est vivement affecté ; il exprime à plusieurs reprises son indignation contre le gouvernement, qui depuis trois mois n'a pas même pris soin de faire enterrer toutes ces victimes d'un massacre dont l'Europe et l'humanité ont le droit de demander compte à la Turquie[1]. »

Nos troupes parcoururent successivement tous les pays désolés. Le général de Beaufort reconstitua les municipalités, fit réparer les désastres, distribua des secours, prévint les représailles. Quelques groupes de Druses qui essayèrent de la résistance furent dispersés. Malheureusement, pendant que nos soldats remplissaient dignement leur mission d'humanité, les troupes turques, qui devaient fermer les issues des montagnes, laissèrent s'échapper la plupart des chefs et 3000 Druses qui se réfugièrent dans le Haouran. Dix chefs seulement qui s'étaient livrés furent condamnés à mort : on en saisit cependant encore un certain nombre dans les montagnes. Tous ceux qui étaient condamnés à mort ne furent pas exécutés. 249 Druses furent transportés à Tripoli de Barbarie.

Le général de Beaufort d'Hautpoul revint à Beyrouth le 2 octobre. Mais la pacification de la Syrie était loin d'être complète. La commission européenne continua de travailler à la réorganisation du pays, afin d'empêcher le retour de nouveaux malheurs. Toutefois on sentait que la présence de nos troupes était nécessaire

pour faire avancer ce travail, pour activer le châtiment des coupables et pour ramener la sécurité. Nous verrons à un autre chapitre quels débats souleva la prolongation de notre occupation, et comment elle finit. Quoi qu'il en soit, nous venions encore d'accroître la renommée et le prestige dont jouit en Orient le grand nom de *Franc*.

§ 3. PERCEMENT DE L'ISTHME DE SUEZ.

Si on retrouve toujours la France là où « il y a une cause juste et civilisatrice à faire prévaloir, » on la retrouve encore là où il y a une grande entreprise à tenter, un grand intérêt général à satisfaire, une victoire à remporter sur la nature. C'est à un Français qu'on doit le percement de l'isthme de Suez, c'est-à-dire la suppression de la barrière qui sépare la Méditerranée de la mer Rouge, le rapprochement des Indes et de l'Europe.

La nature offre de sérieux obstacles à la rupture de ce lien qui rattache l'Afrique et l'Asie ; mais la mauvaise volonté du gouvernement égyptien, et surtout la défiance de l'Angleterre, créaient à tous ceux que séduisait la gloire d'assurer une nouvelle voie au commerce des obstacles plus difficiles à surmonter. Tel est l'égoïsme de l'Angleterre qu'elle aimait mieux faire le tour de l'Afrique pour se rendre aux Indes, que de laisser ouvrir une route plus courte dont elle profiterait, sans doute, mais dans laquelle aussi se précipiteraient les autres nations. Elle avait pourtant pris ses précautions pour le jour où l'isthme de Suez serait percé ; elle tient les clefs de la mer Rouge à Périm et à Aden, comme elle tient celle de la Méditerranée à Malte et à Gibraltar. Néanmoins, elle n'a cessé d'agir près du vice-roi d'Égypte et près du sultan son suzerain, pour entraver les efforts d'un homme qui s'est consacré à une des plus belles entreprises du siècle et d'une compagnie qui a engagé dans cette entreprise des capitaux considérables.

Ce fut le 15 décembre 1858 que M. Ferdinand de Lesseps, ancien diplomate, parvint après plusieurs années de propagande, de voyages, de négociations, à constituer la compagnie universelle de l'isthme de Suez. Il venait enfin d'obtenir du vice-roi d'Égypte, Mohammed-Saïd, un firman qui lui accordait la concession du canal à percer à travers l'isthme de Suez, et l'autorisation d'employer une partie de l'armée égyptienne à ces travaux qu'il est presque impossible d'exécuter, sous un pareil climat, avec des ouvriers européens. En février 1859, la compagnie conclut un traité avec un entrepreneur de France, qui s'engagea à exécuter les travaux de percement de l'isthme et du canal d'eau douce qui joindrait le grand canal au Nil.

Le lundi de Pâques 1859, M. de Lesseps ouvrit solennellement les travaux en donnant en personne le premier coup de pioche dans le terrain qui sépare le lac de la mer. Tous les membres de la députation du conseil d'administration en Égypte : MM. Chancel, le comte de Galbert, Corbain de Mangoux et Rouffio ; les ingénieurs : MM. Mougel-Bey, ingénieur en chef des ponts et chaussées, directeur général des travaux ; de Montant et Laroche, ingénieurs des ponts et chaussées ; Larousse, ingénieur hydrographe de la marine, et le docteur Aubert-Roche ; M. Hardou, entrepreneur général, et le personnel attaché à la commission, en'ouraient M. de Lesseps. On se rendit sur le bord de la mer, à l'endroit désigné à l'avance. Tous les ouvriers arabes, munis de pioches et de couffes de dattiers, étaient prêts à ouvrir la tranchée.

M. de Lesseps, après avoir fait déployer les drapeaux égyptiens plantés en tête du chantier, prononça les paroles suivantes : « Au nom de la compagnie universelle du canal maritime de Suez, et en vertu des décisions de son conseil d'administration, nous allons donner le premier coup de pioche sur le terrain qui ouvrira l'accès de l'Orient au commerce et à la civilisation de l'Occident. Nous sommes tous réunis ici dans une même pensée de dévouement pour les intérêts des associés de la compagnie et ceux de son auguste créateur et bienfaiteur, le prince Mohammed-Saïd. L'exploration complète que nous venons de faire nous donne la certitude que l'entreprise dont l'exécution commence aujourd'hui ne sera pas seulement une œuvre de progrès, mais donnera une immense valeur aux capitaux qui l'auront réalisée. »

M. de Lesseps.

M. de Lesseps s'arma alors d'une pioche, et entama le premier le sol; M. Hardon, entrepreneur général de la compagnie, tenait la couffe de dattier, qui fut remplie au milieu du recueillement général. Après M. de Lesseps, les membres du conseil d'administration délégués, le directeur général des travaux, Mougel-Bey, et les ingénieurs, enlevèrent des pelletées de terre.

M. de Lesseps se tourna vers les travailleurs égyptiens, qui formaient un vaste cercle autour de lui, et leur dit : « Chacun de vous va donner son premier coup de pioche comme nous venons de le faire. Rappelez-vous que ce n'est pas seulement la terre que vous allez remuer, mais que vos travaux apporteront la prospérité dans vos familles et dans votre beau pays. » D'unanimes acclamations répondent à M. de Lesseps. Les ouvriers, échelonnés tout le long de la route jalonnée qui marquait la coupure à faire entre le lac et la mer, attaquent aussitôt le sol avec ardeur. Les broussailles disparurent en un moment, et la terre laissa filtrer en maints endroits les eaux de la mer et celles du lac. A la fin de la journée, les ouvriers indigènes rentrèrent au camp marchant en ordre à la suite de l'un d'entre eux, portant le drapeau égyptien, et vinrent de leur propre mouvement, défiler devant les tentes où les membres de la commission se trouvaient réunis. On ne cessera pas de creuser jusqu'à ce que les flots de la Méditerranée et

Vue de Suez

de la mer Rouge aient accompli leur difficile mais fécond mariage.

Le 11 novembre 1862, fut inauguré le canal qui unit la Méditerranée au lac Timsah, dépression naturelle qui facilite le percement de l'isthme; aujourd'hui le canal d'eau douce est terminé, et le canal maritime

Le lac de Timsah.

considérablement avancé. Grâce à l'industrie moderne, aux machines puissantes qu'on a établies pour aider le travail de l'homme, cette œuvre gigantesque sera bientôt accomplie à l'honneur et, espérons-le, au profit de la France.

Un voyageur qui a récemment visité l'isthme de

Suez décrit ainsi l'aspect des travaux : « J'ai parcouru les travaux du canal maritime dans toute leur étendue, depuis Ismaïlia sur le lac de Timsah, jusqu'à Port-Saïd sur la Méditerranée, c'est-à-dire sur un parcours de près de quatre-vingts kilomètres, à travers de formidables amoncellements de sables, d'insondables marais de vase, où l'on a déplacé, pour ainsi parler, l'eau et la terre, creusé des abîmes rendus navigables, soulevé et consolidé des boues séculaires, que parcourent aujourd'hui à toute vitesse de petits bateaux à vapeur et des attelages de chameaux, remorquant de légers esquifs, éclaireurs ailés des **grandes flottes pacifiques de l'Occident**.... C'est vraiment prodigieux ; c'est, comme l'a dit un grand poëte, un spectacle à ravir la pensée ! Qu'on se figure, en effet, cette morne solitude, naguère encore habitée par quelques bêtes sauvages de la pire espèce, telles que l'hyène et le chacal, traversée rapidement par quelques rares oiseaux de passage, emportés et souvent étouffés par de brûlantes rafales ; qu'on se figure le silence de la mort régnant partout, le néant convoitant, en quelque sorte, ce triste domaine, mobile et mystérieux tombeau, impénétrable à tous les regards, si ce n'est à celui de Dieu ! Qu'on se figure cette désolation des désolations, encore si récente.... et qu'on ose dire aujourd'hui qu'ils n'ont pas bien mérité de l'humanité, ces hommes courageux, qui n'ont reculé devant aucune difficulté, aucun danger, pour ranimer et vivifier en quelque sorte ce grand cadavre géologique, qui leur barrait le passage entre les deux mers.

« Un apôtre du Christ a dit qu'il voulait voir pour croire.... Eh bien ! que les incrédules viennent maintenant parcourir l'isthme de Suez. Ils y verront deux jolies villes qui ont eu tout d'abord leurs églises et leurs hôpitaux, où la foi et la charité chrétiennes sont largement pratiquées ; ils y verront des ateliers en pleine activité, partout des campements, enfin de nombreux villages d'Arabes, vivant en toute sécurité et toute liberté au milieu d'un grand mouvement industriel, et cultivant paisiblement des sables fécondés, parmi leurs frères d'Europe, qui de leur côté travaillent avec ardeur à la grande œuvre qui contribuera puissamment un jour à la prospérité et à la pacification, espérons-le, de l'Orient aussi bien que de l'Occident[1]. »

1. *L'Isthme de Suez*, par M. le baron David.

Plusieurs fois cependant cette œuvre s'est vue arrêtée par des ordres de Constantinople, dictés par le cabinet britannique. Mais l'intervention du gouvernement français a protégé la Compagnie et levé les obstacles. Le gouvernement du sultan fit connaître sous quelles conditions il était disposé à sanctionner la concession primitivement faite par le vice-roi Saïd-Pacha et renouvelée par le vice-roi actuel Ismaïl-Pacha. Comme l'accord entre le gouvernement égyptien et la Compagnie n'avait pu s'établir sur certains points, les deux parties, en 1864, convinrent d'exprimer à l'empereur Napoléon le vœu que ces difficultés fussent réservées à son arbitrage. L'Empereur accepta et, après avoir fait examiner la question par une commission spéciale rendit une sentence arbitrale ; la Sublime Porte a reconnu que par cet acte les diverses conditions à l'accomplissement desquelles la Turquie avait subordonné sa sanction se trouvaient remplies. Cette importante déclaration a clos pour la Compagnie qui tenait à rester commerciale et industrielle la question politique du firman promis pour autoriser les travaux.

Si M. de Lesseps, que ne rebutent ni les difficultés diplomatiques, ni les procès, et qui donne un si bel exemple de ce que peut l'initiative individuelle, a rencontré à sa noble entreprise tant d'obstacles, c'est qu'il se heurtait à la question d'Orient. Ce canal sera pour l'Égypte la cause d'une prospérité nouvelle, et cette contrée échappera de plus en plus à l'action de la Turquie. L'intégrité de l'empire ottoman sera entamée. De plus le canal de Suez facilitera aux autres puissances l'abord des Indes que l'Angleterre défend avec tant de persévérance dans l'Afghanistan, sur le Danube et à Constantinople. De là sa mauvaise volonté à notre égard, et son dépit de nous avoir vus défendre l'humanité en Syrie, préparer une nouvelle ère au commerce du monde en perçant l'isthme de Suez. Elle s'est unie à nous en 1854 contre la Russie, mais autant pour son intérêt particulier que pour son intérêt général. La France, au contraire, se préoccupe davantage des intérêts généraux : c'est là sa force. Elle a mis fin à la guerre de Crimée dès que le but lui a semblé atteint, et n'a point permis à l'Angleterre de détruire jusqu'au dernier vaisseau de la Russie : elle n'a point voulu laisser, par respect pour la Turquie, égorger des populations chrétiennes ; si elle redoute l'ambition russe, elle ne saurait sacrifier à ces craintes ni un généreux sentiment, ni une grande idée.

Traité de commerce.

CINQUIÈME PÉRIODE.

RÈGNE DE NAPOLÉON III DE 1860 A 1865. RÉFORMES COMMERCIALES ET POLITIQUES. LES EXPÉDITIONS LOINTAINES.

CHAPITRE XXII.

POLITIQUE INTÉRIEURE, LA LIBERTÉ COMMERCIALE (JANVIER 1860).

§ 1. LA LETTRE IMPÉRIALE DU 5 JANVIER 1860 ; TRAITÉ DE COMMERCE EN 1860.

Tandis que la révolution italienne suivait son cours et passionnait les esprits, l'empereur Napoléon cherchait à détourner les préoccupations vers les améliorations intérieures. De 1860 date, nous l'avons dit, une nouvelle période du règne de Napoléon III, période aussi tranquille que les autres sous le rapport de la paix publique, mais plus animée, car à l'émotion qu'excitent les événements d'Italie et de Syrie, les guerres lointaines de Chine, de Cochinchine et du Mexique, viennent s'ajouter les discussions économiques et politiques. Un nouveau régime commercial et industriel, une part plus grande faite à la liberté, voilà les deux grands faits qui dominent cette période dans laquelle nous vivons encore. L'histoire du second Empire devient plus difficile à mesure que nous approchons de l'année où nous écrivons, mais aussi elle est, à mon sentiment, plus variée et plus intéressante. Le mouvement des esprits est plus vif ; les discussions des Chambres ont plus d'importance et rappellent souvent, par leur éclat, les anciennes luttes parlementaires ; l'activité intellectuelle fait contre-poids à l'activité matérielle qui régna presque exclusivement de 1852 à 1860. Pour être plus sévèrement contrôlées les améliorations ne sont ni moins nombreuses ni moins grandes : les progrès commencés se poursuivent et beaucoup d'autres commencent.

L'Empereur lança la France d'abord, malgré bien des préjugés, dans les voies de la liberté commerciale. Au moment où le pays se livrait trop exclusivement aux préoccupations qu'excitaient les affaires d'Italie, Napoléon III le rappela à ses propres affaires dans une lettre mémorable adressée au ministre d'État, M. Fould, le 5 janvier 1860. Après avoir exprimé l'espoir du maintien de la paix, l'Empereur démontrait les bienfaits de la concurrence : « Monsieur le ministre, depuis longtemps on proclame cette vérité qu'il faut multiplier les moyens d'échange pour rendre le commerce florissant ; que, sans concurrence, l'indus-

Richard Cobden.

trie reste stationnaire et conserve des prix élevés qui s'opposent au progrès de la consommation ; que, sans une industrie prospère qui développe les capitaux, l'agriculture elle-même demeure dans l'enfance. Tout s'enchaîne donc dans le développement successif des éléments de la prospérité publique ! Mais la question essentielle est de savoir dans quelles limites l'État doit favoriser ces divers intérêts et quel ordre de préférence il doit accorder à chacun d'eux.

« Ainsi, avant de développer notre commerce étranger par l'échange des produits, il faut améliorer notre agriculture et affranchir notre industrie de toutes les entraves intérieures qui la placent dans des conditions d'infériorité. Aujourd'hui, non-seulement nos grandes exploitations sont gênées par une foule de règlements restrictifs, mais encore le bien-être de ceux qui travaillent est loin d'être arrivé au développement qu'il a atteint dans un pays voisin. Il n'y a donc qu'un système général de bonne économie politique qui puisse en créant la richesse nationale répandre l'aisance dans la classe ouvrière.

« En ce qui touche l'agriculture, il faut la faire participer aux bienfaits des institutions de crédit : défricher les forêts situées dans les plaines et reboiser les momagnes; affecter tous les ans une somme considérable aux grands travaux de desséchement, d'irrigation et de défrichement. Ces travaux, transformant les communaux incultes en terrains cultivés, enrichiront les communes sans appauvrir l'État, qui recouvrera ses avances par la vente d'une partie de ces terres rendues à l'agriculture.

« Pour encourager la protection industrielle, il faut affranchir de tout droit les matières premières indispensables à l'industrie, et lui prêter exceptionnellement et à un taux modéré, comme on l'a déjà fait à l'agriculture pour le drainage, les capitaux qui l'aideront à perfectionner son matériel.

« Un des plus grands services à rendre au pays est de faciliter le transport des matières de première nécessité pour l'agriculture et l'industrie ; à cet effet, le

Le président Barthe.

ministre des travaux publics fera exécuter le plus promptement possible les voies de communication, canaux, routes et chemins de fer, qui auront surtout pour but d'amener la houille et les engrais sur les lieux où les besoins de la production les réclament, et il s'efforcera de réduire les tarifs, en établissant une juste concurrence entre les canaux et les chemins de fer.

« L'encouragement au commerce par la multiplication des moyens d'échange viendra alors comme conséquence naturelle des mesures précédentes. L'abaissement successif de l'impôt sur les denrées de grande consommation sera donc une nécessité, ainsi que la substitution des droits protecteurs au système prohibitif qui limite nos relations commerciales.

« Par ces mesures, l'agriculture trouvera l'écoulement de ses produits ; l'industrie, affranchie d'entraves intérieures, aidée par le gouvernement, stimulée par la concurrence, luttera avantageusement avec les produits étrangers, et notre commerce, au lieu de languir, prendra un nouvel essor.

« En résumé : suppression des droits sur la laine et les cotons ; réduction successive sur les sucres et les cafés ; amélioration énergiquement poursuivie des voies de communication ; réduction des droits sur les canaux, et par suite abaissement général des frais de transport ; prêts à l'agriculture et à l'industrie ; travaux considérables d'utilité publique ; traités de commerce avec les puissances étrangères.

« Telles sont les bases générales du programme sur lequel je vous prie d'attirer l'attention de vos collègues, qui devront préparer sans retard les projets de lois destinés à la réaliser. Il obtiendra, j'en ai la ferme conviction, l'appui patriotique du Sénat et du Corps législatif, jaloux d'inaugurer avec moi une nouvelle ère de paix et d'en assurer les bienfaits à la France.

« Sur ce je prie Dieu qu'il vous ait en sa sainte garde. »   NAPOLÉON.

La lettre impériale fut accueillie avec satisfaction. On était habitué à voir l'Empereur intervenir directement dans les affaires, mais surtout dans les affaires extérieures ; c'était la première fois que, hors des discours solennels, il portait devant l'opinion publique toute une politique à suivre pour le régime intérieur. D'ailleurs, c'était une liberté qu'il annonçait, la liberté commerciale, et on y voyait, avec raison, les indices d'un retour de la liberté politique.

Introduit comme arme de guerre sous la Révolution et l'Empire, maintenu et fortifié sous la Restauration comme doctrine politique, conservé par timidité sous le gouvernement de Juillet, le régime prohibitif qui renferme chaque nation chez elle gênait singulièrement les transactions et contrariait cette tendance générale du siècle à multiplier les relations internationales. A une époque où naissait à peine l'industrie, ce régime, en écartant l'importation des produits étrangers, forçait les contrées qui l'adoptaient à se suffire à elles-mêmes ; en cela il leur rendait de réels et d'importants services. Mais une fois l'industrie créée, les manufactures établies, la population ouvrière formée, le régime prohibitif ne pouvait qu'engourdir l'industrie en l'affranchissant de la concurrence étrangère, en la dispensant de rechercher des améliorations et une production à meilleur compte. Satisfaits des bénéfices que leur assurait le marché national, les industriels ne songeaient pas qu'il y a un marché plus grand : celui du monde ; sitôt qu'un gouvernement troublait leur quiétude en ouvrant une porte à la concurrence étrangère, ils s'agitaient, se plaignant d'une ruine prochaine. Les industriels, sous tous les gouvernements, se sont prononcés pour le maintien des prohibitions, mais l'État doit veiller aussi sur l'intérêt des consommateurs ; et l'abaissement des prix, résultat de la concurrence, touche directement au bien-être de la classe la plus nombreuse. La concurrence étrangère d'ailleurs ne doit pas être pour l'industrie nationale un fléau, mais un énergique stimulant. Tous les marchés lui sont ouverts, et, si on lui impose la lutte, elle, à son tour, impose la lutte aux nations voisines. Rivalités pacifiques appelées à unir plus étroitement les peuples en confondant leurs intérêts.

L'Angleterre, d'ailleurs, grâce à l'ardeur infatigable de l'illustre économiste Richard Cobden, était déjà, depuis longues années, convertie aux saines doctrines de la liberté commerciale, et le grand ministre Robert Peel avait attaché son nom à la levée des prohibitions en 1846. Cette révolution commerciale, loin de tuer l'industrie anglaise, lui avait communiqué une vie nouvelle. La Belgique, elle aussi, avait accompli sa réforme économique. La France pouvait-elle persister à demeurer en retard sur ses voisines ? L'empereur Napoléon III ne le pensa pas. Plusieurs fois son gouvernement avait essayé de rompre avec la prohibition ; mais, en 1856, il avait rencontré au Corps législatif de vifs défenseurs de ce régime ; il annonça cependant que, s'il accordait des délais à l'industrie, il se promettait de ne point se départir de son programme de liberté commerciale. En 1860, l'Empereur, afin d'engager décidément le pays dans une nouvelle voie, résolut d'user de la prérogative que lui conférait la Constitution et de signer, sur des bases libérales, un traité de commerce avec l'Angleterre.

Préparé par M. Cobden et l'économiste français M. Michel Chevalier, négocié par lord Cowley, MM. Baroche et Rouher, signé le 22 janvier, ce grand acte, nouveau gage d'union entre la France et l'Angleterre, a été, il ne faut pas perdre de vue cette considération, conclu entre deux pays soumis à une législation commerciale différente.

L'Angleterre admettait en franchise la plupart de nos produits ; la France excluait un grand nombre de produits anglais et frappait les autres de droits protecteurs très-élevés. Nos voisins, ayant moins de pas à faire pour atteindre à la vraie liberté commerciale, ne demandèrent qu'un délai de deux ans pour effacer de leur législation tous droits protecteurs. La France, attardée, avança seulement de la prohibition à la protection ; elle substitua aux prohibitions absolues des droits protecteurs encore assez élevés pour ménager les préjugés de notre industrie, et dont la diminution était échelonnée à des époques assez éloignées pour permettre à nos manufacturiers de se préparer à la lutte.

Ainsi l'Angleterre s'engageait à admettre en franchise de tous droits les objets manufacturés, tels que tissus de soie, orfèvrerie, bijouterie, articles dits de Paris, comme bronzes, modes, ganterie, mercerie, fleurs artificielles. La France levait les prohibitions sur les objets d'origine ou de manufacture britannique, tels que sucre raffiné, fer forgé, produits chimiques, extraits de bois de teinture, fils de laine, coton, soie, chanvre, coutellerie, aciers, machines, voitures. A ces prohibitions étaient substitués des droits dont le maximum était fixé à 30 pour 100 au 1er octobre 1864. Le tarif anglais ne conservait plus, à l'égard de nos vins, de nos papiers, de nos eaux-de-vie, que des droits fiscaux également imposés aux produits similaires du pays. Nous abaissions nos tarifs sur les articles non prohibés, tels que la houille et le coke, les fers, fontes et aciers, les ouvrages en métaux, machines, outils et mécaniques, tissus de lin et de chanvre. Nos vins généreux et nos eaux-de-vie pouvaient donc désormais traverser le détroit, et nos voisins allaient nous distribuer une part de la houille et du fer que la nature leur procure en abondance. C'est ainsi que chacun des deux pays faisait profiter l'autre des richesses qu'ils doivent, l'un à son soleil bienfaisant et à son fertile territoire, l'autre à son sol carbonique, tous deux à leur intelligence et à leur habileté industrielle.

§ 2. LA SESSION LÉGISLATIVE DE 1860; DISCUSSIONS ÉCONOMIQUES ET RELIGIEUSES.

Le 2 mars, l'Empereur ouvrit la session de 1860 par un discours qui fut un des plus importants qu'il ait prononcés. Il y touchait à toutes les graves questions du moment: la guerre de Chine, les annexions italiennes, la réunion de la Savoie à la France. Il se plaignit de l'agitation religieuse soulevée par la question romaine : « Je ne puis passer sous silence, dit-il, l'émotion du monde catholique; elle a cédé subitement à des impressions si irréfléchies, elle s'est jetée dans des alarmes si passionnées; le passé, qui devait être une garantie de l'avenir, a été tellement méconnu, les services rendus tellement oubliés, qu'il m'a fallu une conviction bien profonde, une confiance bien absolue dans la raison publique, pour conserver, au milieu des agitations qu'on cherchait à exciter, le calme qui seul nous maintient dans le vrai. Les faits cependant parlaient hautement d'eux-mêmes : depuis onze ans, je soutiens seul à Rome le pouvoir du Saint-Père, sans avoir un seul jour cessé de révérer en lui le caractère sacré du chef de notre religion. » Napoléon III arrivait ensuite au programme économique qu'il avait déjà fait connaître, et insistait sur la nécessité de développer la prospérité intérieure du pays. « La France, dit-il en terminant, ne menace personne : elle désire développer en paix, dans la plénitude de son indépendance, les ressources immenses que le ciel lui a données, et elle ne saurait éveiller d'ombrageuses susceptibilités, puisque de l'état de civilisation où nous sommes, ressort, de jour en jour plus éclatante, cette vérité qui console et rassure l'humanité, *que plus un pays est riche et prospère, plus il contribue à la richesse et a la prospérité des autres.* »

Les affaires d'Italie et les questions commerciales furent également dans les grands Corps de l'État l'objet principal des discussions. On ne connaissait pas jusque-là les délibérations du Sénat. Le gouvernement livra à la publicité plusieurs séances dans lesquelles cette Assemblée, composée d'hommes vieillis au service du pays, avait eu à se décider sur la question religieuse. Des pétitions, recouvertes de six mille trois cent quarante signatures, avaient sollicité l'intervention du Sénat auprès de l'Empereur en faveur de la puissance temporelle du saint-siége. M. de Royer, chargé du rapport, demanda l'ordre du jour après avoir longuement exposé la question italienne, et déclaré que cette question devait être laissée à la diplomatie. Les cardinaux Donnet, Mathieu, Gousset réclamèrent le renvoi au ministre des affaires étrangères et l'un d'eux, allant trop loin dans la défense du saint-siége, soutint que « les États de l'Église étaient la propriété commune et indivise de tous les catholiques du monde, parce que la liberté et l'indépendance spirituelle du pontife suprême étaient le bien, le droit et l'intérêt commun de tous ses enfants. » Ce fut M. Dupin qui se chargea de répondre aux orateurs ecclésiastiques. Il retrouva la verve éloquente de sa jeunesse pour défendre les seules opinions qu'il ait gardées invariablement, ses opinions gallicanes. Distinguant avec soin le temporel du spirituel, il limita et

précisa la question. Il exposa comment les Romagnes s'étaient séparées des États de l'Église. « La Providence, dit-il, a passé sur tous ces actes à l'ordre du jour et laissé s'accomplir des événements qui sont sans doute dans ses desseins éternels, » Puis il demandait si la France, après avoir combattu les Autrichiens, devait maintenant combattre les Italiens. « Et de quel droit? Au nom d'un prétendu droit de propriété commune des catholiques sur le domaine de saint Pierre, qui ferait des fidèles comme autant d'actionnaires du pouvoir temporel du saint-siége ! » Le Sénat, à la majorité de 114 voix contre 16, passa à l'ordre du jour et détruisit les espérances de ceux qui avaient compté s'en faire un appui pour activer l'agitation.

Une pétition concernant le droit d'existence, comme personne civile, des associations ou congrégations religieuses, souleva un débat plus vif encore. M. Dupin, rapporteur, exposa avec l'autorité d'un maître et la vivacité de son talent, la jurisprudence qui régissait la matière. Après avoir cité des chiffres il ajouta : « Oui, il y a infiniment plus de congrégations, d'associations et d'établissements religieux de toute nature et dénominations, qu'il n'y en avait sous l'ancien régime, à une époque où les conciles de l'Église, la politique de nos anciens rois et les édits de la puissance temporelle en avaient signalé l'excès et cherché à en réduire le nombre, ou du moins à l'empêcher de s'accroître; et cette fourmilière de congrégations se meut avec une liberté ou plutôt une licence d'action que l'ancienne législation avait sagement éprouvée, tandis que la législation actuelle et l'administration n'ont encore su y apporter aucun frein. » Le cardinal Mathieu défendit les congrégations religieuses soutenues avec ardeur par le baron de Vincent et le général de Castelbajac. M. Boulay de la Meurthe et le président de la Cour des comptes, M. Barthe, s'opposèrent aussi à tout remaniement de la loi. « Ce n'est pas la sévérité des lois, répliqua M. Dupin, que votre commission invoque, c'est le maintien de l'ordre légal. » M. Rouland, qui avait alors le portefeuille de l'instruction publique et des cultes, ajouta quelques paroles, non comme ministre, mais comme sénateur ; il maintint le droit pour l'État de surveiller les congrégations religieuses. Le Sénat vota le renvoi de la pétition au ministre de l'intérieur et au ministre des cultes. Cette publicité, accordée à des discussions qui répondaient aux préoccupations du moment, donnait lieu de penser que le gouvernement ne tarderait pas à ériger en principe cette exception et à mettre en communication permanente avec le public l'Assemblée du Luxembourg.

Au Corps législatif, la vérification de pouvoirs de quelques députés donna lieu à des débats plus animés que de coutume sur l'intervention du gouvernement dans les élections. Les excès de zèle des fonctionnaires furent vivement relevés par l'opposition. Profitant de la loi du contingent pour examiner la politique extérieure, les députés du côté droit, MM. Lemercier, Keller, Plichon firent une charge à fond contre le gouvernement piémontais et blâmèrent l'annexion des Romagnes. M. Jules Favre, au nom de la gauche, s'éleva contre la paix de Villafranca et plaida la cause de l'unité italienne. M. Baroche saisit habilement l'occasion de réfuter les orateurs catholiques par l'orateur démocratique et sut ne point engager par des déclarations prématurées la politique impériale.

L'opposition au traité de commerce fut plus vive : l'exclusion des fonctionnaires a amené à la Chambre un grand nombre de négociants et d'industriels qui se laissèrent guider dans l'appréciation de cet acte important par leurs intérêts personnels. M. Pouyer-Quertier combattit le libre échange et demanda, avec plusieurs de ses collègues, le maintien du régime protecteur. Les députés protectionnistes avaient cru que le gouvernement ne modifierait pas les tarifs sans un vote de la Chambre et s'étaient persuadés qu'on ne changerait rien au régime industriel dont ils se trouvaient bien. Il leur déplaisait fort d'être obligés de se préparer à soutenir la concurrence avec le commerce étranger. M. Baroche, qui avait pris part à la négociation et à la signature du traité de commerce, le défendit devant la Chambre. La souplesse de son talent, l'abondance et la facilité de sa parole, lui valurent un réel succès. Les députés de l'opposition démocratique ne manquèrent pas de profiter de la résistance que faisaient au gouvernement les députés de la majorité. Ils mirent une certaine malice à faire remarquer que le gouvernement avait, en signant seul le traité, usé d'un droit incontestable, et que les hommes qui, en 1852, avaient trouvé bon de réunir entre les mains du chef de l'État tous les pouvoirs, avaient

M. Rouland, ministre de l'instruction publique et des cultes de 1856 à 1863.

mauvaise grâce à se plaindre de l'usage qu'il en faisait. M. Émile Ollivier déclara qu'il aurait préféré que le traité vînt de l'initiative nationale. « Il avait donc éprouvé un regret ; mais s'il y avait là pour lui, pour ses amis, une décision délicate à prendre, en hommes consciencieux qui n'obéissent pas aux excitations de l'esprit de rancune, qui croient qu'au-dessus de toute chose planent la justice et la vérité, ils s'étaient demandé si le traité de commerce ne serait pas pour les classes ouvrières un bienfait tel, qu'ils devaient l'accepter malgré leurs réserves sur la manière dont il avait été conclu. »

Au Sénat, la même question fut débattue avec des développements non moins étendus, à propos d'une pétition de cinquante-six maîtres de forges. Le baron Dupin, M. Lefebvre-Duruflé, M. Michel Chevalier prirent part avec M. Baroche à ces débats, que termina un vote favorable au gouvernement, mais qui ne laissaient pas de jeter un grand jour sur des questions économiques, jusqu'ici trop peu étudiées. On critiqua moins le traité de commerce, parce qu'on le comprit mieux.

Le Corps législatif vota les lois que nécessitait son exécution, surtout le dégrèvement des matières pre-

Funérailles du prince Jérôme, ancien roi de Westphalie (3 juillet 1860). (Page 156, col. 1.)

mières : laines, cotons et indigos, sels et produits propres à la teinture, les lois destinées à donner au gouvernement, par le rachat de douze canaux, le moyen d'abaisser les frais de transport, la loi qui prêtait quarante millions à l'industrie, la loi sur les communaux. Les tarifs des objets de grande consommation, sucres, cafés, cacaos, thés, furent abaissés pour faciliter le développement de cette consommation.

La discussion du budget était la grande occasion pour le Corps législatif d'intervenir dans les affaires politiques. La gauche reproduisit toutes ses plaintes sur le régime de la presse, sur l'insuffisance des droits des représentants. L'équilibre du budget, profondé-

ment ébranlé par les réductions de droits, conséquences du traité de commerce, donna lieu à une étude très-approfondie, et des critiques assez vives s'élevèrent contre le système financier.

« La session fut close le 20 juillet. Prorogée à plusieurs reprises, elle avait duré près de cinq mois. Pendant cette période, le Corps législatif n'avait pas voté moins de deux cents lois, parmi lesquelles on comptait un grand nombre de mesures importantes et utiles. Il méritait donc bien le témoignage de satisfaction que lui accorda le gouvernement dans un article du *Moniteur*; pourquoi ne pas ajouter qu'il méritait également la gratitude du pays? Sans doute il demeu-

Arrivée de Leurs Majestés à Chamounix (2 septembre 1860). (Page 157, col. 2.)

rait encore exposé aux critiques amères des partis qui, tout entiers au souvenir des temps passés et ne tenant point compte de la situation présente, lui reprochaient son rôle effacé, terne, presque nul dans les grandes affaires de la politique ; mais ces critiques persistantes se trompaient d'adresse, et ce n'était point contre le Corps législatif qu'il convenait de les diriger. On ne pouvait équitablement demander à cette Assemblée rien autre chose que l'accomplissement honnête et laborieux de son devoir, dans les conditions qui lui étaient faites et avec le règlement qui lui était imposé. Les rapports des commissions, les débats publics, même à travers la pâle traduction d'un simple résumé, attestent que le Corps légis-

latif de 1860 a rempli ce devoir, et que plus d'une fois, se dérobant aux étreintes de son règlement, il a fait entendre des accents de fermeté et de dignité. Si la tribune n'était pas rétablie, le sentiment libéral, un moment assoupi, se réveillait peu à peu et s'essayait à revendiquer d'anciens droits. Ces symptômes n'étaient peut-être pas encore bien visibles aux yeux du public, mais ils n'en étaient pas moins réels ; on les observait ailleurs. L'attitude du Corps législatif pendant la longue session de 1860, était de nature à inspirer au gouvernement de sérieuses réflexions [1].

1. *Annuaire des Deux-Mondes*

Départ de LL. MM. et de leur suite pour une excursion à la mer de Glace (Page 157, col. 2.)

Excursion de LL. MM. à la mer de Glace, dans la vallée de Chamounix (3 septembre). (Page 157, col. 2.)

§3. ENTREVUE DE BADE; MORT DU PRINCE JÉRÔME (JUIN 1860); VOYAGES DE L'EMPEREUR (AOUT-SEPTEMBRE).

Jamais peut-être, depuis 1852, les préoccupations politiques n'avaient été si vives qu'au milieu de l'année 1860. Le pays se trouvait en pleine transformation économique; l'annexion de la Savoie nous aliénait l'Angleterre, les événements de Syrie faisaient craindre le réveil de la question d'Orient, Garibaldi révolutionnait l'Italie et allait peut-être allumer une guerre européenne. Toutes les nationalités tressaillaient au bruit des succès du hardi chef des *Mille*. Des Hongrois, des Polonais combattaient avec lui, mais avec l'espoir qu'il combattrait ensuite avec eux pour leur patrie. Les journaux, les brochures reproduisaient les rumeurs les plus diverses : on refaisait la carte de l'Europe, comme M. About, qui au moins égayait ses conceptions de traits pleins de malice. M. Prévost-Paradol crut pouvoir s'attaquer au gouvernement avec autant de liberté, mais plus sérieusement, dans sa brochure, *les Anciens partis*. Traduit en justice, il fut, malgré le plaidoyer de M. Dufaure, condamné à trois mille francs d'amende et à un mois d'emprisonnement.

Le 14 juin Paris célébra, nous l'avons dit, par une fête simple mais sincère, la réunion de la Savoie. Quelques jours après, le 24, mourait, au château de Villegenis, le prince Jérôme Napoléon, dernier frère de Napoléon Ier, l'oncle de l'empereur Napoléon III. Les funérailles eurent lieu à Paris, le 3 juillet, avec une pompe imposante. L'ancien roi de Westphalie fut enterré à l'hôtel des Invalides. L'évêque de Troyes, Mgr Cœur, prédicateur éminent, qui lui-même devait bientôt succomber, prononça l'oraison funèbre du prince Jérôme et s'éleva à une véritable éloquence. « Le frère de l'Empereur, dit-il, avait pu fermer les yeux, après avoir vu nos frontières reculées sans effort et presque d'elles-mêmes, et ainsi disparaissait naturellement, au milieu d'une gloire rajeunie, l'un des derniers restes de cette épo-

que héroïque dont s'était tant ému notre âge, et qui devait tourmenter jusqu'à la fin l'admiration curieuse de la postérité. »

Le 16 juin l'Empereur, pour éclaircir l'horizon po-litique et calmer la défiance de l'Allemagne, si prompte à s'alarmer, se rendit à Bade, où il rencontra le prince régent de Prusse, les rois de Wurtemberg, de Bavière, de Saxe, de Hanovre, les grands-ducs de Hesse-Darmstadt et de Saxe-Weimar, les ducs de Nassau et de Saxe-Cobourg. Ce fut presque un congrès de souverains. Il n'y eut pas seulement un échange de politesses, mais encore d'idées. L'empereur Napoléon expliqua sa politique, témoigna de son désir de conserver avec l'Allemagne des relations de bon voisinage et, afin de mieux prouver ses intentions pacifiques, proposa un traité de commerce avec le *Zollverein*, traité qu'on accepta.

Hommage rendu à l'Empereur, par les contingents de fantassins kabyles et des cavaliers des trois provinces de l'Algérie. — La Diffa (18 septembre.) (Page 159, col. 2.)

Au mois d'août l'Empereur, après avoir envoyé nos soldats en Syrie, voulut visiter nos nouvelles provinces ainsi que la Corse et l'Algérie. A Lyon, il prononça un discours qui ne manquait pas de fierté et qui s'adressait évidemment à l'Europe, où les progrès de la révolution italienne semblaient, malgré l'entrevue de Bade, devoir amener un rapprochement entre la Prusse et l'Autriche. A Aix, à Chambéry, l'Empereur fut accueilli avec le plus vif enthousiasme. Il signa les décrets qui devaient hâter le développement des voies de communication, l'embellissement des villes de la Savoie et voulut visiter tous les sites pittoresques qui désormais resteront acquis à la France. Il fit avec l'Impératrice une ascension à la mer de Glace qu'un artiste, chargé de la reproduire, décrit avec les détails les plus intéressants. Ce récit nous donnera une idée de l'aspect à la fois curieux et sublime des montagnes qui sont devenues nôtres.

« Le ciel est pur, dit M. A. Marc, et le soleil radieux. Nous saluons par des hourras cette splendide aurore. Nos montures sont sellées, harnachées, bridées, et à six heures moins un quart, la caravane impériale se met en marche. Un quart d'heure suffit pour traverser l'Arve, suivre, sur sa rive gauche, le fond de la vallée au milieu des prairies et des champs cultivés, et arriver au sentier, mille fois replié sur lui-même, par lequel on gravit le Montanvers. Ce sentier, assez praticable pour le piéton et la mule, n'offre que des aspects pittoresques. Partout des roches menaçantes, des sapins, des mélèzes, des bouleaux, une superbe espèce de bruyère à large feuille et à fleur rose, de rares oliviers de Bohème, le tout séparé par éclaircies de quelques pâturages. Quoiqu'elle soit encombrée de blocs épars et d'arbres renversés, j'étais si ravi de cette étrange route que je me confiai entièrement à ma mule et que je dessinais à califourchon tout ce qui me frappait au-dessus et au-dessous de moi, pendant que la mule cheminait à la grâce de Dieu et la bride sur le cou.

« Arrivés sur le plateau arrondi du Montanvers après deux heures et demie, tout le monde saute avec plaisir à bas de sa mule pour se réchauffer, les uns au grand feu de l'auberge, les autres en trépignant. De ce plateau on domine la mer de Glace, dont l'immense étendue ne frappe pas tout d'abord ceux même qui, habitués aux perspectives qu'offre le pays des hautes montagnes, en savent apprécier les distances. Quelques personnes même ont un petit air désappointé et contestent la durée de trois heures et quart nécessaire à la traversée du glacier. Cependant elles aperçoivent sur la rive opposée des hommes dont on leur a signalé la présence et qui ont en volume l'apparence de mouches, elles commencent à être moins incrédules.

« Du point où nous sommes, le spectacle est superbe. En face de nous la mer de Glace aux vagues immobiles ; le soleil, s'élevant doucement d'un océan de vapeurs, teint d'un rose pourpre le sommet des pics, dont la base flotte dans le brouillard : l'aiguille de Dru, que M. Joanne, dans son *Guide de la Savoie*, compare à un obélisque, mais quel obélisque ! l'aiguille Verte, au second plan ; puis l'aiguille du Moine, celle du Bochard, les aiguilles Rouges ; plus la dent du Midi, la pointe de Tennerouges, au nord et au sud l'aiguille de Charmoz. Au-dessus de ce grand lac découpé en miroir, les nuages se condensent en flocons d'écume et produisent l'effet d'un lac aérien, dont le lac terrestre semble le reflet. La vallée n'est plus qu'une surface plane et unie, coupée de loin en loin par quelques rugosités insignifiantes, formées par les villages. Quant aux maisons, elles apparaissent tout au plus comme des joujoux de Nuremberg rangés sur un tout petit espace par la main d'un enfant. Je n'insiste pas sur la magnificence de ce panorama, j'ai trop le sentiment de l'impuissance, je ne crois pas d'ailleurs que la plume ni le crayon puissent rendre avec exactitude ce grand tableau, dans lequel l'homme et ses œuvres disparaissent complétement pour céder toute la place à la nature !

« Cependant l'Empereur s'arme d'un bâton à pointe d'acier, terminé, à son extrémité supérieure, par une corne de chamois, et, donnant le signal de la descente, marche le premier, suivi de l'Impératrice aidée d'un guide qui lui donne la main ; les dames d'honneur, les officiers de la maison viennent ensuite, également aidés de leurs guides. Je prends mon rang, je veux dire la queue, et nous voilà dessinant un long lacet sur le flanc peu élevé, mais rapide et rocheux, que présente le Montanvers du côté de la mer de Glace. L'Empereur en tête et à moitié pente, prie plaisamment ceux qui suivent de ne pas jeter de pierres d'en haut, et chacun, mis à l'aise, fait de son mieux pour imiter l'Impératrice, qui, franchissant tous les obstacles, semble vouloir arriver la première sur le glacier.

« Du point où se trouvait, sur ledit glacier, le photographe, cette descente devait présenter un tableau tout composé, et d'autant plus heureux que personne ne pensait à poser. La file eût-elle été arrêtée par un signal, nul n'eût pu se déplacer en raison des difficultés du sol. Le général Fleury comprit tout de suite qu'il y avait quelque chose à faire, et il demanda au photographe s'il était prêt. Malheureusement nous étions beaucoup trop éloignés de l'artiste, et je me permis d'en faire l'observation. On se remet en marche et nous arrivons enfin sur le glacier, ouvrant partout ses immenses crevasses dont on ose à peine sonder les profondeurs. Ces crevasses s'étendent verticalement ; leurs surfaces internes, dont la couleur, à plusieurs mètres, est d'un bleu opale, plus bas devient plus sombre, plus bas encore d'un vert bouteille ; puis toujours plus bas l'absence de lumière donne le noir. L'œil ne percevant plus, l'oreille parle alors à l'imagination qui entend retentir au fond de ces abîmes insondables comme la voix formidable d'un torrent.

« Parvenue sur un grand carré de glace vers le tiers de la traversée, toute la caravane se groupe pour la pose, et le photographe, au cri de vive l'Empereur ! vive l'Impératrice ! commence son opération qui dure assez pour que l'Impératrice demande si ce n'est pas bientôt fini. L'objectif se ferme enfin, l'artiste remercie par le même cri de vive l'Empereur ! vive l'Impératrice ! et l'on se remet en route. Des guides armés de haches pour casser la glace en forme d'escaliers dans les endroits difficiles, sont invités par l'Impératrice à n'en rien faire. Sa Gracieuse Majesté est intrépide, elle se lance en avant et chacun la suit comme il peut, l'un tombe pile, l'autre tombe face, et tout le monde de rire. L'Impératrice parvient au sommet d'une des vagues les plus élevées, et si aiguë, que l'Empereur ne peut s'y placer.

« On appelle vainement le photographe. J'étais heureusement à une distance convenable d'où les groupes se disposaient à souhait pour un tableau. Je crayonnais avec empressement l'ensemble, et quelques minutes me furent accordées par Leurs Majestés avec une grâce qui m'obligeait à m'en montrer digne.

« Il est neuf heures et demie, on revient sur ses pas. Avant de franchir la rive, des guides font rouler, du milieu de la berge rapide, un énorme bloc de grès qui va, avec un bruit terrible, entraînant tout ce qu'il rencontre, se jeter au fond d'une crevasse ; on s'arrête un instant au bas de la berge où croissent quelques plantes médicinales, entre autres l'*arnica*, dont l'Impératrice cueille une fleur longtemps cherchée. On revient ensuite vers l'auberge où l'on retrouve toute la cavalerie de la montagne. Nous remontons à mulet, et, reprenant le sentier par lequel nous étions venus, nous commençons la descente après avoir jeté un regard sur ce magnifique fond de tableau dont, un instant auparavant, les premiers plans étaient animés par la grâce, la beauté, l'intrépidité d'une souveraine [1]. »

A Chambéry, l'Empereur avait été salué par MM. Farini et Cialdini, qui étaient venus aussi, nous l'avons dit, pour exposer à l'Empereur l'embarras du Piémont et la nécessité où allait se trouver Victor-Emmanuel d'intervenir pour diriger la révolution. Orange, Avignon, Arles, saluèrent tour à tour le souverain, qui admira de nouveau leurs monuments. A Marseille les fêtes furent splendides, et les acclamations vraiment méridionales. Le 10 septembre la chambre de commerce offrit à l'Empereur un banquet ; il en profita pour parler encore au pays, et il le fit avec plus d'abondance et d'éclat qu'à Lyon :

« Le banquet offert par la chambre de commerce, dit-il, me procure l'heureuse occasion de remercier publiquement la ville de Marseille de l'accueil chaleureux qu'elle a fait à l'Impératrice et à moi.

« Les démonstrations si unanimes d'attachement que

1. *Illustration*, 1860.

rous avons reçues depuis le commencement de notre voyage me touchent profondément, mais ne sauraient m'enorgueillir ; car mon seul mérite a été d'avoir une foi entière dans la protection divine comme dans le patriotisme et le bon sens du peuple français. C'est l'union intime entre le peuple et le souverain qui fait notre fo ce à l'intérieur comme à l'extérieur, et qui nous a pe nis, malgré de grandes difficultés, de ne jamais arrêter notre marche progressive. Ce désir du bien, cet élan vers tout ce qui est noble et utile ne sauraient se ralentir aujourd'hui que les circonstances sont plus favorables et que la tranquillité est le vœu de tout le monde. Si quelques murmures envieux viennent de loin frapper nos oreilles, ne nous inquiétons pas, ils se briseront contre notre indifférence, comme les vagues de l'Océan expirent sur nos côtes. Travaillons donc de toutes nos forces à développer les ressources de notre pays : les travaux de la paix ont à mes yeux des couronnes aussi belles que des lauriers. Dans l'avenir de prospérité et de grandeur que je rêve pour la France, Marseille tient naturellement une large place par son énergie et l'intelligence de ses habitants comme par sa position géographique. A proximité du port militaire de Toulon, *elle me semble représenter sur ces rives le génie de la France tenant d'une main l'olivier, mais sentant son glaive à son côté.*

« Qu'elle règne en paix sur cette mer, la cité phocéenne, par la douce influence du commerce ; qu'elle civilise par la multiplication des rapports, les nations barbares ; qu'elle resserre les liens des nations civilisées ; qu'elle engage les peuples de l'Europe à venir se donner la main sur les rives poétiques de cette mer, et ensevelir dans la profondeur de ses eaux les fautes jalouses d'un autre âge ; enfin, que Marseille se montre toujours telle que je la vois, c'est-à-dire à la hauteur des destinées de la France, et un de mes souhaits les plus ardents sera accompli. »

Au moment où la révolution et l'ancien régime engageaient une dernière lutte dans le champ clos de l'Italie, ces paroles pacifiques témoignaient que le conflit ne sortirait pas de la Péninsule. L'éloge que l'Empereur fit de Marseille et l'avenir qu'il rêvait pour elle n'avaient rien d'exagéré. Le développement de notre colonie africaine, le percement de l'isthme de Suez donneront évidemment à sa situation une importance nouvelle, et à son commerce un rapide essor. Rapprochée des Indes, port indispensable de la France et par la France de l'Allemagne, elle sera l'entrepôt de l'Europe du Nord et du Centre. Les riches produits de l'Asie viendront s'échanger plutôt à Marseille qu'à Londres, car ils éviteront la moitié du chemin et trouveront à Marseille la grande ligne de Paris à Lyon qui par ses nombreux rameaux rattachés aux lignes voisines, permettra une circulation continue et rapide aux cargaisons débarquées à la Canebière. Marseille comprend le rôle auquel elle est appelée : elle a plus que triplé l'étendue de son port, construit des quais magnifiques, et ne s'arrête pas dans son développement et dans ses embellissements. Si on peut, malgré l'énorme mélange d'hommes qui s'opère dans son sein, la préserver des influences épidémiques qui vinrent en 1865 la désoler encore, Marseille n'aura que des causes de prospérité.

L'Empereur visita Toulon et Nice, où les fêtes eurent surtout un caractère maritime. La Corse, berceau de la famille Bonaparte, fit, on le pense, à Napoléon III un chaleureux et triomphal accueil. C'était la première fois qu'un souverain de la France mettait le pied sur le sol algérien, aussi la colonie fut-elle heureuse d'une visite qui témoignait de la sollicitude qu'elle inspirait et reprit courage et espoir. L'Empereur posa la première pierre du boulevard qui longe la mer et qui reçut le nom de boulevard de l'Impératrice. Puis les contingents de fantassins kabyles et de cavaliers des trois provinces, tous les aghas et caïds en tête vinrent, pour rendre hommage au souverain, se livrer à une brillante fantasia ; douze escadrons de spahis firent une charge magnifique ; on eut des joutes, des chasses à la gazelle, à l'autruche et au faucon, le défilé des Touaregs à la face voilée. Enfin tous les goums, formant une immense ligne de bataille, se rapprochèrent majestueusement, fusil haut, bannières déployées, de l'éminence sur laquelle était dressée la tente de l'Empereur. Mettant pied à terre, les chefs vinrent tous ensemble présenter le cheval de *Gaada*, tout caparaçonné d'or et faire acte de soumission à l'Empereur. Sur ce théâtre grandiose ce spectacle était solennel et émouvant. Le bey de Tunis y assistait à côté de l'Empereur et de l'Impératrice.

La ville d'Alger offrit à l'Empereur un banquet, et Napoléon en profita pour adresser quelques bonnes paroles à l'Algérie : « Ma première pensée, dit-il, en mettant le pied sur le sol africain, se porte vers l'armée, dont le courage et la persévérance ont accompli la conquête de ce vaste territoire.

« Mais le Dieu des armées n'envoie aux peuples le fléau de la guerre que comme châtiment ou comme rédemption. Dans nos mains la conquête ne peut être qu'une rédemption, et notre premier devoir est de nous occuper du bonheur des trois millions d'Arabes que le sort des armes a fait passer sous notre domination.

« La Providence nous a appelés à répandre sur cette terre les bienfaits de la civilisation. Or, qu'est-ce que la civilisation? C'est de compter le bien-être pour quelque chose, la vie de l'homme pour beaucoup, son perfectionnement moral pour le plus grand bien. Ainsi, élever les Arabes à la dignité d'hommes libres, répandre sur eux l'instruction tout en respectant leur religion, améliorer leur existence en faisant sortir de cette terre tous les trésors que la Providence y a enfouis et qu'un mauvais gouvernement laissait stériles, telle est notre mission, nous n'y faillirons pas.

« Quant à ces hardis colons qui sont venus implanter en Algérie le drapeau de la France, et avec lui tous les arts d'un peuple civilisé, ai-je besoin de dire que la protection de la métropole ne leur manquera jamais? Les institutions que je leur ai données leur font déjà retrouver ici leur patrie tout entière, et en persévérant dans cette voie, nous devons espérer que leur exemple sera suivi et que de nouvelles populations viendront se fixer sur ce sol à jamais français.

« La paix européenne permettra à la France de se montrer plus généreuse encore envers les colonies ; et si j'ai traversé la mer pour rester quelques instants parmi vous, c'est pour y laisser comme trace de mon passage la confiance dans l'avenir et une foi entière dans les destinées de la France, dont les efforts pour le bien de l'humanité sont toujours bénis par la Providence. Je porte un toast à la prospérité de l'Afrique. »

_160_   HISTOIRE POPULAIRE CONTEMPORAINE

Bien pénétré de l'importance d'une colonie comme l'Algérie, l'Empereur promit de revenir. Il a largement tenu sa promesse en 1865.

L'Impératrice, qui avait suivi l'Empereur même au delà de la Méditerranée, ne put assister aux dernières fêtes : sa sœur, la duchesse d'Albe, venait de mourir dans tout l'éclat de la jeunesse et de la beauté. Ce malheur attrista le retour de la famille impériale, le 22 septembre. Quelque temps après, l'Impératrice partit seule pour un voyage d'automne en Écosse.

Fêtes arabes offertes à l'empereur dans la plaine de la Mitidja. — Chasse à l'autruche et à la gazelle (18 septembre). (Page 159, col. 2.)

§ 4. L'ENTREVUE DE VARSOVIE (SEPTEMBRE 1860).

C'est au retour de son voyage dans le Midi et en Algérie que l'Empereur (1ᵉʳ octobre) augmenta notre corps d'occupation à Rome pour démontrer à Garibaldi que notre intention était de ne pas laisser attaquer la Ville éternelle. S'il se contentait de quelques précautions, les souverains d'Autriche, de Prusse et de Russie s'inquiétaient davantage, et la révolution provoquait, comme toujours, les souverains à reformer la Sainte-Alliance.

L'Autriche était directement menacée dans la Vénétie ; elle craignait pour la Hongrie, et un soulèvement en Hongrie amènerait infailliblement une insurrection en Pologne. Or la Pologne était le lien qui unissait les trois puissances de l'Europe centrale, et on pouvait prévoir une coalition. On crut cette coalition formée dès qu'on apprit que l'empereur d'Autriche se rencontrerait à Varsovie avec l'empereur de Russie et le prince régent de Prusse. Cependant l'empereur Alexandre prit soin, avant de partir, de rassurer l'ambassadeur de France. « J'ai voulu m'expliquer avec vous, dit-il, sur les dispositions que j'apporterai à cette entrevue; je n'ai pas besoin de vous dire qu'elles seront amicales pour la France. Ce n'est pas de la coalition que je vais faire à Varsovie, mais de la conciliation. »

De son côté l'empereur Napoléon, comprenant combien il lui importait de ne pas laisser s'opérer un rapprochement trop étroit entre les grandes cours du continent, fit exposer dans un mémorandum les principes sur lesquels il réglerait sa conduite. L'Autriche cherchait à obtenir des autres puissances une promesse d'appui en cas de l'attaque de la Vénétie.

Le prince-régent, roi de Prusse le 3 janvier 1861 sous le nom de Guillaume Ier.

L'empereur Napoléon déclara que si le Piémont attaquait la Vénétie, il n'aurait pas l'appui de la France. C'était enlever toute raison d'être à l'intervention de la Prusse et de la Russie. Napoléon III ajoutait qu'il ne permettrait pas le rétablissement de l'état de choses qui existait avant la guerre d'Italie : la cession de la Lombardie ne saurait, en quelque éventualité que ce fût, être remise en question. Le Piémont viendrait-il à perdre les provinces qu'il avait acquises en dehors des stipulations de Villafranca et de Zurich, la réunion de la Savoie à la France ne pourrait non plus faire l'objet d'une réclamation. Le point important c'était la promesse de la France de ne pas suivre le Piémont dans ses aventures s'il commettait la folie d'en tenter de nouvelles. L'empereur de Russie se montra très-satisfait de ces déclarations et fut moins disposé à s'unir à l'Autriche.

L'entrevue des souverains eut lieu le 22 septembre, accompagnée de fêtes qui étaient un véritable défi et une insulte aux Polonais. Elle prit fin tout à coup le 26, à la nouvelle d'une maladie de l'impératrice douairière de Russie. On supposa, non sans raison, qu'un manifeste expliquant dans le journal le *Constitutionnel* (24 sept.) la politique française et une lettre de l'empereur Napoléon à l'empereur Alexandre, arrivée à Varsovie le 25, hâtèrent la nouvelle de la maladie de l'impératrice douairière et la dispersion des souverains.

De l'entrevue de Varsovie, le résultat le plus clair fut la confirmation du principe de non-intervention, que l'empereur Napoléon III ne respecta pas tout à fait en prêtant le concours de sa flotte à François II. Mais l'Empereur avait promis aux souverains de calmer le mouvement italien et rien n'était plus propre à dissiper les illusions que de laisser les volontaires et les Piémontais se heurter pendant quelque temps contre une redoutable citadelle.

Ce fut à la fin de cette année si remplie, quand tout péril de guerre avait disparu, que l'Empereur résolut d'apporter dans la politique intérieure des changements analogues à ceux qu'il avait apportés dans le régime industriel et commercial. Attentif aux moindres mouvements de l'opinion publique, il avait aperçu plusieurs symptômes qui l'avertissaient de modifier le système suivi jusque-là. L'importance des événements extérieurs avait excité de vives discussions. Ce besoin de discussions ne se reporterait-il pas bientôt sur les affaires intérieures? Le Corps législatif avait montré plus d'indépendance et la publicité accordée à quelques séances du Sénat avait été très-utile au gouvernement. La politique à l'égard de l'Italie, touchant à des problèmes délicats et suscitant d'ombrageuses susceptibilités dans le monde religieux, un large contrôle des actes du gouvernement apporterait la lumière sur les faits qui soulevaient tant de commentaires. Une discussion plus libre ne pouvait que dégager la responsabilité du gouvernement, lui indiquer la route dans laquelle la majorité du pays souhaitait de le voir marcher. D'ailleurs, le gouvernement savait que son attitude dans la question romaine altérait, à tort ou à raison, les sentiments du clergé à son égard. Ne devait-il pas alors ramener à lui le parti libéral pour mieux résister à l'agitation cléricale? Aussi bien la guerre d'Italie et les événements de Naples semblaient avoir réveillé partout les idées de liberté. L'empereur d'Autriche lui-même entrait décidément dans la voie constitutionnelle. Napoléon III, voyant bien plus loin que ses conseillers, pesait toutes ces considérations. Il se décida à ne pas se laisser devancer par le mouvement des esprits.

CHAPITRE XXIII.

ACCROISSEMENT DES LIBERTÉS PUBLIQUES.

§ 1. LE DÉCRET DU 24 NOVEMBRE 1860.

La population, tout en désirant des réformes, ne les attendait pas sitôt : elle ne saisissait pas l'ensemble de la situation comme le souverain qui la voyait de si haut. Aussi le dimanche, 24 novembre, ce fut-il avec une véritable surprise qu'on lut au *Moniteur* un décret, désormais célèbre, qui sans changer les bases de la Constitution, étendait les attributions des grands corps de l'État, assurait au contrôle plus de liberté et marquait un pas en avant vers le couronnement promis de l'édifice.

NAPOLÉON,

Par la grâce de Dieu, et la volonté nationale, Empereur des Français,

A tous présents et à venir, salut :

Voulant donner aux grands corps de l'État une participation plus directe à la politique générale de notre gouvernement et un témoignage éclatant de notre confiance,

Avons décrété et décrétons ce qui suit :

Art. 1er. Le Sénat et le Corps législatif voteront tous les ans, à l'ouverture de la session, une adresse en réponse à notre discours.

Art. 2. L'adresse sera discutée en présence des commissaires du gouvernement, qui donneront aux Chambres toutes les explications nécessaires sur la politique intérieure et extérieure de l'Empire.

Art. 3. Afin de faciliter au Corps législatif l'expression de son opinion dans la confection des lois et l'exercice du droit d'amendement, l'article 54 de notre décret du 22 mars 1852 est remis en vigueur, et le règlement du Corps législatif est modifié de la manière suivante :

Immédiatement après la distribution des projets de loi et au jour fixé par le président, le Corps législatif, avant de nommer sa commission, se réunit en comité secret; une discussion sommaire est ouverte sur le projet de loi, et les commissaires du gouvernement y prennent part.

La présente disposition n'est applicable ni aux projets de loi d'intérêt local ni dans le cas d'urgence.

Art. 4. Dans le but de rendre plus prompte et plus complète la reproduction des débats du Sénat et du Corps législatif, le projet de sénatus-consulte suivant sera présenté au Sénat :

Les comptes rendus des séances du Sénat et du Corps législatif, rédigés par des secrétaires-rédacteurs placés sous l'autorité du président de chaque Assemblée, sont adressés chaque soir à tous les journaux. En outre, les débats de chaque séance sont reproduits par la sténographie et insérés *in extenso* dans le journal officiel du lendemain.

Art. 5. Pendant la durée des sessions, l'Empereur désignera des ministres sans portefeuille pour défendre devant les Chambres, de concert avec le président et les membres du conseil d'état, les projets de loi du gouvernement.

D'autres articles de ce mémorable décret, et d'autres décisions qui le suivirent, modifièrent un peu le personnel ministériel. Le ministère de l'Algérie et des colonies fut supprimé, et les colonies furent de nouveau rattachées à la marine, dont M. le comte Prosper de Chasseloup-Laubat eut le portefeuille en remplacement de l'amiral Hamelin, nommé grand chancelier de la Légion d'honneur. Le maréchal Pélissier, duc de Malakoff, reçut le gouvernement général de l'Algérie reporté à Alger. M. le comte Walewski succéda à M. Fould au ministère d'État, et on lui confia les établissements littéraires qui ne touchaient pas directement à l'enseignement et qui étaient distraits du ministère de l'Instruction publique. MM. Billault, Magne et Baroche étaient nommés ministres sans portefeuille, et chargés de défendre devant les Chambres la politique impériale. M. le comte de Persigny, ambassadeur de France à Londres, vint prendre le ministère de l'intérieur. M. de Forcade la Roquette fut, bien que très-jeune, appelé au ministère des finances.

Le décret du 24 novembre causa une satisfaction générale. Non-seulement il y avait de la grandeur et de la sagesse dans cette concession spontanée, mais la concession était sérieuse, on obtenait même plus que ce que les journaux libéraux avaient d'abord demandé. Les grands corps de l'État pourraient se prononcer, après des débats approfondis, sur la politique du gouvernement, la création de ministres sans portefeuille indiquait que le gouvernement se mettait directement en contact avec les représentants du pays. Des hommes connus par la vivacité de leur lutte contre le gouvernement, déclarèrent qu'il y avait dans le décret du 24 novembre une grande et libérale réforme. M. Prévost-Paradol ajoutait : « Quel est le devoir de l'opinion libérale ? Quand nous avons répété sans cesse que nous mettions l'extension de nos libertés au-dessus de tout le reste, et que nous demandions avant toute chose le gouvernement de la nation par la nation, avons-nous joué la comédie ? Le pays nous regarde aujourd'hui et est prêt à nous juger. Sachons-le bien : ne pas accepter loyalement ce que nous avons demandé, ne pas en faire un honnête usage, ce serait nous exposer à la juste sévérité de la nation. »

Mais on a dit : « Chassez le naturel, il revient au galop ; » on en eut bientôt de nouvelles preuves. Les hostilités un moment calmées reparurent, et M. de Persigny qui débuta par une circulaire vivement applaudie, revint malgré lui à un fréquent usage du pouvoir discrétionnaire. Toutefois la tendance générale du gouvernement fut libérale, et les conséquences du décret du 24 novembre se sont développées progressivement, bien qu'avec trop de lenteur.

M. de Persigny dans sa première circulaire fit un appel conciliateur aux serviteurs des anciens gouvernements. « Beaucoup d'hommes honorables et distingués des anciens gouvernements, dit-il, tout en rendant hommage à l'Empereur pour les grandes choses qu'il a accomplies, se tiennent encore à l'écart par un sentiment de dignité personnelle. Témoignez-leur les égards qu'ils méritent ; ne négligez aucune occasion de les engager à faire profiter le pays de leurs lumières et de leur expérience, et rappelez-leur que s'il est noble de conserver le culte des souvenirs, il est encore plus noble d'être utile à son pays. » On loua vivement ces paroles ; mais l'histoire, en les approuvant en elles-mêmes, ajoutera qu'elles n'ont pas été suivies par le ministre qui les a prononcées.

Tous les avertissements qui pesaient sur les journaux furent levés, mais on ne changeait rien au système administratif qui régissait la presse. M. de Persigny que son long séjour à Londres avait mis fort au courant des mœurs et de l'histoire d'Angleterre, compara très-savamment l'état de la France à l'état de l'Angleterre après 1688. « Que les partis, disait-il, mettent hors de discussion le principe du gouvernement et la dynastie, et on pourra leur donner la liberté de la presse. » Le raisonnement était juste, la condition raisonnable. « Que les abus dans la société ou dans le gouvernement soient mis au jour, ajoutait M. de Persigny, que les actes de l'administration soient discutés, que les injustices soient révélées, que le mouvement des idées, des sentiments et des opinions contraires, vienne éveiller partout la vie sociale, politique, commerciale et industrielle, qui pourrait raisonnablement s'en plaindre ? Mais s'il y a des partis qui se proposent non plus de faire pénétrer leurs idées, leurs doctrines, leurs sentiments dans le gouvernement de l'État, mais de renverser l'État lui-même, d'opposer au gouvernement tel autre gouvernement, à la dynastie telle autre dynastie ; alors, quelle que puisse être la faiblesse de ces partis, le respect de la volonté nationale, l'intérêt public et la loi ne permettent pas de laisser entretenir des passions hostiles à l'ordre établi. » Heureuse la presse si M. de Persigny eût fidèlement observé ses propres préceptes et n'eût poursuivi que les hostilités dynastiques.

L'année 1860, marquée au commencement et à la fin par deux importantes réformes intérieures, se terminait aussi à l'extérieur par des succès. Dans le dernier mois on reçut les relations de nos victoires en Chine. Si nos pères lisaient avec avidité les bulletins datés de Smolensk et de Moscou, nous n'avons pas lu avec moins d'empressement et d'orgueil des bulletins datés de l'antique capitale du Céleste Empire. Nous raconterons bientôt dans ses détails cette expédition de Chine, un des faits les plus curieux de l'histoire du dix-neuvième siècle. En Europe nos troupes pacifiaient la Syrie et calmaient d'affreuses misères, noble mission dont nos soldats avaient droit d'être aussi fiers que des plus beaux succès. Notre armée protégeait toujours à Rome le Souverain Pontife, et contenait dans ses rapides enraînements la révolution italienne. Ainsi notre pays, en 1860, s'était au dedans amélioré, converti à la liberté commerciale, rapproché de la liberté politique ; au dehors il n'avait pu maintenir les stipulations de Villafranca, mais le mouvement italien lui avait valu une nouvelle province, l'expédition de Syrie un nouveau prestige en Asie, l'expédition de Chine de belles victoires et de sérieux avantages dans l'extrême Orient. Nous avions donc raison de dire que cette année fut bien remplie, glorieuse et en même temps fructueuse.

§ 2. SESSION LÉGISLATIVE DE 1861 ; L'ADRESSE AU SÉNAT ;
DISCOURS DU PRINCE NAPOLÉON.

L'année 1861, moins féconde, retentit de graves discussions. Les Chambres inaugurèrent par les débats les plus intéressants le nouveau régime qui leur était fait. Avant leur réunion, un des principaux sujets de préoccupation fut le procès des fils Patterson contre les fils du prince Jérôme pour revendiquer leur part dans la succession de l'ancien roi de Westphalie. Toute la question était dans la validité du premier mariage contracté aux États-Unis par le prince Jérôme, ma-

Ouverture de la session du Corps législatif. (4 février 1861.) Page 166, col. 1.

riage qui avait été déclaré nul. Elle fut décidée par les tribunaux, comme elle l'avait été par le conseil de la famille impériale, en faveur des enfants de la princesse Catherine de Wurtemberg.

Le prince Napoléon au Sénat. (Séance du 1er mars 1861.) Page 166, col. 2.)

Le désastre et l'arrestation du banquier Mirès, fondateur de la Caisse des chemins de fer, émut plus vivement l'opinion : c'était un des plus éclatants exemples de l'inconstance de la fortune, une sévère leçon pour les financiers, un triste épisode des luttes ardentes qui s'engagent entre les spéculateurs. C'était en même temps une déplorable révélation du matérialisme de notre temps. Le drame judiciaire qu'occasionna cette arrestation dura quatorze mois (février 1861 — avril 1862); la cause passa devant toutes les juridictions. Mirès, par son énergique défense, avait peu à peu ramené à lui l'opinion; néanmoins l'étonnement fut général, l'année suivante, lorsqu'on le vit acquitté par la cour impériale de Douai. La cour de Cassation annula, mais au point de vue juridique seulement, l'arrêt de la cour de Douai.

La réception du P. Lacordaire à l'Académie française avait été une plus sérieuse et plus élevée distraction. Un protestant, M. Guizot, accueillant au sein de la docte Compagnie un dominicain, c'était un contraste bien propre à intéresser l'auditoire d'élite qui se pressait sous la coupole de l'Institut et qui applaudit avec enthousiasme les deux orateurs, modèles d'éloquence dans des genres si différents.

Le Sénat se réunit avant le Corps législatif (22 janvier) pour délibérer sur le sénatus-consulte annoncé dans le décret du 24 novembre. Les comptes rendus des séances des Chambres, rédigés officiellement, devaient être chaque soir adressés aux journaux, qui seraient libres aussi de reproduire les séances *in extenso*, telles que le *Moniteur* les donnerait, mais sans pouvoir y rien retrancher et sans choisir les discours. On prenait ces précautions pour empêcher la mauvaise foi politique, trop fréquente sous les anciens gouvernements, de dénaturer la physionomie des séances et de ne reproduire que les discours qu'on approuvait sans y joindre la réponse des adversaires. Le sénatus-consulte n'assurait pas seulement la publicité des discours, mais encore la loyauté dans cette publication; à ce titre surtout il est remarquable. On aurait désiré que le droit des journaux à discuter les opinions des orateurs fût nettement défini, mais le président du Sénat, M. Troplong, dans son rapport, inclina plutôt vers la restriction que vers l'extension des conséquences des réformes. A la fin de janvier (29) un avertissement donné au *Courrier du Dimanche* prouva que le ministère de l'intérieur n'entendait point renoncer au droit dont l'avait investi le décret du 17 février 1852. M. de Persigny donna même une plus sévère leçon au rédacteur en chef, M. Grégory Ganesco, en l'expulsant de France comme étranger : M. Ganesco était Valaque. On le laissa néanmoins rentrer quelque temps après. Si les rigueurs sont toujours regrettables, il faut dire qu'un étranger est doublement coupable de se mettre au service des partis politiques et de troubler un pays où il jouit de l'hospitalité.

Le 4 février, l'Empereur ouvrait, au Louvre, dans la salle des États, la session législative de 1861, avec la pompe accoutumée. Il déclara qu'ayant l'intention de faire présenter aux Chambres un exposé détaillé de la situation de l'Empire, il indiquerait sommairement ses principaux actes. Il insista sur les réformes introduites dans la Constitution, et compara la Constitution impériale à celle des anciens gouvernements.

« Autrefois, dit-il, vous le savez, le suffrage était restreint. La Chambre des députés avait, il est vrai, des prérogatives plus étendues; mais le grand nombre de fonctionnaires publics qui en faisaient partie donnait au gouvernement une action directe sur ses résolutions. La Chambre des pairs votait aussi les lois, mais la majorité pouvait être à chaque instant déplacée par

l'adjonction facultative de nouveaux membres. Enfin les lois n'étaient pas toujours discutées pour leur valeur réelle, mais suivant la chance que leur adoption ou leur rejet pouvait avoir de maintenir ou de renverser un ministère. De là peu de sincérité dans les délibérations, peu de stabilité dans la marche du gouvernement, peu de travail utile accompli.

« Aujourd'hui toutes les lois sont préparées avec soin et maturité par un conseil composé d'hommes éclairés qui donnent leur avis sur toutes les mesures à prendre. Le Sénat, gardien du pacte fondamental, et dont le pouvoir conservateur n'use de son initiative que dans les circonstances graves, examine les lois sous le seul rapport de leur constitutionnalité; mais, véritable cour de cassation politique, il est composé d'un nombre de membres qui ne peut être dépassé. Le Corps législatif ne s'immisce pas, il est vrai, dans tous les détails de l'administration, mais il est nommé directement par le suffrage universel, et ne compte dans son sein aucun fonctionnaire public. Il discute les lois avec la plus entière liberté; si elles sont repoussées, c'est un avertissement dont le gouvernement tient compte, mais ce rejet n'ébranle pas le pouvoir, n'arrête pas la marche des affaires, et n'oblige pas le Souverain à prendre pour conseillers des hommes qui n'auraient pas sa confiance. Telles sont les différences principales entre la Constitution actuelle et celle qui a précédé la révolution de Février.

« Épuisez, Messieurs, pendant le vote de l'adresse, toutes les discussions suivant la mesure de leur gravité, pour pouvoir ensuite vous consacrer entièrement aux affaires du pays, car si celles-ci réclament un examen approfondi et consciencieux, les intérêts à leur tour sont impatients de solutions promptes. »

Les Chambres suivirent le conseil de l'Empereur, car on peut dire que le vote de l'adresse fut une revue rétrospective, aussi longue qu'animée, de la politique du gouvernement, un vaste procès où toutes les opinions se produisirent avec une pleine liberté.

La discussion de la première adresse fut sans contredit plus brillante au Sénat qu'au Corps législatif, bien que dans cette dernière assemblée elle ne manquât pas d'un certain éclat. Le Sénat se composant d'hommes vieillis dans les fonctions publiques, on y rencontrait plus de talents qu'au Corps législatif, composé en grande partie d'hommes nouveaux, d'hommes d'affaires, plus compétents dans les questions politiques qu'habiles à manier la parole dans les tournois politiques. M. le marquis de la Rochejaquelein ouvrit le feu par un acte d'accusation contre la politique de Victor-Emmanuel et M. de Cavour. Il blâma la patience du gouvernement français, et demanda que le Sénat se prononçât en faveur du Saint-Siège. M. de Heeckeren exprima les mêmes idées, qui parurent obtenir la sympathie de la majorité du Sénat, corps essentiellement conservateur et ami des antiques pouvoirs. M. Piétri combattit résolument les opinions de M. de la Rochejaquelein et de M. de Heeckeren. Mais la séance du 1er mars offrit l'intérêt le plus vif et eut un immense retentissement en France et en Europe. On vit un prince de la famille impériale user de son droit de sénateur pour intervenir dans le débat et énoncer des opinions qui n'étaient nullement d'accord avec les théories du gouvernement. Le prince Napoléon, d'un caractère ardent et impétueux, se jeta dans la discussion avec une fougue toute juvénile et une franchise qui sautait par-dessus toutes les considérations de rang et de prudence. « Messieurs les sénateurs, dit-il, hier, en arrivant à la séance, je ne m'attendais pas à la discussion violente et passionnée que j'ai entendue; je croyais arriver dans une assemblée modérée, où les différentes questions intérieures ou extérieures qui préoccupent les hommes politiques auraient été discutées avec calme et modération : je me trompais. Vous avez pu juger de la violence de la *brochure* que notre honorable collègue M. le marquis de la Rochejaquelein, a lue devant vous ; elle émane évidemment d'un saint concile légitimiste et clérical (*Rumeurs*), car elle ne fait que reproduire les arguments développés depuis plusieurs mois dans les feuilles qui représentent ce parti, et tous ses arguments se trouvent dans les mandements de certains évêques dont je ne parlerai pas, parce que l'un d'eux est en ce moment déféré par le gouvernement au conseil d'État. »

Le prince parlait du mandement de Mgr Pie, évêque de Poitiers, qui n'avait pas craint de s'attaquer même au chef de l'État, par une comparaison blessante. Ce mandement, du 21 février, fut condamné et supprimé par le conseil d'État, le 30 mars. Le prince Napoléon prit ensuite à parti M. de Heeckeren, qui dans son discours avait fait, à propos de la famille du roi de Naples, des allusions dont le public avait bien saisi la portée.

« Si l'honorable M. de Heeckeren, dit le prince, a voulu faire une allusion, je la relèverai, car nous sommes ici pour dire la vérité, sans arrière-pensée, librement, franchement. Cette allusion, elle retombe sur la famille des souverains qu'il voulait défendre. Si dans toutes les familles souveraines, il y a des divergences d'opinion, des appréciations et des opinions personnelles différentes, elles ne doivent se manifester que pendant les jours heureux et aux époques de succès, mais jamais dans le malheur. (*Très-bien! Très-bien!*) Dans le malheur, il n'y a qu'un devoir qui domine tous les autres, et ce devoir, c'est de rester unis. (*Très-bien! Très-bien!*)

« Dans la famille de l'Empereur, nous avons vu, à une certaine époque, des divergences intérieures, nous avons vu son frère Lucien se séparer de lui sur diverses questions ; mais, dans les Cent-Jours, il était à côté de lui. (*Nouvelle et vive approbation.*)

« Dans l'avenir, si des jours de malheurs viennent jamais, soyez-en sûrs, l'histoire n'aura pas à enregistrer une trahison ... (*Bravo! Bravo! Applaudissements*) comme dans la maison de Bourbon ; alors les Napoléons ne formeront qu'un faisceau pour faire face au danger. » (*Bravo! Bravo! — Nouveaux applaudissements. — Mouvement prolongé.*)

Abordant ensuite la question italienne, le prince Napoléon défendit la politique de M. de Cavour, à laquelle il ne reprocha que d'avoir manqué de franchise. Citant avec abondance les dépêches diplomatiques, il fit pendant plusieurs heures, avec une verve qui ne ménageait rien et excitait parfois les susceptibilités de l'assemblée, l'histoire de la révolution italienne : il fit le procès au gouvernement du roi de Naples et au Saint-Siége. Sa conclusion plus radicale encore que celle de la fameuse brochure, *le Pape et le Congrès*, ne laissait au pape qu'une moitié de Rome, la rive droite du Tibre. Rome devenait la capitale de l'Italie. Cette opinion excita de vives réclamations dans le Sénat,

mais la vigueur de la démonstration, la chaleur, la forme alerte du discours, et l'intempérance même du langage valurent au prince un réel succès oratoire que M. de Persigny s'empressa d'annoncer par le télégraphe à tout l'Empire.

Ce discours était un événement considérable. On pouvait, à raison de la situation élevée du prince, le regarder comme l'expression de la pensée du gouvernement. M. Billault, dans la séance suivante, tout en rendant hommage au talent du prince, se hâta de déclarer que les organes officiels du gouvernement avaient seuls mission d'exposer sa politique et d'engager sa parole. M. Billault voyait se rouvrir devant lui l'arène où il avait autrefois déployé un si rare talent : les luttes politiques. Cette fois il parlait non plus en homme d'opposition, mais en homme de gouvernement. Et même son rôle était plus grand que celui des ministres sous Louis-Philippe : il ne défendait pas seulement sa politique, il ne combattait pas pour lui-même ; il était l'avocat du Souverain responsable, il avait à exposer, à justifier toute la politique impériale. M. Billault comprit parfaitement sa position : son talent parut, même à ses adversaires grandi à la fois de la maturité qu'apporte le long maniement des affaires et de l'autorité que donne la conscience d'une noble mission à remplir. Il retraça, avec une vigoureuse précision, mais aussi avec une habile modération, l'histoire des événements que les défenseurs et les adversaires du Saint-Siége et de l'Italie avaient, sous l'empire de passions opposées, faite bien incomplète et bien partiale. Le ministre s'appliqua à tenir la balance égale entre le Piémont et le Saint-Siége, distribuant tour à tour le blâme aux hommes d'État de Turin et aux cardinaux de Rome. Il dégagea la responsabilité du gouvernement de la révolution italienne, mais aussi il repoussa la conclusion du prince Napoléon. Il termina en faisant un éloquent panégyrique de la politique impériale.

« Maintenant, dit-il, que l'adresse préparée par votre commission s'associe largement, nettement, franchement, et au passé de la politique de l'Empereur en l'approuvant, et à l'avenir en déclarant votre confiance, quel sera votre vote? Des passions politiques et des passions religieuses, qui ne sauraient pénétrer dans cette enceinte, attaquent indignement et outragent l'Empereur; elles ne parlent que d'hypocrisie, de mensonge ; elles s'abritent sous des allusions odieuses que l'on ne craint pas d'emprunter au texte même de nos livres sacrés. (*Mouvements divers.*)

« En présence de ces audaces, il devient nécessaire qu'une déclaration solennelle du Sénat arrête de pareilles attaques; il devient nécessaire que vous en rappeliez les auteurs au respect qu'ils doivent au souverain que la France s'est donné. Ils affectent d'oublier tous les services rendus par l'Empereur au Saint-Père et à la religion: le Saint-Père rétabli sur son trône, et gardé par nous depuis onze ans, entouré de tous nos respects et de tout notre dévouement; la croix catholique relevée par nos armes jusqu'aux extrémités de l'Orient; les chrétiens protégés par nous en Syrie ; à l'intérieur, la religion protégée, favorisée, respectée, environnée de toute la bienveillance, de tous les égards du pouvoir. (*C'est vrai!*) Il n'est pas une circonstance où l'Empereur n'ait manifesté de la façon la plus énergique son respect pour l'Église, son affection pour le Souverain Pontife.

« *Un sénateur.* Oui, plus qu'aucun monarque.

« *M. le ministre.* Il a choisi le Pape pour parrain de son fils, sur lequel reposent les destinées futures de nos enfants.

« On oublie tout ce qu'il a fait, et que les autres n'ont rien fait; on préfère leur inertie à la bienveillance si active et si réelle de la puissance française. Et on voudrait qu'il sacrifiât aux préoccupations qu'on proclame, tous les autres grands intérêts de la France, et surtout l'indépendance et la liberté de l'Italie! Non, messieurs, il ne le fera pas! il ne fera pas à lui-même, et en même temps à la religion, un pareil dommage! Il se gardera de reconnaître que la religion catholique est incompatible avec les grandeurs de la politique et les grandeurs de la liberté.

« Repoussez donc, par une adhésion nette et franche au projet d'Adresse, repoussez, par une approbation éclatante, par une déclaration précise et solennelle, ces indignes outrages dont l'Empereur est aujourd'hui l'objet. Quant à lui, je ne sais pas si son noble cœur en est blessé; mais je sais qu'ils n'altéreront en rieu ni sa foi ni sa politique, et vous pouvez tenir pour cer-

M. Forcade de la Roquette, ministre des finances (24 novembre 1861-14 novembre 1862).

tain qu'avec cette fermeté, cette prudence, cette persévérance à laquelle l'Europe tout entière rend un juste hommage, il continuera de défendre et les intérêts de l'Église, et les intérêts de la liberté italienne, et les intérêts de la paix du monde, et surtout ceux dans lesquels se confondent pour lui tous les autres intérêts, les grands et légitimes intérêts de la France. » (*Nombreuses et très-vives marques d'approbation.*)

Ce discours termina la discussion générale; mais lorsqu'on en vint aux différents articles du projet d'Adresse, le débat recommença plus vif et plus ardent. La question se précisa. Un certain nombre de sénateurs voulurent ajouter quelques mots à une phrase de l'Adresse, y ajoutant l'expression de *souveraineté temporelle*, qui eût été comme une promesse de garantir le maintien de cette souveraineté. Un autre amendement voulait qu'on avertît l'Italie « de tenir compte des souvenirs de Magenta et de Solférino. » Les cardinaux Mathieu, Donnet, de Bonald soutinrent les amendements. Le général de Castelbajac et le général Gémeau les appuyèrent. La discussion devint bientôt confuse; il n'en resta guère que ces paroles du général Gémeau, entendues au milieu du bruit: « Quand je tombai sur le champ de bataille de Waterloo, j'obéissais à ma conscience de soldat; aujourd'hui j'obéis à ma conscience de chrétien. » M. Rouland crut devoir par quelques paroles rappeler ses collègues au calme qui convient à une aussi grave assemblée. Les mots sévères pour l'Italie ne furent pas adoptés. Mais sur l'expression de souveraineté temporelle les avis furent bien plus partagés. Le président de la Cour des comptes, Barthe, plaida très-habilement, et avec une vigueur que relevait la modération, la cause du Saint-Siége. Il approuvait la guerre d'Italie; il reconnaissait, en les déplorant, les faits accomplis, mais il entendait que le pape demeurât à Rome, et voulait que le Sénat se prononçât hautement sur ce point. M. Billault eut fort à faire pour répondre à M. Barthe. Il ne pouvait réfuter les argu-

ments de son discours qui se rapprochaient de ceux qu'il avait lui-même donnés. Il s'efforça de ramener à lui la confiance du Sénat en retraçant tout ce que le gouvernement avait fait pour le Saint-Siége : il démontra l'impossibilité d'une guerre contre l'Italie; il déclara que dans une question aussi délicate le gouvernement ne pouvait engager l'avenir et se lier les mains. On ne pouvait mettre en doute les sentiments de l'Empereur envers le Saint-Siége, puisque nos troupes restaient à Rome : il fallait accepter le témoignage et avoir confiance. Néanmoins 61 voix soutinrent l'amendement rejeté par 71 suffrages. Ce vote

M. Keller.

causa une vive impression, car il indiquait combien le pouvoir temporel avait de partisans déterminés au Sénat.

La politique intérieure donna lieu à de moins longues discussions. M. de Boissy cependant se félicita des réformes du 24 novembre, et parut même demander davantage. Disons tout de suite, comme l'*Annuaire des Deux-Mondes*, « que M. de Boissy parla à peu près sur chaque paragraphe avec une facilité très-distincte de l'éloquence et avec une témérité d'expressions qui provoquèrent tour à tour l'hilarité et les mouvements d'impatience de l'assemblée. C'était bien l'ancien orateur terrible de la Chambre des Pairs ressuscité au

Sénat, où il semblait destiné à jouer le même personnage, interpellant les ministres, cherchant querelle au président, bravant les rappels à l'ordre, parlant à propos de tout, se jetant à la traverse des débats les plus graves sans les éclairer aucunement, et de temps à autre se faisant pardonner son intempérance oratoire par quelque bonne malice, par une saillie heureuse, qui désarmait ses collègues; discoureur infatigable, jamais gêné, quelquefois gênant, presque toujours inopportun et importun. »

M. Dupin, prenant texte de l'arrestation du banquier Mirès, s'éleva contre les abus du crédit et de l'agiotage, et rappela aux hommes publics qu'ils devaient refuser leur concours aux hommes d'affaires. Le comte Siméon, sénateur, un des administrateurs de la Caisse des chemins de fer, déclara qu'il n'était pour rien dans les spéculations de Mirès, et qu'il avait cru faire chose utile en participant à une grande entreprise utile au pays. M. Billault, s'associant aux sentiments de M. Dupin, annonça qu'une enquête sévère avait été ordonnée, et que justice serait faite des coupables, quels qu'ils fussent. Le public lisait avec intérêt toutes ces discussions qui touchaient aux préoccupations du moment, mais il blâma le Sénat d'avoir rejeté un amendement qui signalait l'insuffisance des encouragements accordés aux lettres et aux arts.

§ 3. LE CORPS LÉGISLATIF.

Au Corps législatif la discussion sur la question italienne reproduisit les arguments donnés au Sénat. MM. Kolb-Bernard, Plichon et Keller attaquèrent dans des discours passionnés jusqu'à la violence la politique du gouvernement piémontais et du gouvernement français. M. Anatole Lemercier se fit également le champion des vaincus de Castelfidardo. M. Jules Favre, se plaçant à un point de vue opposé, fit dans le plus brillant langage un éloquent plaidoyer en faveur de l'unité italienne. M. Granier de Cassagnac et le ministre M. Baroche s'attachèrent à rétablir le véritable caractère des événements. M. Billault, dans une dialectique sévère, opposa les discours de la droite à ceux de la gauche, et enferma la Chambre dans un dilemme en lui demandant s'il fallait sacrifier l'unité de l'Italie au Saint-Père, ou le Saint-Père à l'unité de l'Italie. Le président de la Chambre, M. de Morny, crut devoir intervenir lui-même dans le débat et demander un vote de confiance pour le gouvernement. « La confiance, dit-il, ne définit point, ne limite point. Le gouvernement, en face des difficultés qu'il a à résoudre, a besoin de la plus grande liberté. » Puis indiquant que ce ne serait point dans le sens réactionnaire que cette liberté aurait à se mouvoir, il ajouta ces paroles, bien dignes d'être conservées par l'histoire : « L'opinion en France est profondément libérale, permettez-moi de la définir. Elle ressemble à ces lames d'acier que l'on courbe, et dont la pointe vient toucher la garde ; dès qu'on la lâche elle redevient rigide et reprend sa direction première. Eh bien ! la France a éprouvé bien des déboires, bien des déceptions, elle s'est plus d'une fois jetée sans réserve dans les bras de ceux qui la lacéraient ; elle a applaudi souvent aux mesures réactionnaires, exceptionnelles, oppressives même ; mais une fois le calme et l'ordre rétablis, une fois le pays remis de ses émotions et rendu à lui-même, l'opinion de la France, soyez-en sûrs, se révèle profondément libérale. » Le vote de confiance fut accordé.

La politique intérieure fut plus sérieusement examinée qu'au Sénat. M. Pouyer-Quertier revint sur le traité de commerce. Les cinq députés de l'opposition démocratique, par plusieurs amendements, demandèrent l'abrogation de la loi de sûreté générale, la liberté de la presse, l'élection des maires, la suppression des candidatures officielles. M. Jules Favre, avec sa verve intarissable et souvent amère, M. E. Picard avec son esprit mordant, M. Émile Ollivier avec sa parole savante, habile, modérée, souvent éloquente, défendirent

avec plus de talent que de succès leurs divers amendements que la majorité repoussait à l'unanimité. M. Picard réclamait pour Paris l'élection du conseil municipal. M. Billault s'attacha à le réfuter, et lui adressa ces fières paroles : « L'honorable M. Picard, en rappelant que Paris était aux Parisiens comme la France est aux Français, nous a dit : « Quand nous rendrez-vous Paris ? » Eh bien ! voici ma réponse : « Nous ne vous le rendrons pas. — Nous le reprendrons, s'écrie M. Picard. — Vous le reprendrez ? répond M. Billault. Si c'est avec la majorité de la Chambre, vous attendrez longtemps. Si c'est avec la force, vous attendrez toujours. »

Sur la question financière le gouvernement rencontra plus de critiques. Le Corps législatif réclamait plus de liberté de contrôle : il voulait voter les fonds non plus par ministère, mais par chapitres. Le vote par ministère était gênant. Si les députés n'approuvaient pas une dépense, ils se voyaient contraints de rejeter tous les crédits d'un ministère. Un amendement de la gauche soutenu par M. Darimon fut écarté, mais un amendement de M. Devink rencontra de nombreux adhérents. M. Magne, ancien ministre des finances, ministre sans portefeuille, défendit le gouvernement ; mais pour écarter l'amendement, il dut promettre qu'on tiendrait compte du désir exprimé par le Corps législatif sur le vote par chapitres, et que la question serait examinée. C'était capituler, et l'amendement, n'ayant plus d'objet, tomba.

L'adresse, au vote d'ensemble, obtint 213 suffrages contre 13. Lorsqu'elle fut présentée à l'Empereur, Napoléon III remercia la Chambre de sa confiance et dit qu'il continuerait à s'en montrer digne. « Être de son époque, ajouta-t-il, conserver du passé tout ce qu'il avait de bon, préparer l'avenir en dégageant la marche de la civilisation des préjugés qui l'entravent ou des utopies qui la compromettent, voilà comment nous léguerons à nos enfants des jours calmes et prospères. »

La discussion de l'adresse, si vive dans les Chambres, avait naturellement ramené l'agitation religieuse : ceux qui ne pouvaient faire entendre leur voix au Luxembourg ou au palais Bourbon s'adressaient au public par les journaux et les brochures. Le clergé, légalement représenté au Sénat, et dont les opinions trouvaient d'ardents défenseurs dans les deux assemblées, ne se contentait point des réclamations régulières. Il usait de la facilité que lui donnait la chaire pour traiter les questions politiques. M. Delangle, ministre de la justice, rappela aux procureurs généraux que le Code pénal contient deux articles (201 et 204) qui punissent de la prison ou du bannissement les ministres du culte qui, dans l'exercice de leurs fonctions ou dans leurs écrits pastoraux, censurent ou attaquent la conduite du gouvernement.

Le prince Napoléon, dans son discours au Sénat, n'avait pas ménagé les anciennes dynasties. Le duc d'Aumale lui répondit par une brochure intitulée : *Une leçon d'histoire de France*. Cette brochure échappa au parquet et fut mise en circulation, mais ne tarda pas à être saisie, malgré les efforts du prince Napoléon qui, personnellement attaqué, pria l'Empereur de laisser libre l'attaque afin de permettre la réponse. Mais le gouvernement ne voulut point laisser s'engager une polémique entre deux dynasties, polémique d'autant plus dangereuse que les personnalités y remplacent les arguments, et la passion le raisonnement. L'imprimeur et l'éditeur furent condamnés comme auteurs ou complices d'excitation à la haine et au mépris du gouvernement.

Une affaire moins grave, mais qui ne fit pas moins de bruit, ce fut la scission de la république des francs-maçons. Un parti repoussait comme grand maître de l'ordre le prince Lucien Murat et demandait le prince Napoléon. La discorde se mit dans le Grand-Orient, et le préfet de police (24 mai) interdit toute assemblée jusqu'au mois d'octobre. Au mois de janvier suivant on nomma pour grand maître le maréchal Magnan, mais une fraction opposante persista à demeurer séparée sous la direction de M. Viennet.

Si les oisifs se préoccupaient outre mesure des révolutions du Grand-Orient, ce n'était pas que la politique demeurât inactive, mais ils ne trouvaient pas un régal si friand au décret du 12 avril qui ajoutait à la décentralisation et complétait le décret du 25 mars 1852. Le Corps législatif était revenu aux discussions d'affaires : il votait l'augmentation de la somme destinée aux aliments des détenus dans les prisons pour dettes; il adoptait une loi qui exemptait du timbre et des droits de poste les suppléments des journaux, exclusivement consacrés à la publication des débats législatifs. Les députés accordèrent ensuite les fonds nécessaires pour l'acquisition de Menton et de Roquebrune, achetés au prince de Monaco, et le contingent de 100 000 hommes, déclaré désormais contingent normal et nécessité par le nouveau système de réserve. D'importantes lois se succédèrent : abolition de l'échelle mobile, abrogation du pacte colonial, établissement de nouveaux chemins de fer et de la grande navigation à vapeur transatlantique, lois sur les résultats desquelles nous reviendrons. Une loi augmenta la pension des officiers de terre et de mer, et celle de leurs veuves en cas de mort sur le champ de bataille. Un crédit proposé pour l'acquisition du musée Campana à Rome fut adopté, et cette magnifique collection de vases, de bronzes étrusques, unique dans son genre, devint la propriété de la France. La reconstruction de l'Opéra souleva plus de difficultés; elle fut néanmoins décidée et un premier crédit voté. Le budget donna lieu à des discussions plus animées, et la multiplicité des crédits supplémentaires, ouverts hors des sessions, fut vivement critiquée par des membres de la majorité. Ces critiques, nous le verrons plus loin, ne furent pas perdues.

§ 4. LES PÉTITIONS AU SÉNAT.

Malgré l'intérêt bien légitime qui s'attachait aux travaux utiles et consciencieux du Corps législatif, c'était le Sénat, en 1861, qui satisfaisait le plus l'attention publique. Il donnait de son rôle dans la constitution une haute idée et, par l'éclat de ses discussions comme par l'indépendance de ses votes, prouvait qu'il pèserait d'un grand poids, quand il le voudrait, dans la balance politique. Juge des actes du gouvernement lorsqu'ils sortaient de la légalité, redresseur des torts des citoyens, il recevait les pétitions, les examinait et les appuyait, au besoin, de son imposante autorité. Cour de cassation politique, comme le disait l'Empereur, il était aussi un tribunal d'arbitres suprêmes entre les citoyens et le gouvernement. Par voie de pé-

tition il pouvait être saisi de toutes les questions, et ce fut le Sénat qui, en 1861, traita les vraies questions du jour.

Des pétitions de 8000 pêcheurs de la Manche protestaient contre une convention additionnelle au traité de commerce qui abaissait de 48 francs à 8 francs le droit à l'introduction des poissons provenant des pêcheries étrangères. Les pêcheurs français trouvèrent de chaleureux défenseurs dans les amiraux Romain-Desfossés, Cécile, et Rigault de Genouilly. Ceux-ci déclarèrent que livrer l'industrie de la pêche à la concurrence anglaise c'était l'amoindrir, et l'amoindrir c'était porter un coup sensible à l'inscription maritime. « Nos pêcheurs, dit l'amiral Romain-Desfossés, ceux de la Manche surtout, sont un des meilleurs éléments de notre inscription maritime. L'inscription, grâce à laquelle la France constitue sa réserve navale et peut aspirer à une puissance maritime efficace, place nos hommes de mer sous un rude régime d'exception. Par justice et par politique, on leur doit une compensation aux rigueurs de ce régime; cette compensation c'est la protection de l'industrie de la pêche, d'une des industries qui les font vivre quand ils ne sont pas au service de l'État, d'une industrie où se forment des recrues si utiles, si nécessaires à la puissance maritime de la France. »

En terminant, M. Romain-Desfossés eut un beau mouvement d'éloquence. « Pour moi, messieurs les sénateurs, si cette transaction devait demeurer un fait accompli, défenseur insuffisant, mais convaincu d'une grande et juste cause, il ne me resterait qu'à me plaindre à Dieu d'avoir assez vécu pour voir frapper au cœur cette marine de France, à laquelle j'ai consacré cinquante ans de ma vie. » Au milieu de l'émotion générale, M. Dupin s'écria : « Recevez nos remerciments, monsieur l'amiral. » M. Rouher, avec une rare connaissance des questions économiques, défendit le principe de la liberté commerciale et s'efforça de démontrer, par les explications les plus claires et les plus précises, que l'abaissement des droits sur la vente du poisson ne porterait aucune atteinte à l'inscription maritime. Néanmoins l'argumentation des amiraux avait été si énergique, les intérêts engagés étaient si graves, l'inscription maritime une institution si utile, que la majorité du Sénat renvoya les pétitions au gouvernement pour qu'on accordât une satisfaction aux pêcheurs de la Manche.

Une pétition des habitants du quartier du Luxembourg, une pétition protestant contre un décret qui avait augmenté les attributions du préfet de la Seine, donnèrent au Sénat l'occasion de se prononcer sur les travaux de Paris dont nous nous réservons de parler dans un chapitre spécial. Touché de près, car il s'agissait de couper le jardin du Luxembourg et de déplacer la magnifique fontaine de Médicis, le Sénat se prononça vivement contre un plan qui mutilait cette belle promenade publique. Il ne fallut pas moins que l'intervention de l'Empereur pour amener la modification des plans et une combinaison par laquelle on obtenait la rue sans trop empiéter sur le jardin. La discussion du décret qui augmentait les attributions du préfet de la Seine, touchait à une question de légalité. L'Empereur pouvait-il modifier par un simple décret un décret qui avait été rendu avec les pleins pouvoirs du dictateur? La question ne fut pas résolue. On l'ajourna, mais M. Haussman saisit l'occasion que lui offraient les critiques dirigées contre son administration pour se disculper et répondre aux hostilités qui se faisaient jour jusque dans le Sénat. « On a parlé, dit-il avec une fière amertume, d'ambition personnelle. Ah ! messieurs, rien sur cette terre, ni fortune, ni honneurs ne sauraient compenser, non-seulement le travail que m'a imposé le mandat que l'Empereur m'a confié, mais ce qu'il m'a fallu endurer depuis huit ans. Lorsque j'étais à Bordeaux, j'ai été frappé des remarquables améliorations que cette ville avait dû autrefois au dé-

vouement de l'un de ses administrateurs, et j'ai cherché tous les documents relatifs à l'administration de M. de Tourny, ancien intendant de Guyenne. Je savais donc quels obstacles il avait rencontrés, contre quels adversaires il avait eu à lutter jusqu'au jour où il a succombé à sa tâche. Après sa mort, les enfants de ces jurats que M. de Tourny avait rencontrés comme adversaires, lui ont élevé une statue. Mais à cet hommage tardif, il eût certainement préféré l'accomplissement de l'œuvre qu'il avait projetée.

« Pour moi, je n'avais rien à projeter, tout était

L'amiral Romain-Desfossés.

préparé lorsque j'ai été mis à la tête de l'administration de la ville de Paris ; je n'ai rien à faire avec l'avenir, mon nom périra avec moi, mais la postérité glorifiera et bénira l'Empereur pour la grande œuvre qu'il a voulue et qu'il a accomplie, et dont je ne suis que l'instrument. »

Le Sénat accueillit avec faveur une pétition relative à la noblesse et demandant que les descendants de la noblesse impériale eussent au moins les mêmes avantages que les descendants de l'ancienne noblesse. Mais une pétition relative à l'obligation et à la gratuité de l'enseigne-

ment n'eut pas le même bonheur. A propos d'une pétition qui demandait qu'on obligeât les soldats à assister à la messe, M. Dupin s'écria : « *Qui travaille prie* ; le soldat qui obéit, fait son œuvre ; le soldat qui tombe sur le champ de bataille meurt en état de grâce. Passons à l'ordre du jour. Nous ne pouvons nous accommoder ici des pratiques imposées aux soldats de l'État pontifical. Le soldat français est religieux et brave, c'est tout ce qu'il faut lui demander. » Deux communautés religieuses, à Lille et à Hazebrouck, les rédemptoristes et les capucins, avaient été dissoutes par ie gouvernement. Le cardinal Mathieu prit leur défense; M. Billault répondit en faisant observer que ces sociétés n'avaient pas d'existence légale. « Tolérés, dit-il, ces établissements sont déjà très-difficiles; autorisés, je ne sais s'ils ne deviendraient pas intolérables. » Il justifia la mesure relative aux rédemptoristes et aux capucins en retraçant les scandales auxquels avaient donné lieu sinon des membres, du moins des servants de la communauté, l'accumulation rapide des capitaux, à l'aide d'influences religieuses, deux détournements d'enfants qu'on avait réussi, à l'aide des mêmes influences, à éloigner de leurs familles. M. Bil-

L'amiral Le Barbier de Tinan.

lault exprima le regret d'avoir à dévoiler de tels secrets. Il profita de cette occasion pour déplorer l'aveuglement d'une partie du clergé qui cherche sans cesse, par les attaques les plus injustes, à animer l'un contre l'autre le gouvernement et l'Église. « Le gouvernement, dit-il, est profondément désireux d'avoir pour le clergé tout entier les égards qui lui sont dus mais il faut bien le dire, par un fâcheux accident du temps actuel, certains membres du clergé, une trèspetite minorité du clergé français, emportée par je ne sais quelle préoccupation spéciale, s'est permis contre le souverain qui fait le plus pour la cause catholique, des imputations que je ne crains pas de dire odieuses. Nous l'avons vue, évoquant chaque jour, pour le besoin d'allusions coupables, les noms les plus maudits de l'Écriture sainte, les Judas et les Pilate. Nous l'avons entendue rappelant cette magnifique parabole de l'Écriture sainte : « L'arbre qui porte de mauvais fruits sera coupé et jeté au feu, » menacer cet autre arbre qui est l'appui de la religion, cet arbre par la chute duquel l'Église pourrait être écrasée ! On voudrait, ajouta-t-il encore, qu'une des grandes forces de la société, c'est-à-dire l'esprit religieux et ses organes, se missent, pour ainsi dire, comme en hostilité, tout au moins comme en suspicion avec l'État, et dans ce but, on tente de leur persuader que le gouvernement les a placés sous une sorte de surveillance de police. Oh ! je comprends très-bien ces habiletés coupables. Elles ne sont pas dans l'âme du vénérable prélat auquel je réponds, ni dans celle du clergé français. Mais, qu'il y prenne garde, il est travaillé par des gens fort habiles, qui, sans principes, en affectent de très-rigoureux, et cherchent à faire de la religion un instrument d'agitation pour la société et d'ébranlement pour le trône qui la défend. »

§ 5. ÉVACUATION DE LA SYRIE (JUIN 1861).

Les regards n'étaient point tellement fixés sur les questions intérieures qu'ils ne pussent se porter ailleurs : ils se tournaient souvent du côté de la Syrie, où nos soldats continuaient avec une véritable abnégation leur mission de paix et de charité. L'Europe jalouse les voyait avec dépit remplir cette mission et demandait leur départ. Le gouvernement français au contraire, sachant combien la présence de ses troupes était encore nécessaire au Liban, avait, dès le mois de janvier, prié les puissances d'accroître la durée de l'occupation qui devait se terminer au mois de février. « La France, disait M. Thouvenel aux puissances étrangères, ne poursuivait en Syrie aucun but politique ; elle obéissait uniquement à un sentiment d'humanité. » La Russie nous appuya : c'était une raison de plus pour l'Angleterre de s'effrayer. Cependant l'Autriche ayant penché du côté de la prolongation, le Divan et l'Angleterre consentirent à reporter le terme de l'évacuation au 5 juin. Mais lorsque ce terme approcha, les Anglais s'inquiétèrent de nouveau : guidés par les sentiments et les préjugés les plus étroits, ils redoutaient de nous voir nous établir en Syrie. En France aussi on s'inquiéta, on craignait que le départ de nos troupes avant l'entière réorganisation du pays ne fût le signal de nouvelles explosions. Un grand nombre de personnes, des opinions les plus diverses et même de religions différentes, se réunirent pour demander que nos troupes ne partissent pas encore. Un comité fut formé par MM. Saint-Marc-Girardin, membre de l'Institut, Auguste Cochin, économiste distingué, Ad. Crémieux, le P. Gratry, de l'Oratoire, le P. Petetot, supérieur de l'Oratoire, et de Pressensé, ministre du saint Evangile, etc. Mgr Morlot, archevêque de Paris, était nommé président d'honneur. Le comité rédigea une pétition au Sénat : sous son impulsion, du 15 avril au 7 mai arrivèrent de Paris au Sénat 65 autres pétitions, revêtues de 2307 signatures, et 58 pétitions des départements, revêtues de 8972 signatures. Le premier grand corps de l'État allait donc se

trouver obligé de se prononcer sur le rappel de nos troupes.

Le rapport sur ces pétitions, qui touchaient à une question si grave, fut confié à un homme d'une rare prudence et d'une haute autorité, M. de Royer. M. de Royer retraça l'historique des massacres et de l'intervention européenne, rendit hommage aux sentiments des pétitionnaires, sentiments partagés de tout le monde, mais déclara que le gouvernement, de l'aveu général, avait fait ce qu'il avait pu et proposa l'ordre du jour. Cette conclusion parut rigoureuse : les pétitionnaires n'entendaient nullement critiquer le gouvernement, mais ils avaient voulu donner au Sénat l'occasion de manifester ses sympathies pour les chrétiens de Syrie et d'appuyer l'Empereur en face de l'Angleterre jalouse. La majorité du Sénat semblait, au commencement de la discussion (14 mai), devoir accueillir la pétition qui trouva des soutiens chaleureux dans le marquis de la Rochejaquelein, le cardinal Donnet, le général de Castelbajac, M. de Ségur d'Aguesseau. M. de Saulcy, à l'aide de ses souvenirs personnels, fit une description très-intéressante du pays et des mœurs des diverses races, mais conclut, à l'exemple de la commission, à l'ordre du jour. L'assemblée était évidemment très-partagée, et au dehors l'opinion très-préoccupée du vote. Repousser une telle pétition par l'ordre du jour c'était, aux yeux de tous, froisser les sentiments généreux qui avaient dicté notre intervention : l'admettre, c'était presque s'engager à rester malgré l'Europe.

Dans la séance du 15 mai, M. Billault, ministre sans portefeuille, se leva pour parler au nom du gouvernement. Son rôle semblait très-difficile, mais de cette situation sortit pour lui un de ses plus beaux triomphes. Il commença simplement en rappelant que si le Sénat doit partager les émotions du public, il doit tempérer ces émotions « par cette froide raison qui se rend compte des situations politiques, et qui, tout en voulant le but, délibère sur les moyens d'y arriver, ne prodigue pas inutilement les efforts, et fait à chaque heure ce qu'il y a à faire. » Il retraça l'histoire de la question avec clarté et précision. Il montra avec quelle promptitude le gouvernement avait pris en main la cause des chrétiens de Syrie. Mais le gouvernement, dans ces circonstances, pouvait-il agir seul? Non, il lui fallait l'agrément de l'Europe. Cet agrément l'Empereur l'avait conquis. Nos troupes arrivent en Syrie : on croyait qu'un délai de six mois suffirait pour amener la pacification du pays; il n'a point suffi. La France a tout fait pour obtenir une prolongation, et l'a obtenue, mais à grand'peine. « Qu'y avait-il à faire pour la France? Fallait-il, poussant notre zèle pour les chrétiens jusqu'à l'oubli de notre propre dignité, solliciter encore près des puissances une nouvelle prorogation du délai? Fallait-il, comme on a semblé le dire au dehors, non pas dans cette enceinte où les esprits sont à la fois trop élevés et trop pratiques pour concevoir de pareilles hypothèses, fallait-il, méconnaissant la foi jurée des traités signés, les engagements solennellement pris, maintenir à tout risque nos troupes en Syrie? Personne dans le Sénat ne donnerait un pareil conseil. Les actes signés et la dignité de la France nous font donc un devoir d'exécuter loyalement la convention.

« S'il en résulte de nouveaux malheurs, ce n'est pas

nous, mais d'autres qui en auront la responsabilité. Si la France ne se trompe pas dans ses prévisions, si ceux qui ne pensent pas comme elle se trompent, le sang qui pourrait couler retombera sur eux. (*Sensation; vive approbation.*)

« En présence de ces invocations de la foi jurée, en présence d'un souverain qui, chez lui, et quelque faible qu'il puisse être, invoque son indépendance et se déclare en état de faire lui-même la police de ses provinces, nous ne pouvons faire qu'une chose, c'est de prendre l'Europe à témoin de nos craintes, et de lui rappeler l'immense responsabilité qu'elle encourt. (*Très-bien! Très-bien!*)

« Je le dis donc nettement, nos soldats évacueront la Syrie. Ce n'est pas la France qui évacue ce malheureux pays, c'est l'Europe. (*C'est cela. Très-bien! Très-bien!*)

« Ce ne sont pas les soldats de la France que nous rappelons. Quand la France défend en son nom une sainte cause, elle n'est pas disposée à l'abandonner. Nos soldats étaient là ceux de l'Europe; ils y étaient en son nom; ils étaient les mandataires de cinq puissances; ce n'est pas la France, c'est l'Europe qui retire ses troupes de la Syrie. (*Nouvelle approbation.*)

« Ces faits consommés, quelle sera notre conduite ultérieure? Notre mandat cesse, cette protection collective et territoriale disparaît. Mais, pour cela, quelqu'un pourrait-il croire que la France oubliera ses devoirs, et que l'Europe elle-même oubliera les siens?

« En même temps que les transports destinés à ramener nos troupes, partiront des vaisseaux de guerre, et une flotte sérieuse, commandée par l'amiral Le Barbier de Tinan, croisera sur les côtes de Syrie. (*Marques générales de satisfaction.*) Non-seulement le littoral verra les troupes françaises prêtes à débarquer, s'il le faut, mais, des montagnes même du Liban, ce drapeau sacré qui en a protégé et en protégera les habitants, sera encore vu par tous. (*Très-bien! Très-bien!*) Tenez pour certain que, même à cette distance, il sera encore l'effroi des égorgeurs, l'espoir et la sauvegarde de ceux que l'on voudrait égorger. (*Vive approbation.*)

« L'Angleterre, qui n'est pas catholique, mais qui est chrétienne, n'oubliera pas non plus les devoirs que la chrétienté lui impose; sa flotte sera à côté de la nôtre, ses marins prêts à débarquer sur le littoral avec les nôtres. La Russie, qui n'est pas catholique, mais qui est chrétienne aussi, aura également sa flotte, et si de nouveaux troubles surviennent, si le sang chrétien recommençait à couler, tenez pour bien certain qu'on y pourvoira, car il est impossible que l'Europe ferme les yeux et reste impassible devant de pareilles horreurs. »

M. Billault lut ensuite une dépêche de M. Thouvenel au marquis de La Valette, ambassadeur à Constantinople. Cette dépêche, datée du 3 mai, parlait au gouvernement ottoman le plus ferme langage. « Le gouvernement ottoman, disait-elle, a assumé une responsabilité qui fait peser sur lui des obligations particulières que nous sommes fondés à lui signaler au moment où nous allons quitter la Syrie. Après avoir concouru par des sacrifices que la France ne regrettera pas si les populations doivent en recueillir le bénéfice, à rétablir l'ordre matériel dans cette province, le gouvernement de l'Empereur ne pourrait souffrir qu'elle fût le théâtre de nouveaux désastres.

Une pareille éventualité, si elle venait à se réaliser, soulèverait l'opinion publique dans l'Europe entière, et attesterait de la part du gouvernement ottoman, une impuissance à laquelle il faudrait inévitablement suppléer. (*Sensation. Marques d'approbation.*) L'expiration même du terme pendant lequel nous étions liés par des nécessités résultant d'un accord débattu et réglé avec les autres cabinets, nous rend notre entière liberté d'appréciation et de conduite. (*Très-bien! Très-bien!*) Nous serons donc les maîtres d'examiner, en dehors de toute stipulation spéciale, les événements qui viendraient à surgir en Syrie, et nous n'avons pas à dissimuler à la Porte, que des traditions séculaires nous imposeraient le devoir de prêter aux chrétiens du Liban un appui efficace contre de nouvelles persécutions. » Cette dépêche produisit sur le Sénat une vive émotion, et des applaudissements chaleureux en accueillirent la lecture. M. Thouvenel venait compléter le triomphe de M. Billault.

Celui-ci n'eut plus de peine à démontrer que les pétitions étaient désormais inutiles, que le gouvernement n'avait pas failli à son devoir, et n'entendait pas y faillir. Il protesta contre l'interprétation injurieuse qu'on se plaisait à faire de l'ordre du jour; démontra qu'au contraire un renvoi au gouvernement serait regardé au dehors comme un blâme de la politique impériale. M. Billault s'assit au milieu de l'émotion générale de l'assemblée. La séance fut comme suspendue; les cris : *Aux voix!* éclatèrent de toutes parts. M. le marquis de la Rochejaquelein déclara qu'il voterait lui-même pour l'ordre du jour, qu'il croirait, en le faisant, être l'interprète de tous les signataires de pétitions. « Notre vote, maintenant, dit-il, ne peut être qu'unanime. » L'ordre du jour fut en effet adopté à l'unanimité, moins deux voix : ce fut une véritable acclamation, et l'agitation devint telle que le président, malgré l'heure peu avancée, dut lever la séance. Tous les journaux furent d'accord pour applaudir à cette heureuse conclusion du débat, et le gouvernement prépara dès lors sans opposition le retour de nos troupes, ou plutôt des troupes de l'Europe, pour répéter la judicieuse expression de M. Billault.

Nos soldats quittèrent la Syrie au jour fixé, pendant que l'amiral Le Barbier de Tinan, avec une superbe escadre, venait mouiller devant les côtes. Les démonstrations les plus touchantes des Maronites saluèrent à leur départ nos soldats et le général de Beaufort, qui dans un noble langage reproduisit le caractère de l'expédition : « Soldats, dit-il, en vous envoyant en Syrie, l'Empereur vous avait indiqué lui-même le but tout désintéressé de votre mission. Il n'a pas dépendu de vous qu'il ne fût promptement et complétement atteint; rappelés en France, vous pouvez y rentrer la tête haute, avec la conscience du devoir loyalement accompli. L'impartiale histoire dira comment une question toute d'humanité est devenue une lutte purement politique. Au milieu d'une situation difficile, vous du moins, vous n'avez rien à vous reprocher. Votre discipline a toujours été parfaite; mal installés, sans distractions pendant un rude hiver, après des chaleurs exceptionnelles, au milieu d'une inaction qui vous pesait, vous avez su comprendre que votre devoir se bornait à attendre avec confiance, à être toujours prêts à obéir. Vous avez aussi prouvé que vous possédiez le sentiment du devoir, du dévouement et de l'abnégation, qualités plus rares et non moins précieuses que le brillant courage qui vous distingue et qui fait de vous d'incomparables soldats.... Les populations du Liban ont appris à vous aimer et à vous estimer. Vous leur avez donné d'utiles exemples; votre passage laissera au milieu d'elles des traces profondes, et tôt ou tard, s'il plaît à Dieu, luira sur ces contrées un meilleur avenir. »

La commission nommée par les puissances continua de s'occuper de la réorganisation politique du Liban.

L'idée d'unité patronnée par le gouvernement français l'emporta : on décida que le pays aurait un gouverneur unique, en même temps que les intérêts des différentes peuplades seraient protégés par de fortes institutions municipales. Comme les Maronites étaient beaucoup plus nombreux que les Druses, on décida que le gouvernement serait chrétien. Le Liban jouirait ainsi d'un gouvernement autonome sous la suzeraineté de la Porte. Daoud-Pacha fut nommé gouverneur. Jusqu'ici tout fait espérer que le fanatisme sauvage

Le général de Beaufort d'Hautpoul.

des mahométans rencontrera désormais des obstacles sérieux à une nouvelle explosion, s'il ne veut pas céder à la douce influence de la civilisation.

Une fois de plus, la France avait rempli sa mission de soldat de la justice et de l'humanité : une fois de plus, elle avait entraîné l'Europe. Si l'alliance avec l'Angleterre avait été ébranlée, l'empereur Napoléon III avait trouvé les vues de la Russie entièrement conformes aux siennes, et les relations excellentes qu'il avait entretenues avec Alexandre II depuis la guerre de Crimée, s'étaient encore améliorées.

§ 6. QUESTION ITALIENNE; MORT DE M. DE CAVOUR.

Au moment où nos troupes quittaient la Syrie, un grand malheur frappait l'Italie presque au milieu des fêtes qui célébraient l'achèvement de l'unité italienne. Le 2 juin avait été fixé par le comte de Cavour pour devenir la fête nationale du jeune royaume italien, et le 6 juin l'éminent ministre que l'Europe entière admirait, tout en blâmant quelques-uns de ses actes, tombait victime de ses préoccupations multiples, de son ardent dévouement à son pays. Depuis la procla-

16 Mars 1895 — N° 56

HISTOIRE NATIONALE

JOURNAL BI — MENSUEL

SOMMAIRE :

Histoire Populaire de la France

PAR

VICTOR DURUY

Prix de l'Abonnement : **90** Centimes

LE NUMÉRO

RÉDACTION ET ADMINISTRATION :

41, RUE DENFERT - ROCHEREAU, 41

(Anciennement, 134, Faubourg Poissonnière)

PARIS